Broeinest

Loes den Hollander

Broeinest

Karakter Uitgevers B.V.

© Loes den Hollander

© 2008 Karakter Uitgevers B.V., Uithoorn

Omslag: Mark Hesseling, Ede

Omslagbeeld: Corbis

Opmaak: ZetSpiegel, Best

ISBN 978 90 6112 257 9

NUR 305

Voor Hugo, die een goede zoon voor zijn moeder was.
En zijn moeder wist dat.

Eerste brief aan mijn vader

Soms betrap ik mezelf erop dat ik alles wat u er altijd uitkraamde uit mijn geheugen wil wissen, zoals je dat doet bij een tekst op de computer die je niet bevalt. Gewoon op de deleteknop drukken.

Leeg scherm.

Verrukkelijk leeg.

Verbluffend lekker leeg.

En ik fantaseer daar altijd nóg iets bij. Ik zou u uit mijn leven willen wissen. Ik stel me voor dat ik even een deleteduw geef tegen uw wankele lijf. Wég vader.

Verdwenen naar oneindige oorden.

Naar de hel, waar u thuishoort.

Als ik dat denk, voel ik me schuldig. U krijgt het nog steeds voor elkaar om dat ongezonde schuldgevoel in mij naar boven te halen. Hoe doet u dat toch?

De wereld zit vol verleidingen, hield u ons altijd voor. De duivel huist in alles wat ogenschijnlijk leuk is. De disco, bijvoorbeeld, of de televisie. Je denkt dat het iets toevoegt aan je leven maar het neemt je juist iets af: diepgang, bezinning, puur geluk.

Toch ben ik dol op dansen. Als ik goed op dreef ben, swing ik mezelf *de kuiten stijf. Ik voel me gelukkig als ik dans, ik denk aan leuke dingen, ik krijg er geweldige ideeën van.*

De vrouw is geschapen uit Adams rib, leerde u ons. Zij en de man zijn elkaar gegeven als hulp van elkaar maar de man is binnen een relatie degene die beslist. Ware liefde is gestoeld op vertrouwen en overgave. De vrouw toont haar werkelijke kracht juist door haar onderwerping: zij durft haar man haar volledige vertrouwen te geven. Dat getuigt van moed en inzicht.

Maar ik ben allergisch voor afhankelijk zijn. Ik word misselijk bij het woord 'onderwerping'. Ik krijg er gewelddadige gedachten van. En de man aan wie ik mijn volle vertrouwen wil geven, heb ik nog nooit ontmoet. Dat vertrouwen hebt u vakkundig vermoord. Toch vind ik mezelf niet laf.

De zondag is de dag des Heeren, was uw onwrikbare standpunt. U bleef het herhalen, u stampte het bijna in onze hersenen. Exodus 20, vers 8: 'Gedenkt de sabbatdag, dat gij die heiligt.'

Ik herinner me de zondagen nog zo goed. Vanaf het moment dat ik mijn ogen opende, lag er een beklemd gevoel op mijn borst. Iedere zondag hoopte ik dat het zou gieten van de regen, want dan konden we tóch niet naar buiten. Dan was er ook veel minder kans dat tegen een uur of drie de ijscoman de straat in reed en hoefde je dat rinkelende belletje niet te horen waarmee hij de mensen uit hun huizen lokte. Dat belletje was iets verschrikkelijks. Zodra het geluid mijn oren bereikte, kreeg ik een misselijkmakende zin in vanille-ijs met slagroom. Een stervormige dot slagroom op de hoorn met ijs, die als je hem oplikte tot halverwege je wangen en op het puntje van je neus kwam te zitten. Ik kwijlde al bij de gedachte. Maar op zondag mochten wij geen ijs eten. Op zondag mochten wij niets doen wat leuk was.

Als het regende leken de zondagen minder erg. De kerkgangen waren een welkome afwisseling tussen de uren waarin u voorlas uit de Bijbel en moeder de meisjes leerde hoe ze sokken moesten stoppen of ze samen met haar aan één tafelkleed borduurden. Soms ving ik haar blik op, als die even afdwaalde van waar ze mee bezig was. Dan zag ik haar zuchten met haar ogen, maar dat duurde hooguit een seconde. Zodra ze zag dat

8

ik keek, veranderde die blik en werd ze weer de volgzame, gehoorzame en onverstoorbaar blije vrouw die de echtgenote van een hoofdonderwijzer van een christelijke basisschool hoort te zijn. Het waren altijd maar korte momenten dat haar ogen een andere taal spraken dan haar daden. Iedere keer als het gebeurde kwam u er met uw dwingende manier van kijken tussen. Zonder één woord te zeggen dirigeerde u de gedachten van mijn moeder weer in de richting die u bepaalde.

Er lag een karwats in de kelderkast.

Simon en ik weten hoe het voelde als je daarmee geslagen werd. U ranselde ons af, uit naam van God de Heer. Die dwong u in te grijpen als een van uw kinderen een ernstige fout had gemaakt, beweerde u. Zoals vloeken, inhalig zijn, stiekem bij de buren naar de televisie kijken, onzedige handelingen verrichten. Daar heeft Simon het meeste slaag voor gekregen. Het lukte hem niet om te voorkomen dat u hem betrapte, als hij gelukzalig kreunend bezig was zich af te trekken onder de douche of in zijn bed. En het lukte ú niet om het hem af te leren.

De karwats ligt nog steeds in de kelderkast, achter op de plank, aan het eerste zicht onttrokken. Hij ligt daar een stille getuigenis te zijn van intimidatie, dwang en indoctrinatie. Soms werden wij allemaal tegelijk naar buiten gestuurd met de boodschap dat we pas na een uur terug mochten komen. U stond dan wijdbeens voor de kelderkast. Ik herinner me hoe mijn moeder keek, als we zwijgend één voor één de deur uit liepen. Ze keek alsof ze met ons mee wilde. Ze probeerde ons gerust te stellen met een lieve blik in haar ogen, maar die blik was vermengd met angst. Als we terugkwamen heerste er een ijzige stilte tussen jullie. Mijn moeder negeerde u de rest van de dag nadrukkelijk.

Wat gebeurde er eigenlijk als wij weg moesten? Wat deed u met moeder? Werd zij óók ergens voor bestraft? Waarvoor dan? Ze vloekte toch niet? Ze keek toch nergens stiekem televisie? Ze snoepte toch niet uit de koektrommel? Ze gehoorzaamde u toch? Ze machtigde u zelfs om in haar naam te stemmen en ze haalde het niet in haar hoofd om haar eigen voorkeur uit te spreken. Dus wat kon eigenlijk de reden zijn dat u geen pottenkijkers kon gebruiken? Het zal toch niet wáár zijn dat ze masturbeerde?

9

Ik heb besloten om u de komende tijd een aantal brieven te gaan schrij-
ven. Ik zou alles wat me al maanden bezighoudt het liefst tegen u wil-
len zeggen.

Naar u toeschreeuwen.

Op u afvuren.

Over u uitstorten.

Ik zou u ermee willen verstikken.

I

Vandaag wordt het opnieuw vijfendertig graden, heeft de weerman voorspeld. Als deze temperatuur nog twee dagen aanhoudt, is er sprake van een hittegolf. De eerste hittegolf na vijftien jaar.

Thea is al heel vroeg opgestaan om het huis nog een keer extra goed op te ruimen. Ze heeft gisteravond tot halftwaalf achter de naaimachine gezeten omdat ze de nieuwe rokken en bloezen die ze aan het naaien was klaar wilde hebben. Ze hangen nu keurig geperst op de hangertjes aan de deur van haar eigen kledingkast. Het zijn degelijke modellen, een beetje vormeloos. Ze verhullen de lijnen van haar lijf. Ze verhullen ook wat ze eronder draagt en dat vindt Thea een spannende gedachte. Het is een opwindend idee dat ze binnenkort in haar nieuwe kleren door het dorp wandelt en dat niemand die ze tegenkomt ook maar het geringste vermoeden heeft van de sexy lingerie die ze onder haar lange rok draagt.

Thea weet dat vooral mensen van haar eigen leeftijd die niet van de kerk zijn, haar een truttige verschijning vinden. Zij is van jongs af aan gewend aan opmerkingen over haar kleding en haar haardracht; het begon al toen ze nog op school zat. Het was toen een dagelijkse strijd tussen de kinderen van de katholieke school en die van de christelijke school. De katholieke kinderen scholden de christelijke kinderen uit voor stijve trut, vrome kwezelaar en Bijbelfanaat. De christelijke kinderen riepen dat de paapse sufferds beelden aanbaden. En dat ze Maria vereerden. Maar ze riepen het niet zo hard als de katholieke kinderen. Het was hun streng verboden om te schreeuwen of te schelden op straat. Thea herinnert zich nog goed hoe haar vader met zijn diepe basstem tijdens de maaltijd kon oreren over de respectloze opvoeding van de katholieke kinderen en ze weet nog haarscherp hoe hij hun met zijn vinger in de lucht beval niet te reageren, in woord noch daad. Maar Thea kromp iedere keer opnieuw ineen bij de kritiek op haar lange rokken en de eeuwige vlecht die tot op haar middel viel en die tot de dag van vandaag nog altijd op haar rug hangt. Ze wordt nu niet meer uitgescholden maar ze voelt toch vaak de blikken van mensen op zich gericht.

Er is veel veranderd in het dorp. Veel jeugd is weggetrokken naar de grote steden, gelokt door de vrijheden die ze zich daar kunnen permitteren. De meesten van hen hebben alles wat met het geloof te maken heeft rigoureus afgezworen. Nog maar een klein deel van de kinderen met wie Thea op school zat, woont nog in het dorp en leeft nog steeds volgens de gewoontes en voorschriften van hun gemeenschap. Ze gaan nog altijd naar de kerk en hun kinderen zien er ook weer even uniform uit. Het worden er steeds minder. Toch zijn het er nog altijd genoeg om het benauwd van te krijgen, als ze hen tegen het lijf loopt in winkels. Tegenwoordig bestaat de vaste groep gelovigen die bij hun kerk horen uit mensen die in minstens zeven naburige dorpen wonen. Er zitten zelfs mensen uit Den Helder en Schagen bij. Maar ze komen iedere zondag nog altijd twee keer naar dezelfde kerk in Oosterland, de kerk die al van oudsher hun verzamelplaats is.

De anderen zullen er tegen tien uur zijn. Sara neemt salades mee en Esther heeft beloofd om bowl te maken. Thea hoopt dat ze er deze keer een beetje rosé doorheen mengt, licht mousserende rosé, die zo'n lekkere smaak aan de bowl geeft. Simon heeft dit toen ze elkaar met Pasen voor het laatst zagen aan Esther voorgesteld. 'Doe het er gewoon doorheen en zeg er niets van. Of zeg dat het alcoholvrije wijn was, alleen voor de smaak. Wat kan jou het schelen?' zei hij toen hij met Esther en Thea in de keuken broodjes smeerde. 'Denk je soms dat je hel en verdoemenis over je afroept als je eens een keertje een paar druppels alcohol neemt?'

Esther keek bedenkelijk. 'Ik wil er niet over liegen,' antwoordde ze weifelend. 'En ik wil er ook geen onenigheid over krijgen. Je weet dat vader sterkedrank verfoeit.'

Thea heeft in een van de aanrechtkastjes een fles mousserende rosé neergezet. Als Esther nu tóch weer zo'n waterige pan bowl presenteert, gooit zij er in een onbewaakt ogenblik gewoon die fles doorheen, heeft ze zich voorgenomen.

Als de hele familie komt, bakt Thea altijd een grote plaat appeltaart, want dat moet van Johan. Altijd appeltaart, nooit iets anders. Daar is vader aan gewend, volgens Johan. Dat soort gebak herkent hij nog.

Simon vindt dit een typische uitspraak voor hun broer. 'Sinds wanneer herkent onze vader nog iets anders dan Bijbelteksten? Maar een appeltaart is nu eenmaal degelijk,' beweerde hij onlangs, toen hij samen met Pieter even koffie kwam drinken. 'Appeltaart is, als je het goed bekijkt, een beetje christelijk. Een nette taart, dat is het. Je zou eens een lekkere geile chocoladetaart moeten maken als de hele familie er is. Chocola heeft iets ondeugends, vind je niet? En hem dan met van die grote chocoladekrullen garneren. Oef! Daar krijg ik spannende gedachten van. Ik ga straks op de terugweg een hele zak chocolademuffins kopen en dan zul jij eens wat beleven,' beloofde hij Pieter.

Thea moest er hartelijk om lachen. Maar het leek haar toch niet verstandig om Simons raad op te volgen. Johan zou het als

13

een provocerende daad opvatten en daar boos om worden. Ze wil geen ruzie veroorzaken op de verjaardag van haar vader. Zeker niet als Anna erbij is.

De appeltaart is het lekkerst als hij een dag oud is, dan is de amandelspijs die Thea erin verwerkt er goed ingetrokken. De plaat staat afgedekt met aluminiumfolie in de koele kelder. Het is al halftien. De zuster van de thuiszorg is nog bezig met het douchen van vader. Anna rent op het erf achter de katten aan, ziet Thea vanuit de keuken. Ze tikt op het raam. 'Niet zo druk doen,' roept ze. 'Het is al veel te warm. Straks word je weer benauwd.'

Harm is naar het dorp om slagroom te kopen; die is ze gisteren vergeten te halen. Harm is nooit te beroerd om haar te helpen als ze weer eens iets vergeet.

Esther vindt dat Harm een veel te familiaire positie heeft als klusjesman en tuinman. Hij is niet eens kerkelijk. Thea laat haar meestal kletsen. Wat zou ze zonder Harm moeten beginnen, alleen in huis met een demente vader en een zwakbegaafd zusje?

Simon plaagt haar vaak met Harm. 'Zeg zus, zou dat niks kunnen worden tussen jullie? Het ziet er lekker uit, het kan werken als een paard, het heeft humor en het leest ook nog boeken.'

'Hou toch op, gek,' lacht Thea meestal dat gevis van zich af. 'Die knaap is tien jaar jonger dan ik. Die jaagt iedere zaterdagavond in de disco op jonge meiden.'

Dat is ook een doorn in het oog van Esther, dat Harm naar een disco gaat.

'Hij werkt gewoon voor ons,' heeft Thea haar laatst nog van repliek gediend, toen Esther zat te mopperen over het feit dat de disco niet met hun geloofsovertuiging overeenkwam. 'Wij kunnen hem niet iets opleggen, hij is niet onze slaaf.' Esther heeft na die woorden van Thea nog minstens een uur zwart zitten kijken.

Anna is niet meer op het erf, waar is ze gebleven? Er is een geluid in de schuur, wat doet ze daar? Thea loopt snel het erf op; de kat van de buren schiet langs haar heen. 'Anna, waar zit je?' roept ze naar de schuurdeur. 'Kom eens naar buiten, de visite kan elk moment komen.'

Ze opent de deur. Er gebeuren twee dingen tegelijk, voor haar gevoel. Ergens in de ruimte ontploft iets met een oorverdovende knal en op hetzelfde moment scheurt er een snerpende pijn door haar rechterschouder, waardoor ze plat achterover slaat.

2

Het meisje van de thuiszorg heeft niets gehoord. Het kostte haar de grootste moeite om meneer Van Dalen in bedwang te houden; hij schreeuwde om hulp en hij probeerde haar voortdurend in haar polsen te bijten. Ze doet het voortaan niet meer alleen, heeft ze aangekondigd. De man begrijpt niets, luistert nergens naar, wordt gek van opwinding als je maar naar zijn broek wíjst en is niet tot bedaren te brengen totdat je de douche dichtdraait en hem weer aankleedt. Hij heeft tweepersoonsverzorging nodig. Ze doet het níét meer alleen.

De knal was tot in de wijde omtrek te horen, volgens Harm. Hij fietste nog op de ventweg en de laatste bocht in de weg belemmerde het zicht op het huis. Er was een knal, er volgde een doodse stilte en daarna scheurde er een auto weg. Toen hij de bocht passeerde zag hij in de verte alleen nog een stofwolk. Hij heeft niet gezien wat voor soort auto het was. In de schuur vond hij Thea, badend in het bloed. Hij dacht eerst dat ze dood was, maar ze bleek toch te ademen. Ze probeerde voortdurend iets te zeggen. Iets in de trant van 'geen politie, eigen schuld'. Anna stond helemaal verstijfd van schrik tegen de deur van de keuken aan geklemd. 'Pief paf poef,' herhaalde ze alleen, 'pief, paf poef.'

Harm heeft met zijn mobiele telefoon 112 gebeld, terwijl hij naast Thea zat. Vanuit die positie heeft hij opdrachten geschreeuwd in de richting van de thuishulp. 'Neem Anna mee naar binnen! Haal een kussen voor onder Thea's hoofd! Schiet op! En hou op met dat stomme gelul over meneer Van Dalen. Zie je niet wat hier aan de hand is?'

Thea lag er hevig bloedend bij, met een krijtwit gezicht. Ze ademde oppervlakkig, hij wist zich geen raad. Het duurde bijna een kwartier voordat de ambulance, tegelijk met de politie, met gillende sirenes het erf op vloog. Simon zat vlak achter hen.

Harm blijft het steeds opnieuw aan Simon vertellen. 'Man, ik kreeg nauwelijks lucht van de spanning. Ik dacht écht dat ze er onder mijn handen tussenuit ging piepen. Je weet dat ik niet gelovig ben, zoals jullie, maar geloof me: ik heb de lieve heer van het kruis zitten bidden.'

Simon slaat hem op zijn schouder. 'Het heeft geholpen, kerel, het heeft geholpen.'

Thea is onmiddellijk afgevoerd naar het ziekenhuis in Den Helder. Ze heeft geluk gehad. De kogel is in haar schouderkapsel terechtgekomen en kon operatief verwijderd worden. Ze heeft veel bloed verloren maar na een paar zakken bloed zal ze zich weer beter voelen. De kogel heeft geen desastreuze schade opgeleverd, ze heeft écht geluk gehad, blijft Simon opgelucht herhalen. Hij is een halfuur geleden teruggekomen uit het ziekenhuis met de mededeling dat Thea niet in levensgevaar verkeert. De torenklok van de kerk in Oosterland slaat twee keer. Het hele erf is afgezet met geel-rood lint. Twee mannen van de technische recherche zijn nog steeds bezig met een sporenonderzoek. Ze hebben de familie gevraagd om hen niet te storen.

Johan en Sara zitten met vader in hun midden onder de grote parasol in de achtertuin. Ze proberen vader te vertellen wat er is gebeurd maar hij vergeet het onmiddellijk weer. Sara maakt met haar handen een gebaar dat 'laat maar' betekent in de richting van Johan, maar die geeft niet op. 'Thea is neergeschoten, vader, in de schuur. Kijk me eens aan. Thea, uw dochter. U weet toch wel wie dat is?'

Vader bekijkt zijn oudste zoon aandachtig en knikt. 'Thea,' herhaalt hij. 'Zij die van God is.'

'Ze is beschermd, vader, ze heeft geluk gehad. We zijn allemaal erg geschrokken. Wat een drama en dat op úw verjaardag. Uw tachtigste verjaardag nog wel. Dat zouden we met de hele familie vieren.' Zijn vader knikt. 'Hij begrijpt goed wat ik zeg,' verklaart Johan een beetje bits tegen Sara. 'Je ziet het toch: hij weet heel goed dat hij vandaag tachtig wordt.'

'Tachtig?' herhaalt vader aarzelend. Hij kijkt Johan met grote ogen aan. 'Gefeliciteerd,' zegt hij beleefd.

'Gottegot, wat begrijpt hij het weer goed. Laat toch zitten,' mengt Simon zich in het gesprek. 'Je maakt hem alleen nog verwarder dan hij al is.'

'Ik laat helemaal niks zitten,' valt Johan uit. 'Ik beschouw mijn vader nog steeds als een volwaardig mens en ik wil hem ook als zodanig behandelen.'

Simon trekt zijn schouders op. 'Doe wat je niet laten kunt.' Hij loopt op Esther af, die net naar buiten komt. 'Is er al wat te eten, zus?' informeert hij. 'Mijn maag rammelt van alle emoties.'

'Ik begrijp niet dat je een háp door je keel kunt krijgen,' laat Sara met samengetrokken lippen weten. 'Je zus ligt zwaargewond in het ziekenhuis, ze had wel dood kunnen zijn. En wie weet, zijn we allemaal in gevaar momenteel. Vraagt niemand hier zich af wat er aan de hand is?' roept ze met overslaande stem. 'Gaan we nu allemaal gewoon salades zitten eten?'

'Er zijn mensen van de recherche,' zegt Esther. Ze schenkt geen aandacht aan de licht hysterische toon in Sara's woorden. 'Ze zitten in de kamer. Ze willen ons allemaal spreken.' Ze draait zich om en loopt terug naar het huis. Simon volgt haar.

'Ga jij maar naar binnen,' zegt Sara tegen Johan, 'ik blijf wel bij je vader. Ik geloof dat ik hier de enige ben die het niet normaal vindt wat er is gebeurd.' Johan trekt zijn schouders op.

3

Het zijn een man en een vrouw. De vrouw heeft duidelijk de leiding. 'Linda de Waard,' stelt ze zich met een krachtige handdruk voor. 'Rechercheur. Dit is mijn collega Dirk van Galen.' Johan wendt zich direct tot de man. 'Gaat u dit onderzoek leiden?' wil hij weten.

Dirk grinnikt in de richting van Linda. 'Dat is de baas, meneer, ik kom pas kijken.'

Op Johans voorhoofd verschijnt de bekende irritatierimpel. 'Mmm,' bromt hij. Hij keurt de vrouwelijke rechercheur geen blik waardig en gaat zitten. Linda vraagt hun om beurten wie ze zijn en welke relatie ze met het slachtoffer hebben. 'Wie kan ons vertellen welke personen er in huis waren op het moment dat uw zus beschoten werd?' vraagt ze aan Simon. Die wijst naar Harm.

Harm knikt. 'Ik zou vandaag onkruid verwijderen in de achtertuin,' zegt hij. 'En ik was uitgenodigd voor de koffie en de lunch. De oude meneer Van Dalen is jarig,' verklaart hij.

Linda knikt. 'Maar u was niet aanwezig op het moment dat er geschoten werd?' Harm schudt zijn hoofd. 'Ik was even naar het dorp om slagroom te halen.'

'En wie waren er in het huis?'

'Meneer Van Dalen, dus. Hij werd net verzorgd door de zuster van de thuiszorg. Thea was er, de vrouw die neergeschoten is. En Anna, een andere dochter van de oude meneer.'

'Toen u vertrok om slagroom te halen, hebt u toen iets verdachts gezien?'

Harm schudt zijn hoofd. 'Niets, helemaal niets. Niets wat anders was dan anders.'

'Was er verkeer op de weg? Hebt u ergens een onbekende auto stil zien staan?'

Harm schudt opnieuw zijn hoofd. 'Nee,' zucht hij, 'nee. Ik heb niets gezien. Toen ik naar het dorp fietste ben ik geen enkele auto tegengekomen. Maar dat zegt natuurlijk niets. Het enige wat ik u kan vertellen is dat iemand met een enorme noodgang wegscheurde, in de richting van Oosterland.'

'Waar is het andere zusje?' wil Linda weten.

'Ze ligt op bed,' mengt Johan zich nu in het gesprek. 'We hebben haar een tablet valium gegeven, dat krijgt ze vaker als ze te opgewonden raakt. Ze heeft Thea daar onder het bloed zien liggen, weet u.'

'Kan ik haar spreken?' Het wordt even stil na deze vraag van Linda de Waard. Die kijkt iedereen fronsend aan.

'Anna is zwakbegaafd,' verbreekt Simon de stilte. 'Al mag je die term tegenwoordig geloof ik niet meer gebruiken. Maar u begrijpt wat ik bedoel?'

Linda knikt. 'Weet u of ze de dader gezien heeft?' vraagt ze aan Simon.

'Voor zover ik begrepen heb niet. Maar daar weet jij meer vanaf,' wendt hij zich tot Harm.

'Ze vertelde dat ze naar de kelder was gegaan, om naar de appeltaart te kijken,' zegt Harm. 'Door het kelderraam hoorde ze Thea op het erf haar naam roepen. Toen was er een knal. Dat is wat ik uit haar woorden heb begrepen. Ik denk dat ze naar boven en naar buiten is gerend, want toen ik het erf opreed stond Anna stokstijf tegen de keukendeur te hijgen en "pief, paf, poef" te gillen.'

'Heeft iemand van u enig idee wie uw zus zou willen vermoorden?' vraagt Linda aan Johan, Simon en Esther.

'Vermóórden?' schrikt Esther. 'Heeft iemand haar willen vermóórden?'

'Misschien,' antwoordt Linda de Waard. 'Wat had ú dan gedacht dat er aan de hand zou zijn?'

Esther slikt een paar keer en schraapt haar keel. 'Ik dacht, een ongeluk of zo. Een insluiper die door Thea werd betrapt. Ik zeg het zó vaak tegen haar: hou de deuren eens wat beter op slot. Alles ligt hier gewoon voor het grijpen. Vroeger kon dat allemaal, maar tegenwoordig moet je uitkijken. Je komt niet alleen maar in de stad allerlei vreemde mensen tegen. Hier ook, hoor. Buitenlanders en zo. Ik wil natuurlijk niet discrimineren maar toch... Dit is het laatste huis van het dorp. Je bent hier zó weg als je wilt vluchten, dat zie je nu wel. Je bent kwetsbaar.' Ze zwijgt abrupt en kijkt de rechercheur een beetje verwilderd aan. 'Thea heeft geen vijanden, écht niet,' gaat ze verder. 'Waar moet ze die vandaan hebben? Ze is altijd hier, bij vader.' Er valt opnieuw een vreemde stilte.

'Is dat zo?' informeert Dirk van Galen. 'Is ze altijd hier, bij haar vader?' In zijn stem klinkt ongeloof.

'Ze is van maandag tot en met vrijdag altijd hier,' antwoordt Johan kortaf. 'Zaterdag en zondag wenst ze vrij te hebben, dan moeten Sara en Esther het van haar overnemen. Tenzij er iets te vieren valt, zoals vandaag. Onze vader is vandaag jarig.' De rechercheur knikt.

'Ik doe het graag, hoor. Ik neem het graag van haar over.' Het is niemand duidelijk wie Esther opeens probeert te overtuigen.

'O. Ik dacht dat je dat voor je váder deed,' snauwt Johan.

Esther ziet eruit of ze elk moment in huilen kan uitbarsten.

'Is die toon ergens goed voor?' komt Simon ertussen. 'Hou jij nu nooit eens op met Thea te bekritiseren? Wees blij dat ze bereid is een groot deel van haar leven op te offeren en dat ze óns in staat stelt ons eigen leven te leiden.' Hij kijkt Johan woest aan. Die zwijgt met samengeknepen lippen.

'Woont u hier in de buurt?' vraagt Linda de Waard aan Esther. Ze reageert niet op de gespannen sfeer die ontstaan is.

'Ik woon in Hoorn, vlak bij Johan en Sara,' zegt Esther op vlakke toon.

'En u?' richt Linda zich tot Simon.

'Ik zoek het geluk een beetje verder weg,' glimlacht Simon, die zijn blik nog steeds op Johan gericht houdt. 'Het soort geluk dat ik nodig heb vind je niet gauw in dit dorp en de dichtgetimmerde omgeving eromheen. Ik woon in Amsterdam.'

'Jouw zogenaamde geluk staat haaks op de Bijbel,' bijt Johan hem toe.

'Geloof me, Johan, jij begint met de dag meer op je vader te lijken,' zucht Simon.

'Dat beschouw ik als een compliment.'

'Pardon. Zo was het niet bedoeld.'

'Het zou jou goeddoen als je ook een beetje op hem leek. Als je, net als hij, wat meer met je verstand leefde.'

Simon heft met een theatraal gebaar zijn handen in de lucht. 'Wauw! Zei je verstand? Heeft geloven iets met je verstand te maken, dan? Volgens mij duidt het juist op de afwézigheid van hersencellen. Of in ieder geval op het niet gebruiken van je hersenen.'

'Uw moeder leeft waarschijnlijk niet meer?' komt Linda tussenbeide. Er valt een ongemakkelijke stilte. Johan kijkt strak voor zich uit, Simon wrijft peinzend langs zijn wang, Esther staat op het punt om in tranen uit te barsten.

'Onze moeder heeft het gezin vijftien jaar geleden de rug toegekeerd,' antwoordt Johan. 'Ze ging met onze vader op reis en besloot toen niet terug te komen. Er was ruzie om een familiekwestie. Ze wilde niet toegeven dat ze ongelijk had. Ze liet ons allemaal gewoon achter.'

'Dat is wat vader ons heeft verteld,' zegt Simon stroef.

'Gaan we daar nu opeens aan twijfelen?' valt Johan uit.

'Niet nu opeens. Dat verhaal heb ik nog nooit geloofd,' antwoordt Simon, terwijl hij Johan strak aankijkt.

'Heeft uw moeder nooit meer contact met u opgenomen?' vraagt Linda aan Simon.

'Nooit meer,' is het antwoord, met een puntige nadruk op 'nooit'. 'Ze zouden naar een bungalowpark in Putten gaan. Het was de eerste keer in hun leven dat ze een vakantie boekten. Mijn moeder wilde dat graag, mijn moeder snákte soms naar een andere omgeving dan de eindeloze vlakte van Noord-Holland en de voorspelbaarheid van Den Oever. Maar vader weigerde. Vakantie kon wel eens leuk zijn, weet u. En leuke dingen vermijd je als je in de Heer bent. Als je in de Heer bent op de manier van mijn vader, is het leven lijden en afzien. Alles wat leuk zou kunnen zijn heeft per definitie met de duivel te maken.'

'Hou toch je kop!' schreeuwt Johan opeens. 'Hoe durf je je eigen nest zo te bevuilen?'

Simon kijkt hem strak aan. 'Jij noemt het bevuilen. Ik noem het de waarheid vertellen.' Hij richt zich weer tot Linda de Waard. 'Dus om nog eens duidelijk te zijn: mijn vader beweert dat mijn moeder de kuierlatten heeft genomen toen ze op vakantie waren. Die schande is hier totaal onder het vloerkleed geschoven, het was streng verboden ooit nog de naam van mijn moeder te noemen. Ik ben met Thea naar Putten geweest. Ja, je hoort het goed,' zegt hij tegen Johan. 'Naar Putten, twee jaar nadat onze moeder zogenaamd haar gezin in de steek heeft gelaten. Thea vertelde jullie dat ze naar een christelijk jongerenweekend in Limburg ging, maar dat klopte niet. We zijn gewoon dat bungalowpark binnen gestapt en we hebben moeders foto aan allerlei mensen laten zien, overal nagevraagd of ze haar herkenden. We hebben ook een foto van vader tevoorschijn gehaald. Maar iedereen schudde zijn hoofd of haalde zijn schouders op. Totááal geen herkenning, van geen van beiden. Volgens

23

de eigenaar van het park kwamen de meeste gasten ieder jaar terug; je zou dus verwachten dat eenmalige gasten als vader en moeder waren opgevallen. Maar nee hoor. Geen enkele blijk van herkenning of herinnering. Ook de eigenaar beweerde dat hij zich niets van hen kon herinneren. Dus het is maar de vraag of ze daar ooit waren.'

'En toen? Wat hebt u toen verder gedaan?' wil Linda de Waard weten.

'Toen hebben we gehoopt dat het waar was. Dat mijn moeder werkelijk met de noorderzon is verdwenen en ergens gelukkig is. Vrij en gelukkig,' zegt Simon met een verstikte stem.

Het is doodstil in de kamer. Alleen het getik van de pendule op de schoorsteen is te horen. Luid getik. Nadrukkelijk en irritant getik.

'Er schiet mij opeens iets te binnen,' doet Harm een poging om het gesprek een andere kant op te krijgen. 'Ze zei iets. Thea zei iets. "Eigen schuld, geen politie." Zoiets was het, ja.'

'Wat is dit voor een rare familie?' vraagt Dirk van Galen zich hardop af, als hij met Linda naar de auto terugloopt.

'Tja,' antwoordt Linda peinzend, 'wat zal ik ervan zeggen? Hier zou wel eens heel wat meer aan de hand kunnen zijn dan je in eerste instantie in de gaten hebt. Veel onderlinge spanning. Meerdere partijen. Jij zat trouwens wel erg opvallend geïnteresseerd naar die Simon te gluren.'

'Wat wil je ook? Wat een spetter, zeg. Die is de zonde toch wel waard?'

'Reken maar,' is Linda van mening. 'En denk vooral niet dat jíj hem nog iets kunt leren. Die heeft het uitgevonden en verbeterd. Maar genoeg over die Simon. Dat is een provocerend type over wie we het nog wel vaker zullen hebben.'

'Maar zou hij écht een actief lid van de nichtenclub zijn?'

'Ik ben nu eerst benieuwd wat voor vrouw onze neergeschoten Thea is. En wat ze bedoelde met "eigen schuld, geen poli-

tie". We gaan eens naar het ziekenhuis om te kijken of ze al ver-
hoord kan worden.'

Tweede brief aan mijn vader

Soms droom ik opeens drie nachten achter elkaar over onze moeder. We hebben haar al vijftien jaar niet meer gezien en dat is een lange tijd. Als je iemand zó lang achter elkaar niet ziet, vervagen je herinneringen en weet je niet meer precies wat voor stem iemand had of hoe iemand precies kéék. Maar in mijn dromen vallen de jaren weg en is ze er weer helemaal. Ze draagt altijd die prachtige zomerjurk van rode klaprozenstof, die ze van u niet buitenshuis mocht aandoen. Die jurk was veel te vrolijk, veel te werelds, veel te uitdagend. Eigenlijk wilde u dat ze de jurk in de zak voor de armen deed en misschien had u nog het liefst gezien dat ze hem gewoon helemaal in stukken knipte. Die jurk was u een doorn in het oog, maar de strijd om dit kledingstuk was er een die u niet kon winnen. Soms trotseerde moeder uw mening heel openlijk en leek ze u zelfs uit te dagen. Dat gebeurde niet vaak maar áls het gebeurde, was het ook goed raak. De klaprozenjurk was een van de strijden die moeder met u streed, waarbij ze niet toegaf aan uw eisen en uw dwang. Haar enige concessie in die strijd was dat ze de jurk niet buitenshuis droeg. Maar daartegenover stond dat ze hem iedere zonnige zomerdag in huis aanhad. Wij konden haar als kinderen geen groter plezier doen dan te zeggen dat we de jurk zo mooi vonden. We zeiden dat alleen als u niet thuis was, en als u wél thuis was, lette moeder goed op of u op veilige gehoorafstand stond.

26

Onze moeder baarde in zeven jaar tijd vijf kinderen, en toen ik zestien was heeft ze me verteld dat de geboorte van Anna haar bijna het leven heeft gekost. De vroedvrouw die haar bij alle bevallingen bijstond, heeft op het laatste moment de huisarts geroepen en die heeft met het zweet op zijn rug het kind eruit moeten trekken. Het was een stuitligging. Toen Anna was geboren kreeg moeder een zware bloeding, omdat de placenta vast bleef zitten. Ze is met gillende sirenes naar het ziekenhuis gebracht en in de ziekenauto heeft ze de dokter gesmeekt ervoor te zorgen dat ze zou worden gesteriliseerd. Toen ze uit de narcose ontwaakte was ze niet alleen verlost van de placenta, maar kreeg ze ook in strikt vertrouwen van de huisarts te horen dat de gynaecoloog haar ter wille was geweest.

Toen moeder dit allemaal aan mij vertelde, was er veel aan de hand in ons gezin. Ik had de meest ultieme schande die maar te bedenken is over iedereen heen gestort en u was daar razend om. Moeder beschermde mij als een echte kloek, u kreeg van haar geen kans om te dicht in mijn buurt te komen. We hadden heel vertrouwelijke gesprekken met elkaar en in die tijd vertelde moeder mij alles over haar eigen moederschap. Na de geboorte van Anna hebt u moeder nooit meer gevraagd hoe het kwam dat ze niet meer zwanger werd. Hebt u haar eigenlijk ooit wel eens iets gevraagd wat met intimiteit of met persoonlijke belangstelling te maken had? Ik herinner me dat wij als kinderen wel eens nieuwsgierige vragen aan u stelden. Wij wilden weten hoe onze vader en moeder elkaar hadden ontmoet. Ik durfde u zelfs te vragen waarom u juist met míjn moeder was getrouwd. Het antwoord stond geschreven in Genesis 2, vers 18 en 24, volgens u.

'Ook had de heere God gesproken: het is niet goed, dat de mens alleen zij. Ik zal hem een hulp maken, die als tegen hem over zij. Daarom zal de man zijn vader en moeder verlaten en zijn vrouw aankleven; en zij zullen tot één vlees zijn.'

Wij giebelden als kinderen over dat één vlees zijn van onze ouders. Van moeder konden wij ons wel voorstellen dat ze zoiets als gemeenschap zou hebben, maar van ú? Niemand in huis zag u ooit ongekleed, hoogstens in uw lange onderbroek en uw hemd met lange mouwen. Het was voor ons ondenkbaar dat u die broek en dat hemd ooit uitdeed, volgens ons hield u ze zelfs aan als u onder de douche ging. Dus hoe zou u dan kinderen hebben verwekt? Er was maar één mogelijkheid, meenden wij. Hemd stukje omhoog, broek stukje naar beneden. En uiteraard in het donker, diep onder de dekens. Volgens ons had niemand dan uw eigen moeder ooit uw piemeltje gezien, sterker nog: wij waren ervan overtuigd dat u hem zélf nog nooit gezien had.

Als ik over moeder droom, mis ik haar. Ik mis het gevoel van geborgenheid dat er was als ze met de borstel mijn lange haren kamde. Wij mochten geen kort haar hebben, dat vond u niet gepast. Vrouwen die kort haar droegen, leken op mannen.

We mochten ook geen korte rokken dragen. Vrouwen die korte rokken droegen, leken op hoeren. U wees ons er iedere dag opnieuw op dat de wereld puur uit verlokkingen bestond en dat ieder mens als levensopdracht had zich daartegen te verzetten.

'De mens is van nature zondig,' hield u ons voor.

Was onze moeder zondig? Wat deed ze dan fout? Was het niet goed dat ze ons knuffelde, ons in haar armen wiegde, altijd naar ons luisterde, altijd thuis was, ons hielp met huiswerk maken, ons zo helder en duidelijk voorlichtte, onze kleren naaide, ons appeltaart leerde bakken en boterkoek en gevulde speculaas, ons extra troostte als u ons weer een pak slaag met de karwats had gegeven?

In mijn dromen is moeder gelukkig. Haar ogen stralen, ze lacht en kriebelt me op mijn rug, zoals ze vroeger deed. Ze verrast me met een mooie poster waarop een olifantenmoeder met haar jong staat en ze zegt dat ik volgens haar in een eerder leven een olifant ben geweest. Hoe is het anders te verklaren dat ik me zo verbonden voel met olifanten?

Als ze zulke dingen tegen me zegt, fluistert ze altijd. Ze fluistert en ze houdt de deur van de kamer in de gaten. Ze legt uit dat vader een hekel heeft aan zulke praatjes en dat we hem beter niet boos kunnen maken.

In dat deel van mijn droom word ik opstandig. Op dat punt ben ik geen kind meer maar de volwassen vrouw van nu. En op zulke momenten klap ik bijna uit elkaar van woede.

Wát, niet boos maken? En waarom dan niet? Wat heb ik eigenlijk te vrezen van een christelijke lafbek, die een karwats nodig had om zijn zin te kunnen doordrijven? Waarom zou ik bang zijn voor een wandelende bijbel zonder enig respect voor mensen die anders durven denken dan hij? Wie weet, bent u in een vorig leven een soort koning Herodes geweest. Of een van die andere griezels die uit naam van God hele hordes mensen afslachtten en zelfs hun eigen kinderen offerden. U las zulke passages uit de Bijbel bijna trots voor. Ik mocht mijn handen niet tegen mijn oren houden en ik mocht niet overgeven van walging. Mijn moeder fluisterde dat ik op zulke momenten gewoon niet moest luisteren en aan leuke of aan lekkere dingen moest denken. Bijvoorbeeld aan een tent bouwen in de tuin als het zomer was, of aan warme chocolademelk met slagroom na het schaatsen. Ik deed krampachtig mijn best om haar advies op te volgen maar uw donderende stem was toch vaak in staat om elke afleidingsmanoeuvre in mijn hoofd te vermorzelen.

Dus hoezó, niet boos maken? We hadden u veel vaker moeten tegenspreken. We hadden u recht in uw gezicht moeten uitlachen. Uw woorden belachelijk moeten maken. Uw God moeten betwijfelen.

We hadden u de rug moeten toekeren, ons openlijk van u moeten afkeren. We hadden u moeten laten zien dat we alleen van onze moeder hielden en niet van u.

Ik droom altijd van een knuffelende moeder. Ik voel haar sterke armen om me heen en ruik haar zachte moederlijf. Ze probeert Johan ook vaak vast te houden maar die duikt weg. Esther wordt er verlegen van, Anna wil niets liever en Simon kruipt bijna in haar. Soms willen we allemaal tegelijk bij haar op schoot.

Als er zo'n knuffelsessie plaatsvindt, bent u nooit thuis.

In mijn dromen neemt moeder mij mee naar een wereld waar ik nog nooit geweest ben. Ik weet later niet meer of ik er kleuren zag, of bomen, of water, of grond.

In mijn dromen praat ik met moeder over alles wat er met mij en in mijn omgeving gebeurt. Ik praat nooit over u.

Misschien bent u al dood voor mij. Dat zou een goed idee zijn, vader.
Hoe lang bent u eigenlijk van plan om nog te blijven leven? Hoe lang
denkt u dat ik het nog kan uithouden om tegen u aan te kijken? Om u
aan te raken? Om u te horen?

Te ruiken?

Hoe láng nog, vader?

4

Linda de Waard meldt zich bij de zusterpost. De portier van het ziekenhuis heeft hen naar de afdeling Chirurgie verwezen. Daar is mevrouw Thea van Dalen volgens hem opgenomen. Simon meldde dat hij naar huis is gestuurd, omdat Thea de komende uren nog zou slapen, vanwege de narcose. Het is bijna vijf uur. Linda denkt dat de patiënt onderhand wel een beetje wakker zal zijn. 'We gaan ons alleen even voorstellen en stellen enkele algemene vragen,' heeft ze tegen Dirk gezegd. 'Morgen gaan we terug voor een uitgebreider gesprek.'

'Wat denk je dan vandaag te weten te komen?' heeft Dirk gevraagd.

'Niet veel. Maar ik hou er rekening mee dat ze, als ze nog een beetje gedrogeerd is, misschien dingen zegt die ze niet zou zeggen als ze helderder is. Geloof me, mensen worden nooit zomaar neergeschoten. En ze zeggen niet voor niets dat ze er geen politie bij willen hebben. Misschien wil ze de dader dekken en heeft ze er geen idee van dat ze zich daardoor extra kwetsbaar maakt. Ik wil elke kans benutten om haar iets te laten vertellen.'

Er zit geen mens in de zusterpost, die midden in de gang is. Er lopen wel enkele patiënten rond, die een standaard op wielen voortbewegen, waar een infuusfles aan hangt. In de gang staan enkele karren waar van alles op ligt: wasgoed, blauwe mappen, pennen, lege en beschreven lijsten. Linda trommelt met haar vingers op de balie van de zusterpost. 'Waar zitten die lui?' bromt ze. 'Zeker met zijn allen aan de koffie?'

Vanuit het niets staat er opeens een verpleegkundige naast hen. 'U bent vroeg,' constateert ze.

'Worden we verwacht dan?' wil Linda weten.

'Eh, nee. Ik dacht dat u op bezoek kwam.'

Linda toont haar identificatiebewijs. 'Recherche,' zegt ze kort. 'Ik zou graag heel kort met mevrouw Van Dalen willen spreken. Ze is hier vandaag opgenomen. Is ze al aanspreekbaar?'

'Ik roep het avondhoofd even,' antwoordt de verpleegkundige en ze schiet een kamer in.

Even later verschijnt er een andere verpleegkundige. 'Anja van den Olver,' stelt ze zich voor en ze geeft Linda en Dirk een hand. 'Ik hoor dat u mevrouw Van Dalen wilt spreken?' Ze zwijgt even en lijkt te aarzelen. 'Ze ligt nog op de uitslaapkamer,' gaat Anja verder. 'Ze heeft vlak na de operatie aan haar schouder een miskraam gekregen.'

'Weet de familie daar al iets van?' informeert Linda.

'Ik heb een kwartier geleden de familie gebeld en met een broer gesproken. Simon. Hij is op weg naar het ziekenhuis. Ik verwacht hem elk moment.'

'Dan wachten wij nog even op Simon,' besluit Linda.

Simon ziet lijkbleek. Hij is zich kapot geschrokken, meldt hij. Nee, hij wist absoluut niet dat Thea zwanger was.

'Weet u van wie het kind kan zijn?' vraagt Linda.

'Geen idee,' is het antwoord. 'Ik weet zelfs niets van een vriend.'

'Is het mogelijk dat uw zus iemand ontmoette op haar vrije dagen?' vraagt Linda verder.

'Wanneer zou ze anders iemand moeten ontmoeten? De rest

van de week zit ze aan onze demente vader vast.' Hij staart langs
Linda heen. 'Verdomme, dat ze dit nóg een keer moet meemaken.'
'Heeft ze dan al eerder een miskraam gehad?' wil Dirk weten.
'Nee,' zegt Simon kortaf. Dirk wil nóg een vraag stellen maar
Linda gebaart dat hij moet stoppen.
Het avondhoofd komt Simon halen. Hij mag zijn zus gedag
zeggen. Ze is wakker en wil hem graag even zien. 'Het lijkt me
beter dat u morgen of misschien liever overmorgen terugkomt,'
zegt ze tegen Linda en Dirk. 'Mevrouw Van Dalen heeft het
nogal voor haar kiezen gehad. Het heeft haar allemaal erg aan-
gegrepen.'
'Overmorgen komen we terug,' zegt Linda.

5

Haar hele lijf voelt beurs aan. Thea zou graag op haar zij willen liggen maar ze kan niet draaien. Haar rechterschouder zit helemaal in het verband en in haar linkerarm zit een infuus. Ze heeft een stekende buikpijn. Er kraakt iets in haar buurt en ze voelt dat er iemand naast haar bed staat. 'Hebt u pijn?' vraagt een witte gedaante.

Thea opent haar ogen. Het is een vrouw, ziet ze. 'Ja. Mijn schouder. En mijn buik.'

'Dat dacht ik al. Ik geef u iets, dan zakt het wel. U voelt er niets van. Ik spuit het in de infuusslang.' De vrouw doet iets ergens in de buurt van de arm waarin het infuus zit, ziet Thea.

'Ik heb me nog niet voorgesteld. Ik ben Patty, ik heb nachtdienst,' zegt de vrouw.

'Is het nacht?' wil Thea weten.

'Het is drie uur.'

'Wat voor dag is het?'

'Het is zondagochtend.'

'Hoe lang lig ik hier al?'

'Vanaf gistermorgen. Weet u nog wat er met u is gebeurd?'

Thea denkt diep na. 'Ik liep naar de schuur,' zegt ze. 'Ik dacht dat Anna in de schuur zat. Ik hoorde een knal.'

'Dat klopt. U bent neergeschoten. Hebt u enig idee wie dat gedaan kan hebben?'

'Reken maar,' is het grimmige antwoord. Direct daarna sluit Thea haar ogen weer.

'Helpt het medicijn al?' vraagt Patty nog maar ze krijgt geen reactie. Thea is diep onder zeil.

Iemand raakt haar pols aan, Thea opent haar ogen. Ze sluit ze direct weer.

'Ik tel even de polsslag,' fluistert de vrouw die ze naast haar bed heeft zien staan. Ze heeft die vrouw al eerder gezien.

'Ik moet plassen,' klinkt het naast Thea.

'U hebt een katheter,' antwoordt de verpleegkundige in de richting van het geluid. 'Daardoor lijkt het of u aandrang voelt. Let er maar niet op, dat hoort erbij.'

'Daar hebben mensen altijd last van met een katheter,' beaamt Thea.

'Dat is taal van een professional,' stelt de verpleegkundige vast.

'Ik heb ook in de zorg gewerkt,' legt Thea uit.

'O ja? Wat leuk. Bent u verpleegkundige?'

'Ziekenverzorgster.'

'Werkte u in een verpleeghuis?'

'In de thuiszorg. Tot mijn vader ging dementeren. Ik zorg voor hem.'

'Dat lijkt me zwaar. Voor je vader zorgen. De omgekeerde wereld. Ouders zorgen voor hun kinderen, niet andersom.'

Mijn vader niet, zou Thea willen zeggen. Mijn vader heeft nog nooit voor mij gezorgd. Maar ze zwijgt.

'Slaap maar lekker verder,' zegt de stem naast haar vriendelijk.

Thea droomt een droom die haar bekend voorkomt. Ze loopt in de tuin en strooit voer rond voor de kippen. Die lopen kakelend en tokkend om haar heen en verdringen zich om als eerste een graantje te kunnen oppikken.

'Rustig, dames en heren,' roept ze. 'Stelletje graaiers, niet zo begerig, er is genoeg!'

Haar vader is in de kas bezig met het begieten van de fuchsia's en de dahlia's. Zijn gezicht staat strak. Thea probeert hem te negeren. Ze loopt naar de konijnenhokken en maakt het eerste hok open. Ze pakt de konijnen één voor één op en zet ze bij de konijnen in het andere hok. Daarna maakt ze het lege hok schoon en legt vers stro op de bodem. Ze spoelt de waterbakken goed om en vult ze weer met water. Als ze alle konijnen even in het schone hok heeft gezet, herhaalt ze de actie in het tweede hok. Vanuit haar ooghoeken ziet ze haar vader door de kas schuifelen. Hij knipt dorre bladeren van de planten af en verzet sommige potten naar een andere plaats. Dat heeft met de lichtinval in de kas te maken, denkt Thea. Zeker weten doet ze het niet, de kas is verboden terrein voor haar. Behalve vader mogen alleen Johan en Esther erin komen. Terwijl ze haar vader zwijgend gadeslaat denkt ze aan het incident dat de dag ervoor heeft plaatsgevonden. Thea probeerde vader gunstig te stemmen door te zeggen dat ze de planten in de kas zo mooi vond. Zonder dat ze erop bedacht was, viel hij opeens tegen haar uit. 'Je hebt niets in die kas te zoeken,' riep hij. 'Laat ik niet meer merken dat je erin geweest bent.'

'Ik ben er helemaal niet in geweest,' verdedigde ze zich. 'Ik heb door de ramen naar binnen gekeken.'

'Let erop dat ze er niet meer ingaat,' zei vader tegen Johan, zonder zich iets van Thea's woorden aan te trekken.

'Daar kunt u op rekenen,' beloofde Johan.

'Maar ik bén er helemaal niet in geweest,' stampvoette Thea. Ze had Johan graag tegen zijn schenen willen schoppen. Ze was woest. Johan lachte schamper in haar richting. Er lag een akelige trek om zijn mond.

Als ze klaar is met het schoonmaken van de konijnenhokken

roept ze Anna. 'Ruim jij de rommel maar eens op,' zegt ze. 'Je weet hoe het moet.'

Anna haalt een stoffer en blik uit de bijkeuken en begint het vuile stro erop te leggen. Ze trekt een vies gezicht. 'Het stinkt,' zegt ze. 'Vies!' Zonder enige aanleiding vraagt ze aan Thea: 'Wanneer komt moeder terug?'

Iedere keer eindigt de droom op die manier. Anna vraagt wanneer moeder terugkomt, Thea voelt het bloed uit haar gezicht wegtrekken. Ze wordt duizelig, ze wankelt, ze valt. Op het moment dat haar hoofd de grond raakt, schrikt ze wakker.

Er staat opeens iemand naast haar. 'Wat is er aan de hand?' vraagt een stem. Thea opent haar ogen. 'U schreeuwde. Had u een nare droom?' De verpleegkundige heeft een onbekend gezicht.

Thea knippert met haar ogen. 'Patty?' weet ze zich te herinneren.

'Nee, ik ben Simone. Patty heeft nachtdienst gehad.'

'Is het geen nacht meer?'

'Het is negen uur in de ochtend. Zal ik u eens lekker gaan opfrissen?'

Maar Thea slaapt alweer.

Ze is beland in een andere bekende droom.

'Ik wil naar de sociale academie. Ik wil maatschappelijk werkster worden,' zegt ze tegen haar vader. Esther is ook in de kamer. Ze kijkt Thea met een norse trek op haar gezicht aan. Thea schudt met haar hoofd in Esthers richting, alsof ze wil zeggen: help nou mee, zit niet zo tegen te werken.

Vader heft zijn hand op. 'Nu is het wel genoeg geweest,' zegt hij en Thea hoort aan zijn stem dat zijn geduld ten einde is. Opletten nu, denkt ze. Hem niet boos maken, anders moet ze de karwats uit de kelder halen. 'Ik zeg het je voor de laatste keer: je gaat níét naar de sociale academie. Daar leer je niets nuttigs, het is daar een losgeslagen bende. Een hol van verderf. Jij gaat de verzorging in. Ik heb je al ingeschreven, de opleiding begint half september. Je woont zo lang je de opleiding volgt intern in de zusterflat.'

'En daarna?'

'Daarna zoek je een baan in de buurt, zodat je weer thuis kunt wonen.'

'Weet je wie de mentrix van de zusterflat is?' vraagt Esther met een nadrukkelijke lach, als vader de kamer uit is gelopen. 'Eva Mantje, de zus van ouderling Mantje.'

Er doemt een strak en zuur gezicht in Thea's brein op. 'Als ik dan absoluut niet naar de sociale academie mag, waarom mag ik dan in ieder geval niet naar de pabo, net als jij?' wil Thea van Esther weten. 'Ik wíl helemaal niet de verzorging in.'

'Volgens vader ben jij niet intelligent genoeg om de pabo te kunnen halen,' antwoordt Esther geringschattend. 'Jij en Simon zijn niet zo slim als Johan en ik.'

'Daar kom jij nog wel eens achter,' zegt Thea langzaam. 'Daar zullen jullie allebei nog wel eens achter komen.'

'Vader,' roept Esther en ze doet of ze heel erg bang is. 'Vader, kom eens gauw weer in de kamer.'

De deur gaat open en vader staat dreigend in de deuropening. 'Wat is hier aan de hand?' buldert hij.

Esther wijst naar Thea. 'Ze bedreigt me,' gilt ze. 'Ze bedreigt me met de dood.'

'Dat lieg je,' schreeuwt Thea. 'Je liegt altijd alles wat je zegt! Smerige leugenaar. Verdómme, jij smerige leugenaar!'

Met één sprong staat haar vader voor haar. Zijn ogen puilen bijna uit hun kassen. 'Heb ik jou het derde gebod niet geleerd?' spuugt hij de woorden in Thea's gezicht. 'Gij zult de Naam des Heeren uws Gods niet ijdel gebruiken?' Thea staat hem dood-stil aan te staren.

'Heb ik je dat niet geleerd?' herhaalt vader. Thea knikt. 'En hoe ging het verder?' roept hij. Thea slikt. 'Hoe ging het vér-der?' schreeuwt hij opnieuw.

'Want de Heere zal niet onschuldig houden die Zijn naam ijdel gebruikt,' zegt Thea op vlakke toon. Ze weet dat er deze keer niet aan de karwats te ontkomen valt.

Er staat weer iemand aan haar arm te schudden. 'Wat droomt u toch veel,' hoort Thea een stem zeggen, die ze al eerder heeft gehoord.

Ze opent haar ogen en probeert zich de naam van de verpleegkundige te herinneren.

'Simone,' helpt het meisje haar.

Thea knikt. 'Heb ik lang geslapen?' wil ze weten.

'Nog geen vijf minuten, sinds de vorige nare droom. Zal ik u nu toch maar eerst wassen en een schoon hemd aandoen? Dan kunnen we misschien over leukere dingen praten. Hoe voelt u zich?'

Thea moet daar even over nadenken. 'Ik heb niet zoveel pijn meer,' stelt ze vast. 'Hoe lang moet ik hier blijven?'

'De chirurg komt over een uurtje langs,' is het antwoord.

6

Er is deze ochtend geen land met Anna te bezeilen. Sara heeft op allerlei manieren geprobeerd te bereiken dat haar schoonzusje zich ging wassen en aankleden. Vleiend, uitnodigend, vriendelijk, begripvol, eindeloos geduldig. Maar wát ze ook probeert, Anna blijft nukkig en dwars. 'Ik wil Théa,' is het enige wat eruit komt. 'Théa moet terugkomen.'

Ten einde raad heeft Sara Esther opgebeld, maar die kon haar niet veel wijzer maken. 'Dat zijn vier handen op één buik, daar hebben Johan en ik nog nooit tussen kunnen komen, dat weet je toch?'

Sara heeft niet veel aan zo'n antwoord. Johan praat weinig over zijn jongste zusje, hij loopt altijd met een boog om haar heen. Het enige wat Sara hem wel eens hoort zeggen is dat Anna vanaf het begin naar een instelling had gemoeten. Maar dat schijnt zijn moeder te hebben tegengehouden. Zijn moeder heeft het zelfs voor elkaar gekregen dat Anna bijzonder onderwijs kon volgen. Ze is tot haar veertiende iedere schooldag met een busje gehaald en gebracht.

'Pak haar maar stevig aan,' adviseerde Esther. 'Geen discussie met haar aangaan. Ze gaat zich wassen en aankleden, dat kan ze zelf. Om tien uur wordt ze gehaald en naar het verzorgingshuis gebracht. Om vier uur brengen ze haar weer terug. Strak zijn, óptreden. Laat haar merken wie nu de baas is. Als ik woensdag kom, gaat het niet anders. Ze kan er maar beter snel aan wennen.' Anna zit met een verongelijkt gezicht in haar kamer. Sara vindt het eigenlijk wel een beetje zielig. Ze heeft met haar schoonzusje te doen. Thea heeft haar al eens verteld dat Anna regelmaat nodig heeft. Die regelmaat geeft haar zekerheid. Alles gebeurt volgens vaste rituelen. Iedere dag op dezelfde tijd opstaan, wassen, aankleden, ontbijten. Ze werkt van maandag tot en met vrijdag in de afwaskeuken van een verzorgingshuis in Hoorn. Daar heeft ze een vaste begeleider. Als ze thuis is, helpt ze Thea met overzichtelijke klussen. Zoals het fornuis schoonmaken als Thea eten gekookt heeft, haar eigen kamer stofzuigen, het oude stro uit de konijnenhokken in de groene container gooien.

'Je moet haar nooit zomaar iets laten doen wat je zelf even nodig vindt,' vertelde Thea onlangs nog aan Sara. 'Opdrachten die onbekend zijn, brengen haar uit haar evenwicht.'

Maar wassen en aankleden zijn toch bekende vaardigheden voor Anna, piekert Sara. Bekend in combinatie met de aanwezigheid van Thea, realiseert ze zich. Ze kijkt op de klok. Het is kwart over negen, dit schiet niet op. Aan Esther heeft ze niets en ze verwacht ook geen riant advies van Johan.

Anna staat met een ontevreden gezicht in de deuropening. 'Ik wil dat Thea komt,' dreint ze.

Sara vindt het bijna aanstootgevend: een volwassen vrouw van dertig jaar die staat te stampvoeten als een kind van drie. 'Thea ligt in het ziekenhuis, Anna. Ze zou helemaal niet tevreden zijn als ze wist hoe jij je gedraagt. Het is nu genoeg geweest. Jij gaat je wassen en aankleden en dan kom je beneden een boterham eten. Nee, het is nu áfgelopen. Als je vanmiddag thuiskomt, mag je met me mee naar het ziekenhuis om Thea te bezoeken.'

Anna veert op. 'Echt? Gaan we naar Thea toe?' Ze maakt een vreugdesprong en keert zich om. Sara hoort haar de trap op rennen. 'We gaan naar Thea toe! We gaan naar Thea toe!' Ze blijft het opgewonden herhalen. Sara zit haar verbaasd na te kijken. Zo eenvoudig blijkt het dus te liggen.

Ze hebben gistermiddag afgesproken dat Sara tot woensdag blijft en dat Esther het dan tot maandag overneemt. Ze kan waarschijnlijk voor deze noodsituatie zorgverlof opnemen. Simon zal donderdag of vrijdag komen om de wekelijkse boodschappen te doen. Johan zal zo lang Sara er is ook in zijn ouderlijk huis slapen en als het nodig is helpen bij dagelijkse klussen. 'Hoe regelen we het met bezoek aan Thea?' heeft Simon gevraagd. Na deze vraag viel er een nadrukkelijke stilte.

Johan schraapte zijn keel. 'Als ik de hele dag gewerkt heb, zal er weinig van terechtkomen om ook nog naar het ziekenhuis te gaan,' meende hij.

'Als jij thuis bent, kan ik wel een keer naar het avondbezoek,' stelde Sara voor.

Het leverde haar een afwijzende blik van haar echtgenoot op. 'Ik heb liever dat jij hier blijft. Wat moet ik doen als vader opeens moet plassen?'

'Hem naar het toilet brengen, lijkt mij,' antwoordde Simon luchtig. Johan snoof.

'Ik moet even mijn agenda voor de komende week nakijken,' zei Esther. 'Ik denk dat ik dinsdagavond wel zou kunnen gaan. Maar vanaf woensdag ben ik hier, dan komt er niets van. Maar misschien is ze dan al thuis? Ik neem aan dat ze weer snel naar huis zal kunnen?' vroeg ze aan de anderen.

Simon haalde zijn schouders op. 'Geen idee, eerlijk gezegd.'

'Ik denk dat ze inderdaad niet lang in het ziekenhuis hoeft te blijven,' beaamde Sara de woorden van Esther. 'Tegenwoordig sturen ze de patiënten zo snel mogelijk weer naar huis. De kogel is verwijderd, het gaat nu alleen nog om het herstel van de wond. Maar ze zal de eerste tijd toch wel hulp nodig hebben in de huishouding,' voegde ze er aarzelend aan toe.

'Daar kunnen we extra thuiszorg voor regelen,' bitste Esther. 'Ik zal morgen meteen bellen.'

'En wat ga je dan zeggen?' wilde Simon weten.

'Wat ik ga zeggen? Nou gewoon. Dat ze gewond is aan haar schouder en dat ze is geopereerd. Ik stel voor dat we het niet dramatischer maken dan het is. Ze hebben daar bij de thuiszorg toch niets met de omstandigheden te maken?'

'Er is een onderzoek gaande, weet je nog wel?' bracht Simon haar in herinnering. 'Ik zou ervoor willen pleiten om de dingen gewoon bij hun naam te noemen, anders komen er maar praatjes van. Je hebt de pers gezien, toen de technische recherche aan het werk was. Het staat morgen in de krant. Ga er maar van uit dat er opeens allerlei mensen langsrijden of rondfietsen die graag willen zien op welke plek het gebeurd is.'

Esther trok haar lippen naar beneden. 'Ik stel voor dat wij als familie geen enkele uitspraak doen,' zei ze. 'Dat is gezinsprivacy.'

'Ben je soms bang dat het bekend wordt dat ze ook een miskraam heeft gehad?' wilde Simon weten.

Esther schoot overeind. 'Daar wil ik het helemáál niet verder over hebben,' brieste ze. 'Alsof het al niet erg genoeg is, wat er is gebeurd. Moet ze óók nog díé schande over ons brengen?'

'Is dat waar je bang voor bent?' vroeg Simon strak. 'Ben je bang dat jij erop wordt aangekeken dat je zus weer eens zwanger was van een onwettig kind? Of ben je jaloers dat het jóú nog nooit is overkomen?'

Sara zat stijf van schrik in haar stoel na deze woorden. Ze zag dat Johan iets wilde zeggen maar Esther hief haar hand op in zijn richting. 'Als het banaal wordt geef ik niet eens antwoord,' zei ze hooghartig. Ze kon haar stem amper in bedwang houden.

'Ik ga wel naar het ziekenhuis,' ging Simon verder, alsof er niets aan de hand was. 'En ik zal de thuiszorg wel bellen,' wendde hij zich opnieuw tot Esther. 'Het lijkt mij verstandig dat ik de zaken voor Thea behartig.'

Sara had een onbehaaglijk gevoel in haar maag tijdens het gesprek. Op de een of andere manier hebben gesprekken tussen haar man en zijn familie altijd dat resultaat. Ze zou het liefst met Johan alléén naar haar schoonvader gaan en de familie zo veel mogelijk omzeilen.

Precies op tijd komt het busje dat Anna naar haar werk brengt het erf oprijden. Anna lijkt de opwinding van het afgelopen uur alweer vergeten te zijn. Ze zwaait enthousiast naar Sara, zo lang ze haar kan zien. Sara loopt een beetje verloren door het huis. De zuster van de thuiszorg is nog bezig met het wassen en aankleden van haar schoonvader. 'Blijft u maar een beetje in de buurt,' heeft ze Sara geadviseerd, 'zodat ik u kan roepen als ik uw hulp nodig heb.'

Sara moet er niet aan denken dat ze wordt geroepen om te helpen bij de verzorging van haar schoonvader. Ze zou niet weten waar ze moest kijken, als ze de man half of helemaal naakt zou aantreffen. Sara moet überhaupt niet denken aan mensen verzorgen. Dat is niet haar vak, ze kan zich niet voorstellen dat mensen voor dat vak kiezen.

Er komt een auto het erf oprijden. Sara tuurt naar buiten. Het is die vrouwelijke rechercheur, ziet ze. Die Linda de Waard.

Wat moet ze met dat mens?

'U bent er vandaag vroeg bij,' doet Sara een poging om gevat te zijn. Ze heeft zich voorgenomen goed te letten op wat ze zegt. En vooral niets te vertellen wat gevoelig ligt in de familie. Ze weet dat ze Johan anders woedend zal maken. Als Johan woedend is, raakt hij snel ontregeld en als hij ontregeld raakt, doet hij rare dingen. Dan zitten zijn handen nogal los.

'Laat ik maar met de deur in huis vallen,' zegt Linda de Waard zodra ze zit. 'Hebt u enig idee wie uw schoonzus heeft neergeschoten?'

'Misschien wel,' flapt Sara eruit, zonder na te denken. Shit! Ze kan zichzelf wel voor haar kop slaan. Wat is dít nu weer voor bezopen antwoord?

'Nou, laat eens horen,' nodigt Linda haar vriendelijk uit.

7

Eerst komt er een enorme bos bloemen de kamer in. Thea heeft meteen in de gaten wie erachter zit. Ze grinnikt. 'Hallo broer, kijk maar uit dat je nergens tegenaan loopt.'

Simon springt met een lachend gezicht achter de struik vandaan. 'Dit was de grootste die ze hadden.'

Thea zit rechtop in de kussens. Het infuus is een uurtje geleden verwijderd. Haar rechterarm rust op een stapel kussens. Simon staart naar het verband. 'Doet het pijn?' wil hij weten.

'Het is te houden. Ik krijg goede pijnstillers. Het infuus is er ook al uit gehaald. Sara heeft gistermiddag nog een paar nachthemden gebracht. Een van de verpleegkundigen heeft naar huis gebeld om dat te vragen. Ik voelde me echt ongelukkig in dat idiote operatiehemd. Sara stond meteen op de stoep. Heel hartelijk.'

'Met Sara is niets mis,' bromt Simon. 'Behalve dan dat ze een vreemde smaak heeft wat kerels betreft.'

Thea moet lachen maar ze grijpt meteen naar haar buik. 'Oei! Laat me niet lachen. Dat doet pijn.'

Simon kijkt haar nadenkend aan. Ze weert zijn blik met haar hand af.

'Ik vertel het je wel als ik weer thuis ben en we alleen zijn. Goed?'

Simon knikt. 'Goed. Maar ik ben er wél van geschrokken, Theetje. En ik ben nog steeds bang. Ik begrijp niet dat je hier niet wordt bewaakt. Of denken ze dat er iemand toevallig in de schuur was en door jou betrapt werd?'

Thea schudt haar hoofd. 'Die vrouwelijke rechercheur is hier gisteravond ook nog geweest. Best een aardig mens, overigens. Ik heb haar verteld dat bewaking niet nodig is.'

'Hoe weet je dat?'

Thea glimlacht. 'Dat weet ik gewoon. Geloof me nu maar, ik ben niet in gevaar.'

Simon zit haar met open mond aan te staren. 'Nog even en je gaat me vertellen dat je weet wie jou beschoten heeft.'

Thea knikt.

'Wat is dit voor een waanzin? Je gaat me toch niet vertellen dat de politie dit pikt?'

'De politie heeft niets te pikken. Ik heb geen aangifte gedaan. Ik heb geen naam genoemd. We gaan gewoon verder met leven. Ik wil dit allemaal zo snel mogelijk achter me laten.'

'Wát wil je precies achter je laten?' vraagt Simon zacht. 'Het schot in je schouder of... Heeft het soms met elkaar te maken?'

'Ik vertel het je allemaal als ik weer thuis ben. Als we alleen zijn,' herhaalt Thea. Ze kijkt Simon recht aan. Haar ogen dulden geen tegenspraak.

'Is het al bekend hoe lang je hier moet blijven?' gooit Simon het over een andere boeg.

'Ik ben vóór het weekend wel weer thuis. Kun jij het weekend komen? Ik moet er niet aan dénken om Esther of Johan de hele dag om me heen te hebben.' Thea kijkt hem nadenkend aan. 'Wat mij betreft komt Pieter gewoon mee.'

Simon wrijft nadenkend over zijn kin. 'Ik vraag me af of dat verstandig is,' zegt hij. 'Ik denk erover na. Maar ik zal eerst die ongegeneerde bos bloemen eens in een vaas zetten. Als ze er tenminste een met de juiste maat hebben.' Hij wandelt de kamer uit.

Als hij uit het zicht verdwenen is, zet de vrouw die naast Thea ligt haar koptelefoon af. Ze vraagt nieuwsgierig: 'Is dat je man? Wat een schoonheid. Die zou ík nooit alleen op straat laten lopen.'

Thea schiet in de lach. 'Au,' roept ze meteen. 'Laat me nou niet zo lachen!'

De vrouw klautert haar bed uit. 'Nu ik van al die slangen verlost ben kan ik mooi een potje gaan paffen,' deelt ze mee. 'Ik zie dat ze jou ook afgekoppeld hebben. Morgen kun je wel met me mee. Ga nu maar even ongestoord samen kletsen.'

Als Simon terugkomt, vertelt Thea dat de rechercheur bij Sara is geweest. 'Ze heeft haar lekker zitten uithoren en volgens mij heeft Sara op haar praatstoel gezeten.'

'Wat wist ze dan allemaal?' vraagt Simon.

'Wat níét, kun je beter vragen. Dat Johan suikerziekte heeft en twee keer per dag insuline moet spuiten. Dat Esther een hoge zuurgraad heeft en hard op weg is om een oude vrijster te worden. Dat vader de Bijbel van buiten kent en je te pas en te onpas met Bijbelteksten om de oren patst. Weet je trouwens wat ze ook wilde weten? Of álle mannen in het gezin agressief waren.'

'Alle mannen?' herhaalt Simon. 'Wie dan allemaal?' Ze staren elkaar aan.

'Je weet dat ik Johan nog nooit vertrouwd heb,' zegt Thea. 'Ik vind Sara veel te nadrukkelijk volgzaam, ze praat Johan wat mij betreft te veel naar de mond. Zo deden wij ook altijd tegen vader, weet je nog? Zorgen dat je geen dingen zei waar vader boos door werd. Conflicten vermijden. Op je hoede zijn. Ik heb wel eens ergens gelezen dat kinderen die mishandeld zijn, zelf later ook gaan mishandelen. Vanuit een heel diep vastzittende woede.'

'Johan is nooit geslagen,' is het bijna norse antwoord van Simon. 'Dus jouw vlieger gaat niet op.'

'Dat is waar. Hij kreeg geen slaag, voor zover ik weet. Maar als je het goed bekijkt is hij wel degelijk mishandeld. Geestelijk, bedoel ik. Wij zijn toch geen van allen normaal opgevoed? Volgens mij is het echt waar, dat je later op dezelfde manier kunt reageren.'

'Ik voel me niet aangesproken,' zegt Simon strak.

'Nee hoor, jij niet. Jij gaat gewoon je eigen recalcitrante gang. Maar wél buiten het zicht van je vader en de rest van de familie, behalve van mij. Je keert je van hen af. Heeft dat soms niet met woede te maken? En met reageren?'

'Hebben ze jou hier een spoedcursus psychologisch lullen laten volgen?' wil Simon weten.

Thea glimlacht. 'Dat zou je wel denken, hè? Maar die rechercheur zei zulke rake dingen, ik werd er helemaal beroerd van. En ik moet er aldoor aan denken. Ik vraag me af wat Sara haar precies verteld heeft. Ze wilde ook van alles weten over moeder.'

'Over móéder? Wat dan?'

'Ze wilde weten hoe mijn relatie met moeder was geweest. Wat voor een vrouw moeder was. Of het iemand was die zomaar op reis zou gaan en nooit meer terug zou komen.'

'Wat heb je daarop geantwoord?'

'Ik heb geantwoord,' zegt Thea langzaam, 'dat mijn moeder een vrouw was met een groot verantwoordelijkheidsgevoel. Dat ze een warme moeder was, een lieve moeder, dat ze ons zo veel mogelijk beschermde. Dat ze niet tegen mijn vader op kon maar het wel probeerde. Dat zij volgens mij ook geslagen werd. Dat ze als een tijgerin gevochten heeft voor Anna en dat Anna daardoor onderwijs heeft kunnen volgen. Maar dat het haar niet lukte om míj te redden.' Er valt een diepe stilte tussen Thea en Simon na deze woorden. 'Ik heb geantwoord,' gaat Thea met een dikke keel verder, 'dat mijn moeder ons nooit in de steek zou laten, tenzij ze daartoe gedwongen zou worden.' Haar stem trilt.

Simon staat op en slaat zijn armen om haar heen. 'Och, zusje toch,' zegt hij met een schorre stem. Opeens snikt Thea het uit.

Dit is een bekende reactie, vertelt de verpleegkundige die is binnengekomen. Meestal gebeurt het binnen drie dagen, als iemand een traumatische ervaring heeft gehad. Ze bedoelt de huilbui, waar Thea bijna niet meer uit kan komen. De tranen blijven stromen, ze snottert en proest. Simon overhandigt haar het ene papieren zakdoekje na het andere. Hij zit er een beetje hulpeloos bij.

'Laat haar maar lekker uithuilen,' adviseert de verpleegkundige. 'Ik vraag haar kamergenote wel of ze jullie nog een tijdje alleen laat.'

Simon wrijft Thea zacht over haar rug. Hij schudt nadenkend zijn hoofd en zucht diep.

Thea kijkt hem vertwijfeld aan. 'Vind je me een jankdier?'

'Ach welnee. Maar ik zou je willen helpen. Je moet de dingen niet zo opkroppen. We moeten veel meer praten.'

Thea knikt stil. 'Het gaat niet alleen om praten,' zegt ze. 'Het gaat ook om de zaken aanpakken. Dit werkt niet meer.'

'Wat bedoel je precies?' vraagt Simon.

'Ik bedoel dat ik niet meer voor vader wil zorgen,' zegt Thea. Nu knikt Simon. 'Daar heb je gelijk in.'

'Maar wat moeten we dan met vader?' vraagt Thea zich hardop af. 'Je weet dat Johan en Esther pertinent zullen weigeren om hem naar een verpleeghuis te brengen. Johan is de officiële zaakwaarnemer, zonder zijn toestemming gebeurt er niets.'

'En zonder jóúw medewerking kan vader niet thuis blijven wonen,' meent Simon. 'Zo simpel ligt het. Dus wie heeft nu eigenlijk de beste kaarten in handen?'

'Ik moet eerst weer helemaal op de been zijn,' gaat Thea verder. 'Maar daarna wil ik een plan met je maken.'

Derde brief aan mijn vader

Soms vraag ik me af wat voor kind u bent geweest. Nee, de vraag ligt anders: bént u eigenlijk ooit kind geweest? Wij hebben uw ouders niet gekend, omdat ze al overleden waren toen moeder en u trouwden. U was toen al vijfenveertig jaar. U vertelde wel over uw moeder, altijd op een verheven manier. Uw moeder moet zoiets als de moeder der moeders zijn geweest. Simon had toen hij een jaar of twaalf was een tijdje een vriendje dat katholiek was. Dat vriendje vertelde hem over de Heilige Maagd Maria, de Moeder der moeders. Toen u weer eens uitpakte over de verdiensten van uw moeder, vroeg Simon of ze te vergelijken was met de Heilige Maagd Maria, de moeder van de katholieken. We dachten dat u erin blééf. U moest niets hebben van die onzinnige Mariaverering, zoals u dat zelf noemde. Simon mocht vanaf die dag niet meer met zijn vriendje omgaan.

Omdat wij uw moeder niet hebben gekend, hebben wij u ook nooit als zoon van iemand kunnen meemaken. En dat is nodig, denk ik, om een compleet beeld van iemand te kunnen krijgen. Iedere volwassene is ooit een kind geweest. Het kind in ons is de basis van alles wat we doen, vooral van hóé we ons gedragen. Hoe wordt iemand een mens met oogkleppen op? Waar komt de behoefte vandaan om recht in de leer van een geloof te leven? Volgens Johan is het geloof in de eerste plaats een kwestie van overlevering. Je krijgt het mee van je ouders en maakt het je eigen. Voor Johan zit het leven op die manier in elkaar. Als je je maar vasthoudt aan het bekende, kan je niets gebeuren. Alla, als je pech hebt krijg je suikerziekte. Geen prettige ziekte, een kwaal met slechte vooruitzichten. Zo'n ziekte krijg je mee als ballast in je leven. Je hebt het er maar mee te doen. En wees nu eerlijk: er is toch mee te leven? Als je maar consequent twee keer per dag een paar cc insuline onder je huid spuit, regelmatig voldoende eet en het suikergehalte in je bloed controleert, is er weinig aan de hand.

Johan heeft tenminste een ziekte gekregen die in bedwang te houden is, zei hij eens tegen Simon. Het klonk alsof hij een uitverkorene was. Maar het was wel duidelijk wat hij bedoelde. Het kon altijd erger, was de boodschap die achter zijn woorden schuilging. Je kon ook nog behept zijn met zoiets als homoseksualiteit. Daar is geen pil tegen in te nemen. Dat kruis heb je maar te dragen.

U hebt geprobeerd om de homoneigingen van uw jongste zoon uit hem te slaan. Simon gaf al op heel jonge leeftijd blijk van zijn geaardheid. Wij hadden dat als broer en zusjes niet in de gaten maar u des te meer. Simon was een knuffelkind. Hij kroop bij iedereen op schoot en liet zich door iedereen kussen. Hij was openhartig en sprak zijn voorkeur voor vriendjes al jong uit. Simon wilde iedere avond zijn moeder én zijn vader welterusten kussen. Maar toen hij naar school ging, mocht hij u niet meer aanraken. U bromde iets over slechte gedachten opwekken bij jongens. Daar begrepen wij niets van. Het weerhield Simon er niet van om zijn gevoelens voor mannen te etaleren. Hoe krampachtiger u erop reageerde, des te nadrukkelijker was hij over zijn geaardheid. Maar iedere toespeling in de richting van zijn liefde voor mannen werd in de kiem gesmoord. Het hóórde niet, volgens u. Het was verderfelijk. Dat stond in de Bijbel.

Volgens mij kunnen al uw kinderen zonder enige aarzeling nog steeds Leviticus 20, vers 13 ophoesten: 'Wanneer ook een man bij een manspersoon zal gelegen hebben, met een vrouwelijke bijligging, zij hebben beiden een gruwel begaan.' U dreunde het op, uw vinger geheven, met donkere ogen die op meppen stonden. Wij moesten het nazeggen.

Dan bulderde u of wij het begrepen hadden. En wij knikten gehoorzaam. Maar we begrepen er niets van. Ik begrijp die tekst nog steeds niet. Die vreemde soort taal, dat gesluip met woorden om de kern heen. Ik heb pas ergens gelezen dat er een vertaling van de oude Bijbel bestaat, in normaal Nederlands. Dat schiet op. Dan weet je tenminste waar ze het over hebben. Toen u uw teksten door het huis schreeuwde was het nog gissen naar de betekenis van uw woorden. Eén ding was altijd duidelijk: het ging over zonde, straf en vergelding. Terwijl er toch veel méér in de Bijbel staat. Dat leerde ik later, toen ik er zelf in begon te lezen. Dat had u niet gedacht, denk ik. Dat ik uit vrije wil ben gaan lezen. Zie het als een drenkelingendaad. Ik greep alles maar dan ook letterlijk álles aan om niet te verzuipen in mijn ellende. En ik ontdekte dat er ook mooie teksten in de Bijbel staan. Teksten die over de liefde gaan en over de schepping. Over offers brengen en de betekenis daarvan. Ik zocht betekenis, vooral betekenis. Wat heb ik fout gedaan, vroeg ik me af, waarom moet ik lijden? Ik kon me toen nog niet voorstellen dat het leven uit vallen en opstaan bestaat en mensen de ene keer een goede en de andere keer een verkeerde beslissing nemen. Ik had toen nog geen enkel idee over pech hebben, gewoon pech hebben. Ik dacht nog in zonde en schuld, dat was er nu eenmaal ingeramd.

Op mijn rug zitten een paar littekens, die ik nooit meer zal kwijtraken. Ze zijn het gevolg van een pak slaag waarbij u uw zelfbeheersing volkomen verloor. Als moeder toen niet had ingegrepen, had u me doodgeslagen. U raakte de weg kwijt, omdat ik zei dat God volgens mij niet bestond. Dat had ik op straat een ander kind horen zeggen en ik geloofde dat kind. Ik moest toegeven dat niemand hem ooit zag en dat je helemaal niet vrolijk werd van geloven. We konden beter maar ophouden met de Bijbel lezen en ons overal schuldig over voelen, meende ik. Toen sloeg u me zó hard, dat mijn rug bloedde. En de wonden waren zó diep, dat er littekens van overbleven.

Het was buiten proportie. U was buiten proportie. En door dat buitenproportionele gedrag hebt u in mij een haat veroorzaakt die me soms de adem beneemt. Een haat die op sommige dagen bijna niet meer te be-

heersen valt. Een haat die me dan naar de kast drijft waar de karwats nog altijd ligt en die me probeert aan te zetten om dat ding op te pakken en hem een keer te gebruiken. Ik vind het een verschrikkelijk idee dat ik soms de neiging heb om een totaal afhankelijke, demente man in elkaar te rammen. Om die karwats op u te laten neerkomen. Om te zien hoe u wegduikt, bescherming zoekt, grote angstogen opzet en schreeuwt van pijn.

Ik schaam me voor mijn eigen verlangen om u dood te slaan.

8

De woorden echoën al drie weken in haar hoofd. 'Ben je bang dat jij erop wordt aangekeken dat je zus zwanger was van een onwettig kind? Of ben je jaloers dat het jóú nog nooit is overkomen?' Esther heeft al op allerlei manieren geprobeerd om los te komen van die echo in haar gedachten. Als ze op school is, kan ze zich concentreren op haar werk of op haar collega's tijdens de pauzes en de vergaderingen. Het kwam goed uit dat een van de leerkrachten een tijdje extra ondersteuning nodig had. Esther heeft zich direct aangeboden om hulp te bieden. Daardoor is ze van maandag tot vrijdag minstens acht uur per dag druk bezig en heeft ze nauwelijks tijd om na te denken. Maar in de weekenden slaat het toe. Dan dringen de woorden van Simon te pas en te onpas haar brein binnen. Ze wordt er regelmatig woedend door. Stóp, schreeuwt ze soms tegen haar eigen gedachten. Ophouden! Sodemieter op! Ze zou nog het liefst willen vloeken maar ze weet zich steeds nog nét te beheersen. Door te vloeken zou ze zich in haar eigen ogen verlagen tot het denkniveau van de broer op wie ze op geen enkele manier wil lijken. Die doorgedraaide homo met zijn nuffige maniertjes, zijn schampere

55

lach en zijn laatdunkende blikken. Hij heeft totaal geen respect voor normen en waarden. Hij zal geen gelegenheid onbenut laten om zijn kritiek op de Bijbel te spuien. Esther probeert vaak om op dezelfde manier te reageren als Johan. Zodra Simon begint met zijn vuilspuiterij keert Johan zijn ogen naar binnen. Je zíét zijn gehoor en zijn aandacht naar elders vertrekken. Simons woorden schijnen hem niet te kunnen raken. Maar Esther piekert vooral over de tweede vraag die Simon haar stelde. 'Ben je jaloers dat het jóú nog nooit is overkomen?'

Wat weet hij precies? Probeert hij haar uit haar tent te lokken? Ze vertrouwt hem niet. Hij komt overal met die band waarmee hij optreedt. Volgens Thea is het een tópband en hebben ze veel succes. Dat schijnt vooral te maken te hebben met de kwaliteiten van Simon, hij moet een enorm zangtalent zijn. Esther herinnert zich dat Simon als kleine jongen al de hele dag zong en dat moeder het heel erg stimuleerde. 'Daar word ik nou zó blij van,' riep moeder regelmatig verrukt. 'Van wie heeft dat kind het? Niemand van ons kan zo zuiver zingen, wij kunnen eigenlijk het beste maar ons mond houden.'

Maar dat feest ging niet door. Na iedere maaltijd werd gedankt met een lied uit de bundel van Johannes de Heer. Als Simon hard genoeg zong, hoorde je niet dat de rest er regelmatig naast zat. Maar Simon moest zich juist inhouden van vader. Dat gepronk met zijn mooie stem was allemaal ijdelheid, volgens hem. Die stem was een geschenk van God, die moest je koesteren en op een ingetogen manier gebruiken. Die stem was op zijn plaats in het kerkkoor. Maar Simon weigerde om plaats te nemen in het kerkkoor. 'Ik stik liever in mijn eigen adem dan dat ik hem gebruik in de kerk,' zei hij glashard.

Zodra Simon uit het zicht van vader was, galmde hij het uit. En wat hij galmde had niets met psalmen te maken. Waar hij de liedjes leerde, wist Esther niet. Bij hen thuis luisterden ze alleen naar de nieuwsberichten, naar de klassieke zender en naar christelijke programma's. Popmuziek had volgens vader te maken met duivelse verleiding. De duivel loert overal op een kans om je te pakken. Als je niet oplet, heeft hij je beet. Voor je het weet ben je zanger in een band en zing je liedjes die niets met je geloof te maken hebben, zoals Simon. Simon lachte om de duivel. Hij trok zich niets van vaders waarschuwingen aan. Volgens vader is Simons geaardheid de straf voor zijn ongehoorzaamheid. Thea zit precies hetzelfde in elkaar. Daardoor is Thea destijds in de problemen gekomen, weet Esther. Ze herhaalt zulke gedachten eindeloos, om te voorkomen dat ze er anders over gaat denken. Die neiging om het gedrag van Simon en Thea wat minder te veroordelen heeft te maken met de loerende duivel, waar vader altijd voor waarschuwde. Hij is altijd op zoek naar een kans om je te pakken. En het is hem gelukt om haar te grijpen. Ze hoort zich daar schuldig over te voelen.

Maar dat lukt niet.

'Ben je jaloers dat het jóú nog nooit is overkomen?' De treiterende herhaling blijft maar in haar hoofd rondzingen. Wat zou ze Simon graag voor de voeten gooien dat het haar wel degelijk is overkomen. Dat ze geen maagd meer is, zoals iedereen schijnt te denken. Dat ze een vurige en gepassioneerde relatie heeft gehad met een man en dat ze, als ze daaraan terugdenkt, nog zit te stuiteren op haar stoel. Soms liggen de woorden om het bekend te maken vóór op haar lippen. Ze zou vooral aan Thea en Simon duidelijk willen maken dat ze niet de burgertrut is die zij van haar maken, maar een vrouw die weet wat er in de wereld te koop is. Ze zou hun voor de voeten willen gooien dat ze niet moeten denken dat zij de enigen in de familie zijn die hun eigen gang gaan. Ze zou hun gezichten wel eens willen zien als ze vertelt dat ze een verhouding heeft gehad met een getrouwde collega en met hem de pannen van het dak af heeft gevreeën. Als ze eraan terugdenkt, krijgt ze het benauwd en moet ze ademhalingsoefeningen doen om de duizelingen in haar hoofd terug te dringen. Niemand weet ervan. Sinds hij niet meer komt, probeert ze op school met hem in contact te komen. Maar hij mijdt haar alsof ze een besmettelijke ziekte heeft. Ze had hem nooit moeten vertellen dat ze zwanger was. Ze had gewoon die abortus moeten regelen, haar mond dicht moeten houden en ervoor moeten zorgen dat ze nooit meer zo stom was om geen pil te slikken. Maar dat heeft ze allemaal niet gedaan. Ze moest hem weer zo nodig alles vertellen wat in haar leven gebeurde. Ze raakte helemaal ondersteboven van de ontdekking dat ze over tijd was. Diep in haar hart heeft ze gehoopt dat hij daardoor voor haar zou kiezen. Hij kwam immers bij haar omdat er thuis niets meer te vrijen viel? Na de tweede tangverlossing was zijn vrouw uitgebaard en uitgevreeën, heeft hij Esther verteld. Zijn vrouw gruwt van seks. Maar hij niet. Hij heeft het Esther allemaal verteld toen ze als begeleiders meegingen met het schoolkamp. Ze had met hem te doen maar ze was niet van plan om hem te verleiden. Zoiets zou nooit in haar hoofd zijn opgekomen. Hij kwam een paar weken na het kamp bij haar langs om enkele boeken te brengen. Ze kletsten een uurtje over allerlei dingen en Esther zette na de eerste pot thee een tweede en een derde. Ze begon een heel apart gevoel in haar borstkas te krijgen en ze merkte dat ze steeds naar zijn lippen keek. Volle lippen, lippen die haar van slag maakten. En opeens, zomaar midden in een zin, voelde ze die lippen op haar mond. Dat was het begin van een heftige periode vol wilde seks. Hij deed dingen met haar waarvan ze niet wist dat ze bestonden. Ze wist niets, ontdekte ze. Ze wist alleen hoe kinderen verwekt werden. Dat had haar moeder uitgebreid verteld. Maar ze had het er nooit over gehad dat er een gevoel aan te pas kon komen, waardoor iedere redelijke gedachte in je hoofd werd verbannen naar onbereikbare oorden en je in een toestand terechtkwam waarbij je alle controle over je eigen wil verloor.

Er ontwaakte een gevoel in Esther dat ze nooit in zichzelf vermoed had. Het verlamde haar en pepte haar op hetzelfde moment op. Het overdonderde haar en voelde tegelijk volkomen eigen. Ze was er al na de eerste keer aan verslaafd.

'Ik ga je alles leren wat maar te leren valt,' zei hij de eerste keer dat ze in bed belandden. 'Gebruik je anticonceptie?' Esther schudde verward haar hoofd. Ze durfde niet te zeggen dat ze nog nooit iets met een man had gehad. 'Ik ga naar de dokter voor de pil,' beloofde ze. 'Morgen.' Ze ging niet naar de dokter. Ze durfde niet. Wat moest ze zeggen? Later, nam ze zich voor.

Vanaf het moment dat Esther hem vertelde dat ze zwanger was, is hij nooit meer bij haar geweest. Als ze toevallig alleen zijn in de lerarenkamer, vertrekt hij onmiddellijk. Hij is tot bezinning gekomen, heeft hij haar in een brief laten weten. Haar zwangerschap heeft hem de ogen geopend. Het kan niet. Hij heeft een vrouw en twee kinderen. Hij heeft verplichtingen als echtgenoot en ouder. Ze moet begrijpen dat ze geen toekomst hebben. Ze hebben een enorme blunder begaan. Daar heeft hij spijt van. Ze hoeven elkaar geen verwijten te maken. Ze hebben beiden schuld aan wat er is gebeurd.

Maar Esther voelt geen schuld. Ze voelt alleen verlangen, de onrust in haar lijf is soms nauwelijks te verdragen. Ze droomt dat hij haar betast, op haar ligt, in haar stoot, dat ze nachten achter elkaar samen slapen. Ze droomt jammer genoeg nog méér. Iedere avond hoopt ze dat de beker de komende nacht aan haar voorbij zal gaan. Ze leest in de Bijbel en schrijft brieven aan God. Die mogelijkheid ontdekte ze door een serie artikelen in *de Volkskrant*. Daarin schreven mensen brieven aan God en dat gaf hun rust. Esther smeekt om rust, ze belooft alles te doen wat van haar gevraagd zal worden, zelfs al zou ze haar vader moeten gaan verzorgen. Als ze maar niet meer droomt dat ze met gespreide benen op een tafel in een kliniek ligt en die pijn voelt als het kind uit haar wordt weggezogen. Als ze dat slurpende geluid maar niet meer hoeft te horen.

Er wordt gebeld. Het is de bel van haar eigen flatdeur. Staat de deur van het trappenhuis soms weer open? Heeft een van de buren die niet goed dichtgedaan? Ik moet misschien maar weer

eens een briefje ophangen op het prikbord in de hal, denkt ze.
Ze kijkt op de klok. Het is vijf voor tien. Wie belt in hemelsnaam bij haar aan op vrijdagavond om vijf voor tien? Een buurvrouw?

Er is iets met haar vader gebeurd, weet ze opeens heel zeker.
Johan staat voor de deur om te vertellen dat hun vader dood is
en dat ze direct moeten komen. Of zou er wéér iemand neergeschoten zijn? Iemand anders van de familie?

Ze rent naar de voordeur en gooit hem open. Haar hart slaat
drie slagen over van de schrik. 'Jíj?' hijgt ze.

9

Linda de Waard wil toch graag nog een keer serieus met Thea praten. Het onderzoek zit muurvast en dat heeft vooral te maken met het feit dat Thea geen enkele medewerking verleent.

Thea heeft na enige aarzeling toegestemd toen Linda voorstelde om vrijdagavond langs te komen. 'Tegen een uur of negen,' heeft ze tegen Linda gezegd. 'Dan gaat Anna meestal naar bed en ligt mijn vader er ook in.'

Je zult het altijd zien: juist deze vrijdag loopt alles mis. Anna kwam misselijk terug van het verzorgingshuis. Ze had pannenkoeken met spek gegeten en die waren verkeerd gevallen. Ze zat op Thea's kamer naar *The bold and the beautiful* te kijken en schreeuwde opeens dat ze moest spugen.

'Loop direct naar de badkamer,' riep Thea onder aan de trap, maar het was al te laat. Anna spuugde het hele bed onder.

Een van de dingen waar Thea in de zorg altijd slecht tegen kon, was overgeven. Ze kan die penetrante lucht niet verdragen en ze moet altijd zelf bijna braken als ze ermee in aanraking komt. Nadat ze diep ademend door haar mond het bed had afgehaald en het besmeurde beddengoed had uitgespoeld en in de wasmachine had gedaan, bleef de zurige braaksellucht in haar kamer hangen. Kokhalzend heeft ze de ramen wijd tegen elkaar opengezet en de ventilator op de hoogste stand ingesteld. Vannacht slaapt ze in de logeerkamer. De ramen van haar kamer blijven openstaan en ze is ook van plan om de ventilator te laten draaien. Anna is na het incident in bed gekropen en Thea heeft haar niet meer gehoord.

Daarna begon vader te mekkeren. Soms slaat hij volslagen onbegrijpelijke taal uit en als Thea hem dan niet begrijpt begint hij haar te knijpen of probeert aan haar haren te trekken. 'Zand in de stee,' riep hij voortdurend. 'Hij gaat weer. Stop de kriel, Petrus en Paulus.'

'Moet ik uit de Bijbel voorlezen?' probeerde Thea. Als ze voorleest uit de Bijbel wordt hij meestal rustig. Hij greep haar vast aan haar haren en Thea kon een kreet van pijn niet onderdrukken. 'Verd... Hou op,' gilde ze. 'Laat me los! U doet me pijn.' Maar hij hield vast en ze kon met de grootste moeite zijn vingers loskrijgen. Het lukt haar nog niet om al veel kracht te zetten op de schouder waar de kogel binnendrong. Ze voelde zich verschrikkelijk weerloos tegenover de mompelende man met zijn verdwaalde ogen. Ze had hem het liefst een klap in zijn gezicht willen geven maar ze wist zich te beheersen. Toen ze weer los was heeft ze in de keuken een potje zitten janken. Hij moet hier weg, zei ze steeds tegen zichzelf. Ik stop ermee. Ik ga me niet langer verplicht voelen om voor mijn vader te zorgen. Laat Johan hem maar in huis nemen. Laat Sara maar voor hem zorgen.

Ze heeft vader om halfnegen naar bed gebracht. Toen ze hem uitkleedde zorgde ze ervoor dat ze zijn handen stevig vasthield, om te voorkomen dat hij weer naar haar haren greep. Maar hij maakte geen aanstalten om te knijpen of te trekken. Hij leek helemaal in zichzelf verzonken en reageerde nauwelijks op Thea.

Soms betrapt Thea zichzelf erop dat ze een beetje medelijden met haar vader heeft. Als ze naar hem kijkt en ziet wat er van hem is overgebleven, heeft ze wel eens de neiging om met hem te doen te hebben. Hij is tachtig jaar maar hij lijkt wel honderd. Hij schuifelt in plaats van te lopen. Zijn gezicht is het grootste deel van de dag vragend, niet begrijpend, zoekend naar houvast. Hij zucht vaak diep, alsof hij zich overgeeft aan het gevoel dat hij geen grip meer heeft op de werkelijkheid. Het is duidelijk dat hij de weg niet kent in het niemandsland waarin hij terecht is gekomen. Hij is moederziel alleen.

Maar het gevoel van medelijden wordt altijd weer verdrongen door het beeld van de vader die hij was. De grote, sterke man die het hele gezin tiranniseerde. De man die de jeugd van zijn kinderen verziekte met zijn godsdienstwaanzin, zijn harde handen, de klappen van de karwats, met zijn starre intolerantie ten opzichte van alles wat buiten het geloof viel. De man die haar moeder meenam en nooit meer terugbracht. De man die haar dwong om haar kind af te staan. Als Thea's gedachten in die richting dreigen te gaan, begint ze altijd iets schoon te maken. Ze poetst haar gevoel weg, ze schrobt tot haar handen beurs zijn en haar rug bijna krom staat. Gelukkig hebben haar broers en zus geen kinderen, ze zou het niet kunnen aanzien.

Thea heeft voorgesteld om op de bank in de voortuin te gaan zitten, maar ze nodigt Linda uit om eerst even mee te komen naar het strand. 'Ik loop 's avonds vaak een halfuurtje langs de golven,' legt ze uit. 'Daar word ik helemaal rustig van.'

'Je woont hier prachtig,' stelt Linda vast, als ze de trap oplopen die tegen de dijk aan ligt.

'Zeker weten,' knikt Thea. Ze wijst naar de schapen die in het gras aan weerszijden van de trap traag staan te grazen. 'Ze kennen me. Ik kan ze zonder problemen aaien, zelfs als ze in het voorjaar lammeren hebben. Die lammetjes ontroeren me ieder jaar opnieuw. Ik heb de laatste keer dat ze er waren foto's van ze gemaakt. Op een van die foto's zie je een lam op de knieën onder de moeder liggen zuigen aan haar tepel. Schitterend, écht schitterend.'

63

'Die lammeren zijn zeker allemaal bestemd voor de slacht?'
meent Linda.

Thea zucht. 'Ja, ze zijn gewoon handel voor de boer. Ik probeer er nooit over na te denken als ze er zijn. Maar ik eet geen lamsvlees. Dat red ik niet.'

Ze zijn boven aan de trap aangekomen en voor hen strekt de Waddenzee zich uit. De zee is rustig. De golven bewegen zich nauwelijks.

'Wat mooi,' zucht Linda. 'Wat woon je hier prachtig,' herhaalt ze nog een keer.

Thea loopt voor haar uit naar beneden. 'Kom, we gaan een klein stukje zee snuiven,' zegt ze.

Het is een warme dag geweest; de warmte hangt nog bijna tastbaar om hen heen. De voorkant van het huis ligt op de noordzijde, daar is het 's avonds meestal koeler. Thea zit er vaak te lezen tot het te donker wordt. Ze geeft Linda een gele stift. 'Dit is Autan. Tegen de muggen. Smeer alles maar in wat in te smeren valt, anders word je opgevroten,' zegt ze glimlachend. Linda neemt de stift aan en behandelt haar blote armen en benen. Thea wijst naar het gezicht van Linda. 'Zou ik niet vergeten,' raadt ze de rechercheur aan.

Thea heeft ijsthee gemaakt. De hele thermoskan zit vol. Het feest kan beginnen, volgens haar.

'Hm,' antwoordt Linda. 'Feest. Is het een feest als je wordt beschoten, dan?'

Thea schudt haar hoofd. 'Nee,' zucht ze. Het is even stil tussen de vrouwen. Thea kijkt Linda aan. 'Het is jouw vak om de misdaad te bestrijden. Jij wilt daders pakken, zaken oplossen, herhalingen voorkomen.'

Linda knikt.

'Dit wordt niet herhaald,' beweert Thea met een stelligheid waar niets tegen in te brengen valt. 'Ik zal je vertellen wat er gaande was. Maar ik vertel het één keer. Ik ga het niet nog eens in een verhoorkamer met een bandrecorder tussen ons in herhalen. Dus als je iets wilt noteren, doe het dan nu.'

'Vertel het maar,' nodigt Linda uit.

'Ik was zwanger,' zegt Thea. 'Zes weken. De verpleegkundige die avonddienst had op de dag dat ik die kogel in mijn schouder kreeg en geopereerd werd, heeft de boel een beetje overdreven toen ze het over een miskraam had. Als je zes weken zwanger bent en je verliest de vrucht, is er nog geen sprake van een miskraam. Dan heb je het gewoon over een bloeding die een einde maakt aan de zwangerschap. Dat is wat er gebeurde. Een vloedgolf die opeens naar buiten stroomt. Er is nog geen kind in te bekennen.' Ze zucht diep. 'Een kind uitpersen is heel andere koek, kan ik je vertellen.'

Linda gaat niet op de laatste woorden van Thea in. 'Je wordt niet zomaar zwanger,' stelt ze vast.

'Je bent goed op de hoogte,' grinnikt Thea. Dan wordt ze weer ernstig. 'Ik ontmoette al een halfjaar iemand op de dagen dat ik hier weg kan,' gaat ze verder. 'Ik ben heel bewust bezig geweest met zwanger worden. Het zal de bekende biologische klok wel zijn, die waarschuwend begint te tikken. Schiet eens op, anders is het te laat. Zoiets zal het zijn, denk ik.'

'Je wilt graag moeder worden,' zegt Linda.

'Het enige wat ik wil, is moeder worden,' antwoordt Thea. Haar stem hapert. Ze neemt een paar slokken van haar ijsthee. Haar blik dwaalt door de tuin. 'Het enige wat ik wil, is moeder worden,' herhaalt ze. 'Een moeder zoals mijn eigen moeder was.'

10

De torenklok van de kerk in Oosterland heeft al twaalf keer geslagen. Meestal merkt Thea het geluid van de klok niet op. Het
hoort bij de omgeving, de klok is er altijd. De kerk van Oosterland, die Thea vanuit de voortuin van haar huis kan zien, is al
eeuwen oud. Een paar jaar geleden is het gebouw grondig ge-
restaureerd, toen kon het bijna een jaar niet gebruikt worden.
De kerk wordt al heel lang gedeeld door allerlei geloofsge-
meenschappen. De gemeenschap waartoe het gezin Van Dalen
behoort, is al lang niet zo groot meer als toen Thea een kind
was. Het is een splitsing van een splitsing van de oorspronkelij-
ke gereformeerde kerk. De groep staat totaal los van de andere
geloofsgroepen in de omgeving. Er is nauwelijks contact met
mensen die er niet bij horen. Thea is zich er al vanaf haar school-
tijd van bewust dat andere mensen hen een beetje geringschattend bekijken. Ze zijn anders. Ze zien er raar uit. Het is iedereen veel te extreem.

Vorig jaar was de klok van de kerk een tijdje kapot en toen
hoorde ze opeens wél dat hij níet meer sloeg. Maar nu, in de stilte van deze zomernacht, heeft ze het geluid opgemerkt. Bim-
bam, een hoge en een lage klank. Een bijna trage maat, alsof

het uurwerk binnenkort moet worden opgewonden. Bimmm, bammm, twaalf keer.

Ze zit nog steeds op de bank in de voortuin. Ze heeft een kwartier geleden een vest gehaald, omdat ze het een beetje koud begon te krijgen. Toen ze boven was heeft ze even bij Anna gekeken, die sliep heel diep. Bij haar vader heeft ze aan de deur geluisterd. Hij snurkte. Die wordt de eerste uren ook niet wakker. Linda is om halftwaalf vertrokken. Toen ze afscheid nam legde ze haar handen op Thea's schouders. 'Ik begrijp dat je geen aangifte wilt doen,' zei ze. 'Maar ik wil je tóch vragen om er nog eens over na te denken. De dader heeft geprobeerd je te vermoorden. Dat is en blijft een strafbaar feit.'

Ze is aardig, Linda. Ze kan goed luisteren. Ze stelt de juiste vragen. Ze oordeelt niet. Ze is eerlijk. En ze is slim.

'Waarom gaat je vader niet gewoon naar een verpleeghuis?' wilde ze weten. 'Waarom offer jij je op?'

Dat soort vragen moet ik toch beter zien te vermijden, heeft Thea vastgesteld. Die vragen komen een beetje te dicht in de buurt van het onderwerp waar Thea het niet met Linda over wil hebben.

'Dat heeft met mijn opvoeding te maken,' heeft ze geantwoord. 'Het gebod "eert uw vader en uw moeder" is er met de paplepel ingegoten.'

'Ik kan me niet aan de indruk onttrekken dat jij en je broer Simon niet zo recht in de leer zijn als jullie oudste broer en zuster,' antwoordde Linda. 'Het zou veel logischer zijn als Esther hier was ingetrokken.'

'Het is nu eenmaal zo gelopen,' heeft Thea dat deel van het gesprek schouderophalend afgekapt.

Ze heeft Linda verteld op welke manier ze haar vrije zaterdagen en zondagen doorbrengt. Volgende week wil ze weer vrij zijn, heeft ze afgelopen woensdag tegen Esther gezegd. 'Dan is het jouw beurt om op te passen,' voegde ze eraan toe.

'Ik weet niet of dat wel zo goed uitkomt,' antwoordde Esther snibbig. Ze is de laatste tijd snel geïrriteerd, heeft Thea gemerkt. Ze zit gauw op de kast. Er is iets met haar aan de hand, maar wat? Zou er een man in het spel zijn? Thea merkt nooit iets van mannen als het om Esther gaat. Ze gaat volgens Thea alleen met mensen om die in de kerk komen. De weinige keren dat Esther iets over een feestje vertelt, heeft het altijd te maken met school. Alle collega's van Esther zijn getrouwd, voor zover Thea weet. Daar valt dus weinig spannends te beleven. Esther is veranderd, Simon zegt het ook. Maar Thea kijkt wel uit om er iets over te zeggen. Ze probeert met zowel Esther als Johan op goede voet te blijven. Toen Esther zei dat het misschien niet goed uitkwam om op te passen, deinsde Thea even terug. Ze wil graag twee dagen weg, de muren komen op haar af. 'Misschien wil Sara met je ruilen,' opperde ze.

'Lekker zeg, dan kan ik daarna twee weken achter elkaar opdraven,' was het grimmige antwoord. Thea heeft het er maar bij gelaten. Het duurt nog een week. Esther zal wel bijtrekken, dat doet ze meestal.

Toen het duidelijk werd dat vader niet meer zonder toezicht alleen in huis kon zijn, hebben ze familieberaad gehouden. Simon zat op dat moment in Spanje maar Johan wilde niet wachten tot hij terug was.

'Er gaan ongelukken gebeuren,' stelde hij vast. 'Er moet gehandeld worden.'

Bij de thuiszorgorganisatie waar Thea leidinggevende was, moest gereorganiseerd worden. Er was te veel leidinggevend personeel, was de boodschap die op een bijeenkomst aan alle medewerkenden werd bekendgemaakt. Het team van twintig leidinggevenden zou worden gehalveerd. Met de vakbonden was al een sociaal plan afgesproken. Als je vrijwillig meewerkte aan een ontslagregeling, kon je dat een prettige vergoeding opleveren.

'Twee vliegen in één klap,' oordeelde Johan met een vergenoegd toontje in zijn stem. 'Je krijgt minstens twee jaar WW en genoeg geld om je salaris in die tijd aan te vullen. Over twee jaar ziet het er met vader misschien heel anders uit.'

'We kunnen ook een indicatie aanvragen voor een verpleeghuis,' wierp Thea tegen. 'Ik weet zeker dat hij die krijgt. Dan kan ik naar de pabo. Ik heb pas in de krant gelezen dat er een tekort gaat komen aan onderwijspersoneel. Werklozen worden heel erg gestimuleerd om de pabo te doen.'

'Daar heb je tegenwoordig wél een havodiploma voor nodig,' merkte Esther op, met een frons in haar voorhoofd.

'Niet als je ouder bent dan dertig,' antwoordde Thea en ze hoorde een vinnig ondertoontje in haar stem. 'Als je ouder bent dan dertig kun je een test doen. Ik zou die test kunnen doen.'

'En denk je dat je daarvoor slaagt?' treiterde Esther. Voordat Thea kon antwoorden onderbrak Johan het gesprek. Daarmee voorkwam hij een conflict. Achteraf gezien was dat maar het beste, dacht Thea later. Ze moet conflicten met haar oudste broer en zus zo veel mogelijk vermijden.

'Je weet dat vader absoluut in zijn eigen huis wil blijven,' snauwde hij tegen Thea. 'Dat zullen we moeten respecteren. Wij hebben een vaste baan, jij straks niet meer. En jij bent opgeleid voor de zorg.'

Tegen mijn wil, wilde Thea het wel uitschreeuwen. Tegen mijn wil, dat weten jullie heel goed. Maar ze zei niets. 'Niet langer dan twee jaar,' gaf ze toe. 'En ik wil van zaterdagochtend tot zondagavond vrij, zodat ik weg kan.'

Johan en Esther staarden haar aan. 'Waar wil je dan heen?' vroegen ze tegelijk.

'Gewoon weg. Ik zie wel waar ik dan naartoe ga. Ik wil de weekenden vrij. Jullie lossen dan het toezicht op vader maar op.'

Johan keek haar met samengeknepen ogen aan. Hij leek op dat moment sprekend op vader. Thea kreeg er een vervelende trilling in haar maag van. Johan wendde zich met een vragende blik in zijn ogen tot Esther. Die haalde haar schouders op. 'Ik ben bang dat Sara en jij het ene weekend moeten doen en ik het andere. Op Simon zullen we wel niet kunnen rekenen.'

Johan snoof. 'Vader zou Simon hier zeker niet in huis willen hebben,' sneerde hij. 'Wie weet wie er dan meekomt.' Hij keek Thea uitdagend aan. Thea zweeg. 'Ik stel voor dat je een weekend per drie weken vrij bent,' stelde Johan aan Thea voor.

Ze schudde resoluut haar hoofd. 'Ieder weekend,' hield ze vol. 'Anders zoek je maar een ander.' Haar hart klopte bijna in haar keel. Dat pikt hij niet, dacht ze.

Maar hij haalde zijn schouders op. 'Dat moet dan maar,' mompelde hij.

Vrijwel ieder weekend beslist ze pas op het laatste moment waar ze naartoe gaat. Als ze Den Oever uitrijdt en op weg is naar de A7, denkt ze na over wat ze gaat doen: wordt het naar links of naar rechts op de afslag? Naar rechts betekent richting Amsterdam. Naar links richting Afsluitdijk. Het is iedere keer een spel, dat beslissen op het laatste moment. Een machtsspel. Niemand kan haar weerhouden van de keuze die ze maakt. Alleen zij beslist welke richting het wordt. Dat is iedere week opnieuw kicken.

Ze wil op zaterdagmorgen om uiterlijk negen uur worden afgelost. Als Sara komt lukt dat zeker; die trouwe ziel staat vaak al om halfnegen voor de deur. Maar Esther probeerde de boel in het begin te trainen. Die belde rustig om tien voor negen op met de mededeling dat ze zich verslapen had en onderweg was. Of met de smoes dat ze vergeten was te tanken en eerst langs het benzinestation moest. Toen ze dat een paar keer had gedaan pakte Thea haar terug. In plaats van zondagavond acht uur, de afgesproken tijd van terugkomst, verscheen ze om halfelf. Esther was razend.

'Helemaal de tijd vergeten,' glimlachte Thea. 'Ik heb zúlke gezellige dingen gedaan, weet je.'

'Het is nota bene zóndag,' brieste Esther. 'Je hóórt helemaal nergens naartoe te gaan op zondag, behalve naar de kerk. Dat weet je heel goed.'

'Wie zegt dat, Esther?' vroeg Thea. Ze keek haar zus doordringend aan. Esther sloeg haar ogen neer en zweeg.

'Ik ga al jaren niet meer naar de kerk,' zei Thea, zachter dan ze van plan was. Ze voelde zich opeens heel triest. 'Ik vind niets in de kerk. Ik vind niets in het geloof. En de Bijbel heeft voor mij nog nooit een vraag beantwoord.'

'Voor mij anders wél,' snoefde Esther. 'Maar dat komt waarschijnlijk omdat ik anders leef dan jij.'

'Wat bedoel je met anders leven? Doe jij het beter? Wil je me duidelijk maken dat jíj in ieder geval tot nu toe nog geen onecht kind hebt geworpen? Je weet wel, dat weggemoffelde kind, nooit aan Thea vertellen waar het is?'

'Ik weet daar niets van,' snauwde Esther. Haar stem ging opeens de hoogte in.

'Volgens mij staat in de Bijbel dat je niet mag liegen,' antwoordde Thea koel. Er viel een diepe stilte tussen hen. Het huis leek zijn adem in te houden. 'Laten we afspreken dat we ons allebei voortaan aan de regels houden,' verbrak Thea de stilte. Haar stem klonk kil. 'Jij komt om negen uur, ik keer terug om acht uur. Afspraak is afspraak.'

Esther beende de kamer uit en het volgende moment hoorde Thea de buitendeur met een klap dichtslaan. Het hele huis trilde ervan. Vanaf die dag lost Esther haar keurig op tijd af.

Dertien maanden zorgt Thea nu al voor haar vader. Dertien lange maanden, waarin ze op maandagmorgen al naar de zaterdag begint te verlangen. Er komt iedere ochtend een zuster van de thuiszorg om vader te douchen. Dat heeft Thea met de huisarts geregeld.

'Ik kan het niet,' heeft ze tegen hem gezegd. 'Ik kan zijn naakte lichaam niet aanraken. Het past niet in ons gezin, een dergelijke intimiteit. Naar het toilet helpen, de luier verschonen en aan- en uitkleden is echt het uiterste. Maar als hij erger incontinent wordt en hij meerdere malen per dag gewassen moet worden, hebben we een probleem. Dan zal er meer hulp moeten komen. Ik krijg het écht niet voor elkaar om hem zo vaak aan te raken.'

De huisarts begreep het en regelde thuiszorg. Vader reageert heel wisselend op de verzorging. Er gaan weken voorbij dat hij alles toelaat en zich bijna gedwee gedraagt. Hij roept wel van alles maar meestal is daar geen touw aan vast te knopen. Behalve Bijbelteksten, die reproduceert hij doorgaans feilloos. Als hij onrustig is, helpt voorlezen uit de Bijbel. Thea doet dat zonder na te denken over de woorden die ze uitspreekt. Ze vergeet ter plekke welke passages ze heeft gelezen. Het gaat erom dat het helpt, dat hij ophoudt met knijpen, gillen of schoppen. Dat hij blijft zitten en niet als een dolleman door het huis heen stiert, op zoek naar niemand weet wat, met grote ogen en woeste gebaren. Een paar maanden geleden beval hij opeens: 'Roep je moeder. Nú! Onmiddellijk!' Thea zat hem stomverbaasd aan te kijken. Ze kon zich niet herinneren wanneer ze hem voor het laatst een normale zin had horen uitspreken. Hij kletste alles door elkaar en aan elkaar en nu opeens dit. 'Roep je moeder. Nú! Onmiddellijk!' Ze deinsde een ogenblik terug van de woedende blik in zijn ogen. Toen zei ze: 'Roep haar zelf. U weet waar ze is.' Hij antwoordde iets binnensmonds, dat was toch geen vloek? Thea luisterde gespannen of hij het herhaalde. Maar hij stommelde naar de gang. Daar hoorde Thea hem een tijdje rommelen. Na een paar minuten ging ze kijken wat hij aan het doen was. Hij zat onder aan de trap te huilen. Thea sloot de deur van de gang en ging in de keuken zitten. Ze had het benauwd. Ze gooide de keukendeur open en stond een tijdje in de deuropening diep adem te halen. En ze realiseerde zich dat ze haar vader nooit eerder in haar leven had zien huilen.

Toen vader later weer in de kamer kwam, haalde hij opnieuw alle woorden door elkaar. Hij riep niets meer over moeder.

11

De afgelopen zes maanden is Thea ieder weekend in Haarlem geweest. Dat komt door Stan. Ze ontmoette hem toen ze voor de eerste keer in die stad was. Ze had de afslag richting Amsterdam genomen en was niet van plan om af te slaan bij Haarlem. Maar toen ze de tweede afrit bijna was gepasseerd, leek het bord waarop Haarlem-Zuid stond vermeld haar te wenken. Ze gaf richting aan en kon nog net op tijd de weg af komen. Na een paar honderd meter zag ze links een hotel. Dat moet het zijn, wist ze. Direct nadat ze zich had ingeschreven en haar weekendtas op haar kamer had gezet, ging ze op stap. Midden in de stad was een markt, ontdekte ze. Het voorjaarszonnetje scheen uitbundig, maar er stond een koude wind. Thea had een shawl om maar die beschermde haar niet goed tegen de kou. Op een hoek van de markt ontdekte ze een kraam waar handschoenen en grote wollen omslagdoeken werden verkocht. Tegen de achterkant van de kraam hing een soort cape. Een lichtbruine cape. De koopman zag haar naar die cape kijken.

'Dat is een schoonheid, hè? Die staat mooi bij jouw prachtige haar. Lichtbruin met kastanjebruin, dat kan goed. Mens, wat heb jíj een prachtig haar. Wat een bos, allemachtig.' Thea werd er een beetje verlegen van. Ze streek langs de zijkant van haar gezicht een haarlok weg. Ze had haar lange haren los hangen, dat deed ze meestal als ze haar vrije weekend had. Het gaf haar een bevrijd gevoel.

'Kom,' nodigde de man haar uit. 'Doe de cape eens om. Kind, hij is voor je gemáákt. Het is de laatste. Twintig euro, een koopje. Als het straks wat zachter weer wordt, kun je hem als jas gebruiken. Je man wordt op slag weer verliefd op je, als je hiermee thuiskomt.'

Thea moest lachen om de vanzelfsprekendheid waarmee de verkoper vaststelde dat ze thuis een man zou hebben. Ze ging er niet op in.

'Ik neem hem mee,' besliste ze en betaalde de twintig euro.

'Ik wil wel met je uit,' riep de koopman haar nog na. Ze zwaaide naar hem.

'Ik ook wel met jou,' mompelde ze in zichzelf. Ze moest zich inhouden om te voorkomen dat ze achteromkeek. Volgende week ga ik weer naar Haarlem, nam ze zich voor. Ze schrok van haar eigen gedachten. Wat is dit, vroeg ze zich af. Wat moet ik met een marktkoopman uit Haarlem? Ze dacht er verder niet meer over na en liep de winkelstraat in die aan de markt grensde.

Haarlem bleek vol leuke winkels te zitten. Ze keek haar ogen uit. Hier moet ik inderdaad vaker heen, vond ze. De stad voelde goed, er hing een prettige sfeer. Ze dwaalde urenlang door de straten en kocht nog een mooi zijden nachthemd bij Hunkemöller, een grote fles badschuim bij de Body Shop en een paar zwarte leren enkellaarsjes bij Manfield. De winkels sloten om vijf uur. In een zijstraatje van de laatste winkelstraat waar ze in terechtkwam ontdekte ze een eetcafé. Er zat nog een aantal restaurantjes in de straat, het rook er uitnodigend naar gebraden vlees en pittige kruiden. Thea ontdekte dat ze honger had. Voor het eetcafé stond een groot bord, waarop vermeld werd wat de pot die dag schafte. Saté van de haas met heerlijke salade en gebakken kriel, las ze. Gestoofde aal in het pannetje, gebakken inktvis met frites en remouladesaus, super verrassingsmenu. Haar maag rammelde. Ik ga voor de inktvis, besloot ze. Vet en veel, de gebruikelijke zaterdagtraktatie. Midden in het eetcafé stond een grote tafel, waaraan zes mensen zaten. De man achter de bar maakte een uitnodigend gebaar naar de tafel. 'Schuif lekker aan,' zei hij. 'Doe of je thuis bent. Dat doen we hier allemaal.' Thea ging naast de vrouw zitten die het dichtst bij haar stond. De vrouw lachte haar vriendelijk toe. 'Wat hebt u mooi haar,' zei ze.

De inktvis was vandaag niet aan te slepen, vertelde de barman tegen Thea. Ze had geluk, dit was de laatste portie. 'Inktvis buiten uitvegen,' riep hij tegen het meisje dat liep te bedienen. 'Op is op.'

Het eten was heerlijk. Terwijl de vrouw die naast haar zat gezellig tegen haar kletste, at Thea alles met smaak op. Tussendoor knikte ze soms als antwoord of schudde haar hoofd. Ze hoorde maar half wat de vrouw vertelde. Het geroezemoes om hen heen werd luider naarmate er meer mensen binnenkwamen. Binnen een uur zat het eetcafé vol.

'Weet je wat je als toetje moet nemen?' vroeg de vrouw toen Thea haar bord helemaal leeg had. 'Walnotenijs met amaretto en slagroom. Daar eet je je vingers bij op.'

'Ik wacht even,' besliste Thea. 'Eerst alles even laten zakken.' Ze bestelde nog een glas witte wijn. Op dat moment zwaaide de deur weer open.

'Hallo Stan,' riep de barman. 'Tijd niet gezien.' Thea keek op.

'Als dát het meisje van de cape niet is,' lachte de marktkoopman.

'Ik ben een ruwe bolster met een blanke pit,' vertelde Stan over zichzelf. 'Een beetje driftig, nou ja, een beetje... eigenlijk ben ik wel een gifkikker. Ik moet mijn losse handjes in bedwang houden. Daar ben ik in het verleden wel eens door in de problemen gekomen.'

Thea keek naar zijn handen. Hij was een grote man met enorme handen. Stevige brede polsen, sterke vingers. Het leek haar geen optie om met hem te vechten. 'Je klinkt als een vechtersbaas,' zei ze. Hij had een vriendelijke stem en prachtige ogen. Ze kon zich niet voorstellen dat er ook maar een greintje kwaad in hem zat.

'Ik kan me niet goed beheersen als ik met onrecht te maken krijg,' antwoordde hij. 'Dan klim ik op de barricaden. Maar ja, als je gelijk hebt kun je het toch niet altijd krijgen.'

Het was zonder meer vanzelfsprekend dat hij naast haar kwam zitten, eten bestelde en dat ze praatten terwijl hij at. Hij nam de saté van de haas en toen hij dat naar binnen gewerkt had, bestelden ze allebei het walnotenijsdessert. Ze gingen aan de bar zitten en dronken espresso's. Zonder dat ze daar iets over hadden afgesproken, leken ze besloten te hebben om nuchter te blijven. Het eetcafé was en bleef vol. Er werd muziek gedraaid, er werd meegezongen, naarmate de avond vorderde werd de stemming uitbundiger. Thea en Stan trokken zich terug in de hoek van de bar en letten totaal niet op wat er om hen heen gebeurde.

'Hoe komt het dat jij geen partner hebt?' vroeg Stan. 'Hoe kunnen de kerels daar waar jij woont je alleen op straat laten lopen?'

Thea moest lachen om zijn directe manier van vragen stellen. Ze voelde zich gevleid. 'Als ik eerlijk mag zijn heb ik bij mij in de buurt nog nooit een man gezien die ík zou willen,' zei ze.

Dat was de eerste leugen.

Hij had een knipperlichtrelatie met een vriendin, vertelde hij. Ze konden niet mét maar ook niet zonder elkaar. Het grote discussiepunt was kinderen. Hij wilde kinderen, zij niet. Nooit, never nooit, niet over te praten. Toen ze elkaar pas kenden, dacht hij dat ze haar mening nog wel zou herzien. Maar dat deed ze niet. Het was nu alweer drie maanden uit. Hij had een paar weken een ander vriendinnetje gehad maar dat voelde niet goed. Zijn vrienden zeiden dat hij gewoon met zijn vriendin moest trouwen en op moest houden met zeuren. Zonder kinderen kun je het ook leuk hebben samen, vertelden ze. Waarschijnlijk nog veel leuker dan mét. De hele wereld ligt voor je open, man, beweerden die vrienden. Hij keek Thea vertwijfeld aan. 'Misschien hebben ze gewoon gelijk. Maar ik ben nog niet zover.'

'Zie je je vriendin helemaal niet meer?' vroeg Thea.

Hij schudde langzaam zijn hoofd. 'Ze woont en werkt in Amsterdam. Ik kom niet in Amsterdam en zij komt niet in Haarlem. Lekker rustig, zo. Heb jij kinderen?'

Thea haalde diep adem. 'Nee,' zei ze kort.

De tweede leugen.

'Ik woon hier vlakbij, in de Glasblazersstraat,' zei hij, terwijl hij een hand op haar onderarm legde. Met zijn andere hand streelde hij haar lange haren. 'Nog nooit zulk mooi haar gezien,' fluisterde hij. 'We gaan lopen.' Ze liepen dus naar zijn huis, alsof dat heel vanzelfsprekend was.

Thea wist het zeker: deze man zou de vader van haar kind kunnen worden.

Hij had een gezellig huis, zag Thea zodra ze binnen was. Een ruime kamer met openslaande deuren naar een achtertuin, die bij daglicht op het zuiden bleek te liggen. In de woonkamer lag een mooie eikenhouten vloer. De meubels waren licht en strak, de langste wand was helemaal gevuld met boekenkasten. Achter de keuken lag de badkamer.

'Die heb ik laten aanbouwen,' vertelde Stan. 'Toen ik hier kwam wonen was er geen douche. De toiletruimte zat in de keuken. Beneden waren twee kleine kamers, boven drie hokjes. Ik heb alles laten uitbreken.'

Hij liep naar de badkamer. 'Kom, laten we eerst douchen. Ik plak, jij niet?'

Het was de gewoonste zaak van de wereld dat hij haar uitkleedde, zijn eigen kleren uittrok en haar onder het lauwe water helemaal afsponsde met douchegel. Tot dat moment hadden ze zelfs nog niet gekust. Maar toen hij haar afdroogde met een groot badlaken, draaide hij haar om, zodat ze tegenover elkaar stonden. Hij keek haar ernstig aan.

'Ik ben bang dat ik verliefd op je ga worden,' zei hij schor. Ze trok zijn hoofd naar haar gezicht en kuste hem. Hij nam haar hoofd tussen zijn handen en begon haar terug te kussen. Thea voelde haar knieën trillen. Hij kuste heerlijk. Hun onderlijven schoven over elkaar heen. Zijn lippen dwaalden van haar borsten naar haar buik. Hij knielde voor haar neer. Thea snakte naar adem. Ze wilde niet te hard schreeuwen maar de intense manier waarop Stan haar liet klaarkomen zorgde ervoor dat de ramen van de badkamerdeur bijna uit hun sponningen trilden.

Ze bleven elkaar kussen terwijl ze naar boven liepen. Daar begon hij opnieuw. Hij wisselde zijn mond af met zijn handen, ze kronkelde om hem heen. Toen zei hij plotseling: 'Nu wil ik in je. Is het veilig? Gebruik je de pil?'

'Ja,' fluisterde ze heftig en trok hem op haar lijf.

De derde leugen.

Vierde brief aan mijn vader

We hebben zaterdag een bijzonder feest gehad. Een feest waar iedere ouder van droomt, denk ik. Hoewel... als je tenminste met de tijd bent meegegaan. Simon en Pieter zijn getrouwd. Helemaal in stijl, met ringen, bruidstaart en een knallend feest. Ze hebben ten overstaan van een hele zaal vol vrienden en familie elkaar eeuwige trouw beloofd. Ik was Simons getuige. Een erg geëmotioneerde getuige. Ik moest steeds huilen.

Het huwelijk is een levenslange verbintenis, hebt u ons geleerd. In onze omgeving hebben we in onze jeugd nooit een echtscheiding meegemaakt. Ik herinner me nog vaag dat er iets aan de hand was met een van de ouderlingen van onze kerk. Johan kwam met het bericht thuis. De man woonde niet meer bij zijn gezin, er werd gefluisterd dat er een andere vrouw in het spel was. U vertrok dezelfde avond richting ouderlingen, de club van wijze heren waar u lid van was. Later vertelde u aan tafel dat wij niet mochten meedoen aan roddel en achterklap. De ouderling over wie men sprak, was geestelijk niet in orde. Het had te maken met zijn werk, hij kon de drukte niet meer aan. Daarom was hij een tijdje niet bij zijn gezin, hij zat in een rusthuis. Als wij op straat andere dingen hoorden, mochten we daar niet naar luisteren en zeker niet over meepraten. U keek ons allemaal om beurten streng aan, inclusief Anna, die opgewonden in haar handen klapte. Dat deed ze al-

tijd als ze spanning voelde, dan begon ze grijnzende bekken te trekken of in haar handen te klappen.

U snauwde tegen moeder dat ze haar kind in bedwang moest houden. Moeder nam Anna haastig mee naar de keuken.

U bulderde tegen ons dat het ons allemaal duidelijk moest zijn dat u geen enkel bericht wilde ontvangen over ook maar één enkel woord van uw kinderen op straat of waar dan ook, dat betrekking had op de problemen van de ouderling. U boog zich diep over de tafel en eiste dat we hardop beloofden daar nergens en met niemand over te praten. We beloofden het allemaal met een bibberende stem. Esther plaste van nervositeit in haar broek. Ze werd voor straf zonder eten naar bed gestuurd.

Een paar maanden later zat de bewuste ouderling gewoon weer in de kerk, samen met zijn vrouw en kinderen. We hadden allemaal vaste plaatsen en het gezin van de ouderling zat naast het gezin van de drogist van het dorp. Nadat de ouderling was teruggekeerd, was de opstelling van de familieleden veranderd, viel me op. De ouderling zat niet meer naast de vrouw van de drogist. Ik zei dit tegen Esther, toen we op een middag samen aan het afwassen waren. Esther sloeg van schrik een hand tegen haar mond en riep dat we daar niet meer over mochten praten. Ik vond dat ze zich aanstelde en herinnerde haar eraan dat vader ons had bevolen om er niet op stráát over te praten.

Maar Esther mopperde dat ik foute dingen zei. Ik begreep haar niet. Ik had gewoon iets opgemerkt maar verbond daar met mijn kinderlijke geest geen enkele conclusie aan. Esther werd boos en dreigde dat ze tegen vader zou zeggen dat ik kletste over de ouderling.

Op dat moment kwam moeder de keuken binnen. Ze vroeg aan Esther wat er tegen vader te vertellen viel.

Ik voelde me opgelucht.

Esther zweeg. Moeder keek mij aan, met een vragende blik in haar ogen. Ik vertelde wat ik in de kerk had gezien. Even leek er een zweem van een glimlach op het gezicht van moeder te verschijnen maar ze herstelde zich direct. Ze stelde me gerust en zei dat wat ik had opgemerkt niets te betekenen had. Moeder had gehoord dat het jongste dochtertje van de drogist zich moeilijk kon concentreren in de kerk. Het was een speels kind. Maar de kerk was natuurlijk geen speelplaats. Daarom was haar moeder waarschijnlijk naast haar gaan zitten. Ze keek Esther nadrukkelijk aan toen ze dit zei. Esther haalde haar schouders op. Ik had het gevoel dat er iets gebeurde maar ik kon er geen vat op krijgen. Later adviseerde moeder me om niet alles te zeggen wat in me opkwam.

En toen nóg later de ouderling toch opeens met de noorderzon vertrokken bleek te zijn, leverde dat een definitief verbod van u op om zijn naam ooit nog in huis te noemen. De man was een schande voor de gemeenschap.

Toen Johan trouwde was u zo trots als een pauw. Sara was van onze kerk en dus klopte het, volgens u. U benadrukte steeds dat we partners uit onze eigen kerk moesten kiezen. Een gereformeerde man of vrouw dus van de juiste stroming en uiteraard praktiserend gelovig. U beschouwde ons geloof als het enige ware, u noemde ons uitverkorenen. Iemand van hervormde huize, van de pinkstergemeente, van het Apostolisch Genootschap of van welke andere protestantse leer dan ook, kwam niet in aanmerking. Over een katholieke partner werd überhaupt niet gesproken; over die mogelijkheid werd zelfs niet eens nagedacht.

Esther had een halfjaar verkering met een jongen van onze kerk. Ze zaten iedere zondagmiddag hand in hand op de bank serieus met u te praten over de Bijbel. Simon en ik sloten weddenschappen af over vragen als: kussen ze, tongzoenen ze, zit hij aan haar borsten, doen ze het?

Simon had het altijd over seks. In Amsterdam hadden zijn vrienden het volgens hem over niets anders. Hij vertelde mij er fluisterend over als hij kwam. We hielden goed in de gaten of u in de buurt was. Ik sloeg regelmatig steil achterover van Simons verhalen. Diep in mijn hart wilde ik niet geloven dat het wáár was wat hij allemaal uitkraamde. Maar ik vond het wél machtig interessant. Ik wilde ook wel naar Amsterdam. Ik verlangde naar een spannend leven. Ik fantaseerde over ontmoetingen met kerels, die me zonder woorden vastgrepen en namen. Het moest er vooral hard aan toegaan. Als mijn fantasie dreigde af te glijden naar tederheid en liefde haakte ik af. Daar zaten herinneringen aan vast die ik wilde vergeten. Maar ik kon niet voorkomen dat mijn verlangens ook terechtkwamen in mijn dromen. In mijn dromen voerde ik niet zelf de regie. Er gierden tintelingen door mijn lijf die me helemaal gek maakten. Ik werd vaak badend in mijn eigen zweet wakker.

Na een halfjaar kwam de verkering van Esther opeens niet meer. Er was iets gebeurd, begreep ik, maar ik kon het fijne van de zaak niet te weten komen. Simon ook niet, hoewel hij geen mogelijkheid onbenut liet om te ontdekken wat er aan de hand was. Het enige wat hij ontdekte was dat u de knaap te vrijgevochten vond. Simon kreeg bijna een lachstuip toen hij dat hoorde. Hij vroeg zich af wat er vrijgevochten kon zijn aan stijf naast elkaar op de bank zitten en je meisje bij aankomst en vertrek een zuinige kus op het voorhoofd geven.

Esther was een paar maanden niet te genieten maar daarna ging ze weer als vanouds haar gang. Ze deed eindexamen voor de pabo en zakte. Een jaar later zakte ze weer en toen werd duidelijk dat ze geen onderwijzeres zou worden. U ging ernstig praten met de directeur van de pabo en kreeg het voor elkaar dat Esther via die directeur een aanstelling kreeg op een school in Hoorn. U vertelde ons op een gewichtige toon dat ze een ondersteunende functie kreeg als onderwijsassistent.

Simon fluisterde mij toe dat Esther een soort loopjongen werd voor het onderwijzend personeel en dat ze misschien wel gezakt was omdat ze smerige dingen had gedaan met die vrijgevochten vrijer. In zulke zaken strafte God onmiddellijk, volgens Simon. Ik durfde niet te lachen.

Een jaar later kreeg Esther de flat waar ze nog steeds woont. U prees haar om haar doorzettingsvermogen. Maar toen ik mijn diploma haalde als ziekenverzorgster zei u niets, behalve dat ik een mooi beroep had gekozen. U vergat erbij te vermelden dat u degene was die dit beroep aan mij had opgedrongen. Soms verdenk ik u ervan dat u op de een of andere manier altijd al hebt geweten dat u dement zou worden en mijn diploma voor u een soort oudedagvoorziening is. U verfoeide openlijk bejaardenhuizen en verpleeghuizen. Het was de plicht van kinderen om voor hun ouders te zorgen, als ze gebrekkig zouden worden, hield u ons onze hele jeugd voor. Johan trouwde met een vrouw die weinig drukte kan verdragen. Dat was slim bekeken, vind ik. Sara zou niet zeven dagen per week voor een demente man kunnen zorgen. Een weekend per twee weken is het uiterste wat ze te bieden heeft. Ze schijnt daarna drie dagen bed-rust te houden. Maar met Sara is verder niets mis. Sara heeft haar eigen oudedagvoorziening gevonden in de persoon van Johan. Ze leeft het leven dat van haar verwacht wordt. Een zuinig en sober leven. Geen televisie in huis, nooit uit eten, een moestuin onderhouden, zelfgemaakte kleding dragen. Dat doe ik ook. Ik naai de kleding van Anna en van mezelf. Althans, de kleding die ik thuis draag. Ik zou uw gezicht wel eens wil-len zien als u me zag in de kleren die ik draag als ik de weekenden vrij ben. Dan hebben we het niet over kuitlange rokken en blouses met lange mouwen in zogenaamd beschaafde kleuren. Dan hebben we het over blit-se spijkerbroeken, knielange rokken en kinky T-shirts, in rood, paars, geel, groen en kobalt. Dan laat ik mijn haren los hangen of ik maak een paardenstaart die boven op mijn hoofd begint, in plaats van de ste-vige vlecht waarmee u me zo graag ziet rondlopen. Ik denk dat u me niet eens zou herkennen, als u me per ongeluk tegenkwam als ik op stap ben.

Ik denk dat u me alleen vluchtig zou bekijken, met de bekende frons op uw voorhoofd en de minachtende blik in uw ogen die bedoeld is voor mensen zonder moraal. Simon en ik hebben geen moraal, hebt u ons al zo vaak duidelijk gemaakt. Simon houdt van mannen en dat is in uw ogen goddeloos. Maar weet u dat Simon uw enige kind is dat tot nu toe de liefde met een hoofdletter heeft gevonden? Weet u dat zijn Pieter de grond kust waarop Simon loopt? Dat ze een perfect koppel zijn? Dat houden van en trouw zijn expliciete begrippen worden als je hen samen ziet? Dat ze voor elkaar door het vuur gaan? Onvoorwaardelijk van de ander houden? Weet u dat ik een beetje jaloers ben op hun geluk?

Nee, dat weet u niet. Als u nog iets zou kunnen weten, zou dat in ieder geval geen betrekking hebben op een homoseksuele liefde. In uw be-leving hebben Simon en Pieter een gruwel begaan. Toch is volgens mij Korinthiërs 1 vers 13 voor Simon en Pieter geschreven. De liefde is ge-duldig en vriendelijk; de liefde is niet afgunstig, zij praalt niet, zij verbeeldt zich niets. Zij gedraagt zich niet onfatsoenlijk, zij zoekt zich-zelf niet, zij laat zich niet kwaad maken en rekent het kwade niet aan. Alles verdraagt zij, alles gelooft zij, alles hoopt zij, alles verduurt zij. De liefde is het voornaamste.

Er is op de trouwdag van Simon en Pieter met geen woord gerept over u en de andere familieleden. Behalve over moeder. Tijdens het diner tikte Simon tegen zijn glas en nam het woord. Hij hield een prachtige toespraak, waarbij hij iedereen die aanwezig was betrok. Hij besteedde speciaal aandacht aan de ouders van Pieter, die glimmend van trots aan tafel zaten. Pieters ouders zijn niet gelovig; ze zijn even blij met een schoonzoon als ze met een schoondochter zouden zijn geweest, hebben ze me verteld. Ik voelde het aankomen. Ik hoopte een moment dat Simon het niet zou doen. Dat hij niet over moeder zou praten. Maar hij deed het wel. Hij zei dat hij op zijn trouwdag heel erg moest denken aan zijn moeder. Hij draaide het glas in zijn handen om en om en keek peinzend naar de wiebelende champagne. Zijn stem was nauwelijks verstaanbaar toen hij vertelde dat zijn moeder de liefde tussen hem en zijn man begrepen zou hebben. Dat ze die hem gegund zou hebben. Dat ze trots op hem zou zijn geweest. En dat hij er rekening mee hield dat ze ergens bij hem in de buurt glimlachend toekeek.

Toen ik de volgende avond thuiskwam, ben ik naar uw kamer gegaan en ik heb tegen u staan schreeuwen. Het kon me niet schelen of u wakker werd, of u er iets van zou begrijpen, of u er bang van zou worden, of boos, het maakte me niet uit wat u voelde. Ik wilde kwijt wat me op dat moment bezighield, dwarszat, aanvloog.

Het verlangen naar mijn moeder.

Het verdriet om mijn moeder.

Het gemis, de angst voor wat er met haar gebeurd kon zijn.

U reageerde niet. Maar ik ben nog niet met u klaar.

12

Als Esther van Thea hoort dat Simon getrouwd is, belt ze direct Johan op. Hij is niet thuis, vertelt Sara. Hij werkt de laatste tijd bijna iedere dag over. Ze zijn een reorganisatie aan het voorbereiden bij de bank, hij zit tot over zijn oren in het werk. 'Staat zijn baan ook op de tocht?' vraagt Esther verschrikt. 'Natuurlijk niet. Hij heeft als bestuurssecretaris een eenmanspositie,' antwoordt Sara afgemeten.

Nog even, denkt Esther pinnig, en Sara gaat me vertellen dat ze verstand heeft van dat soort zaken. Maar ze zegt niets in die richting. 'Wil je vragen of hij me meteen terugbelt als hij thuiskomt? Het maakt niet uit hoe laat het is.'

Tegenwoordig slaapt Esther geen avond voor twaalven. Haar minnaar bezoekt haar soms drie keer per week. Hij komt meestal omstreeks een uur of halftien en elke dag begint ze tegen die tijd onrustig door het huis te banjeren. Nadat hij volkomen onverwacht weer voor haar deur stond is hun geheime relatie opgevlamd. Hij is veranderd, vindt ze. Hij is ruwer geworden, dwingender, grimmiger. Hij bijt in haar, slaat met zijn vlakke hand op haar billen tot ze gloeien van de pijn, bindt haar vast aan de spijlen van haar antieke bed. Als hij met haar vrijt, zegt hij dingen tegen haar die ze normaal gesproken nooit zou accepteren. Maar in bed klinken die woorden anders.

Ze winden haar op.

Soms protesteert ze, als hij voor haar gevoel te overheersend wordt. Als er een bepaalde blik in zijn ogen komt en ze de zaak niet meer helemaal kan overzien. Ze kent dat soort ogen. Zo keek haar vader vroeger altijd als hij op het punt stond om Simon of Thea een pak slaag te geven.

De laatste keer dat ze voor hem terugdeinsde, reageerde haar minnaar extra heftig. Hij schold haar uit en ze voelde daardoor haar eigen opwinding door haar lijf razen. Ze liet zich overweldigen. Hij was niet te stuiten. Zijn harde handen waren overal, hij wilde dat ze schreeuwde. Ze gilde zelfs. Ze kon de volgende dag bijna niet meer praten en ze verzon een onverwachte keelontsteking als reden voor haar gefluister en gepiep. Het hoofd van de school stuurde haar 's middags naar huis. Toen ze eenmaal thuis was, kon ze niets anders doen dan huilen.

Ze begreep niets van zichzelf.

Haar minnaar wil niets loslaten over zijn vrouw. Hij vertelt ook niet waarom hij weer is teruggekomen. Op school laat hij op geen enkele manier merken dat hij meer is dan een collega. En Esther zet net als hij haar pokerface op, als ze samen in de koffiekamer zitten of een vergadering bijwonen. Ze voelt zich trots, als ze tussen haar andere collega's zit en de vrouwen met een geïnteresseerde blik naar hem ziet kijken. Het is een mooie man, daar is iedereen van overtuigd. Hij is van mij, zou Esther graag tegen haar collega's willen roepen. Hij is van mij en weet je wat hij allemaal met me doet? Die tuthola's op haar school hebben waarschijnlijk geen notie van wat je allemaal in bed kunt uithalen. Die zijn allemaal keurig getrouwd met keurige kerels en ze hebben keurige kinderen. Ze moet wel oppassen hoe ze zich gedraagt en hoe ze kijkt, heeft Esther vorige week gemerkt.

Een van haar collega's zat haar gade te slaan, voelde ze toen ze koffiedronken.

'Wat is er toch met je aan de hand?' wilde die collega weten. 'Je bent magerder geworden en je bent supervrolijk. Mogen we het weten?'

Esther schrok. Is het zó duidelijk dat ik verliefd ben, vroeg ze zich af. 'Er is niets speciaals aan de hand, hoor,' antwoordde ze. 'Ik voel me gewoon de laatste tijd beter dan een paar maanden geleden. Toen werd mijn zus neergeschoten, daar ben ik helemaal van ondersteboven geweest.'

De collega begon direct vragen op haar af te vuren over de schietpartij en Esther haalde opgelucht adem.

Esther leidt een dubbelleven, heeft ze voor zichzelf vastgesteld. Ze leidt het leven van een streng gelovige onderwijsassistent, die op een christelijke basisschool werkt en op de bovenste etage van een flat woont. Een flat tussen flatgebouwen en veel aangelegd groen. Daar is over nagedacht. Ze stemt op een christelijke partij, zoals dat van haar verwacht wordt, gaat iedere zondag twee keer naar de kerk, behalve als ze op haar vader moet passen. Ze doet vrijwilligerswerk voor de jongerensoos van de kerk, ze spaart het grootste deel van haar salaris zodat ze over een paar jaar een eigen huis kan kopen zonder veel hypotheek. Ze houdt zich aan de regels die ze vanuit thuis heeft meegekregen. Haar oudste broer is trots op haar. Dat zegt hij soms, dan spreekt hij namens hun vader. Esther leeft in het heden. Dat is goed. Het heeft geen zin om het verleden een prominente plaats te geven in je gedachten. Dat veroorzaakt ongrijpbare kronkels in je hersenen, daar is ze heilig van overtuigd. Als je je voortdurend met het verleden bezighoudt, trek je de zaken uit hun verband en ga je alles negatief kleuren. Dat ziet ze aan Thea en Simon. Die focussen zich op hun strenge opvoeding en twijfelen openlijk aan de Bijbel. Die zijn al jaren volkomen van God los. Esther raakt altijd een beetje geïrriteerd als ze Thea en Simon ziet. Dat komt volgens haar doordat geen van beiden zich iets schijnt aan te trekken van haar kritiek op hun manier van leven. Maar het komt vooral door hun afkeur van alles wat met hun opvoeding en met het geloof te maken heeft. Esther zou zoals Johan willen zijn. Ze zou alles wat Thea en Simon zeggen langs zich af willen laten glijden. Ze zou met dezelfde hautaine blik naar hen willen kijken. Ze probeert dat ook regelmatig maar ze voelt haar gezicht altijd vertrekken en ze weet dat haar ergernis dan van haar afstraalt. Dat gunt ze Thea en Simon niet. Ze zou meer onthecht willen lijken, afstandelijker van hun praatjes. Ze zou hun zo graag voor hun voeten gooien dat ze meer is dan de persoon die de buitenwereld ziet. Dat ze een geheim leven leidt. Een zondig leven met de man van een ander. Dat ze eigenlijk net is zoals zij.

Soms betrapt ze zichzelf op het verlangen om eens een kerkgang op zondag over te slaan. Soms wil ze haar lange haren los laten hangen om te kunnen voelen hoe ze wapperen in de wind. Maar dat durft ze alleen 's avonds, op haar balkon, als het donker is.

Ze zou wel een beetje als Thea willen zijn.

Het is duidelijk dat Thea van alles uitspookt als ze het weekend vrij is. Ze is natuurlijk niet zwanger geworden van de mooie maneschijn. Niemand heeft het er later nog over gehad. Maar ze kunnen waarschijnlijk gewoon wachten op de mededeling dat Thea een kind verwacht. Esther weet dat Thea een kind wil. Daar heeft haar zus nooit geheimzinnig over gedaan. Esther weet ook hoe dat komt. Daar doet niemand zijn mond over open. Johan en Esther hebben vader plechtig beloofd dat ze daar nooit met iemand over zullen spreken, zelfs niet met hun eigen partner. En zeker niet met Thea. Maar toen er een oplossing moest komen voor de verzorging van vader, hebben Johan en Esther een compromisvoorstel aan Thea gedaan.

Esther schrikt op uit haar gedachten door het geluid van haar telefoon. Het is Johan. 'Is er iets met vader aan de hand?' wil hij weten.

'Nee. Dat zou misschien nog te verhelpen zijn. Ik heb van Thea gehoord dat Simon is getrouwd. Met die vriend van hem, vind je dat niet verschrikkelijk?' Johan antwoordt niet direct. Er valt een vreemde stilte aan de andere kant van de lijn. Esther begint met de telefoon in haar hand door de kamer te lopen. Ze kan opeens niet meer blijven zitten. De stilte voelt dreigend aan. Johan schraapt zijn keel. 'Dat wist ik al,' antwoordt hij. 'Op dat nieuws werd ik vorige week getrakteerd door een collega van de bank. Dat is een fan van Simon, hij volgt alle optredens van die band.' 'O,' is het enige wat Esther kan uitbrengen. Ze heeft het gevoel dat Johan het niet over Simon wil hebben. 'Wij moeten eens ernstig praten,' gaat Johan verder. 'Ik heb namelijk nog meer gehoord wat me niet aanstaat. Over jou.' 'Over mij? Van wie dan? Wat hebben ze je over mij verteld?' 'Dat bespreek ik niet door de telefoon. Ik kom nu naar je toe. Ben je alleen?' 'Ja,' fluistert Esther. Ze staat te trillen op haar benen.

Johan is aangesproken door een van de andere ouderlingen. Uiteraard is Johan net als vader ouderling geworden. Esther weet dat de heren elkaar iedere veertien dagen spreken. De ouderling die Johan aansprak wist te vertellen dat zijn nicht een collega van Esther is en dat die nicht heeft verteld dat Esther een méér dan vriendschappelijke relatie schijnt te onderhouden met een getrouwde man, een van de leerkrachten op school. Iedereen heeft het erover. De bewuste nicht is bevriend met de benedenbuurvrouw van Esther en toen ze bij haar op bezoek was, heeft ze de minnaar uit zijn auto zien stappen. 'Sinds wanneer is een man die je uit zijn auto ziet stappen direct iemands minnaar?' wil Esther weten. Ze voelt zich woedend worden. Ze wil wel eens weten welke collega dit heeft doorverteld. Maar ze zorgt ervoor dat ze rustig blijft. Laat ze het maar eens bewijzen. Er staan geen camera's in huis, tenslotte. 'Ik heb gehoord dat je de buren wakker schreeuwt als deze man in huis is,' antwoordt Johan met een strak gezicht. Hij perst zijn lippen op elkaar tot een afkeurende streep. Ziet Esther het goed? Trekt hij zijn neus op? 'Je schijnt niet eens de moeite te nemen om de ramen dicht te doen.'

Het is bijna belachelijk. Maar Esther weet dat er niets te lachen valt. Hier moet ze een oplossing voor zien te verzinnen. Ze kent haar broer. Ze kent de opvattingen van de ouderlingen. Gij zult niet echtbreken, hoort ze hen al zeggen. Gij zult niet begeren wat aan een ander toebehoort. Ze weet dat haar minnaar hoogstens een berisping zal krijgen. Maar voor haar ligt het anders. Zij zal worden behandeld als de hoer van Babylon. Zij zal worden nagewezen, worden genegeerd, voor altijd als besmet worden beschouwd. Als ze niet uitkijkt, wordt ze uit de kerk gezet en verliest ze haar baan. Ik ontken het, besluit ze. Ik ontken en zorg ervoor dat we voorzichtiger zijn. Ik ga hem voorstellen om elkaar in een motel te ontmoeten. Dat is veiliger voor ons allebei. Maar ik laat me door niemand ontnemen wat ik zo hard nodig heb. Door niets en niemand!

Het heeft geen enkele zin om ruzie te maken of in de aanval te gaan, weet Esther. En toegeven is helemáál niet aan de orde. Johan wil beslist niet horen dat het waar is, hoewel hij ervan overtuigd zal zijn dat de nicht van de ouderling de waarheid spreekt. Ze denkt koortsachtig na. 'Het is te belachelijk voor woorden,' zegt ze op afgemeten toon. Ze gooit haar hoofd in haar nek, haar lange vlecht zwiept om haar oren. 'Belachelijk,' herhaalt ze met een hoge stem.

'Dus die man komt hier niet?' wil Johan weten. Zijn gezicht staat strak, er valt niets aan af te lezen.

'Een collega van mij komt wel eens praten,' geeft Esther toe. 'Hij heeft veel problemen met zijn vrouw, hij moet het soms aan iemand kwijt. Ik luister naar hem. Verder niets. Ik adviseer hem om met zijn vrouw in relatietherapie te gaan.' Ze heeft moeite om zelf niet verbaasd te kijken door haar verklaring. Hoe verzint ze het? Johan zwijgt net iets te nadrukkelijk.

'Als de vrouw die hem uit zijn auto heeft zien stappen iemand heeft horen schreeuwen was dat een ander. Ik begrijp niet waar ze het over heeft,' gaat Esther verder en ze hoort dat ze pinnig klinkt. 'Ik vind dat laster,' besluit ze en ze staat op. 'Pure laster. Ik zou wel eens willen weten wie zoiets over mij zegt. Maar ik kan er beter boven staan, denk ik. Wil je nog koffie?' Johan schudt zijn hoofd. Hij bekijkt nauwkeurig zijn eigen vingertoppen. Esther zet zich schrap.

Johan staat op. 'Ik ga ervan uit dat dergelijke berichten voortaan achterwege zullen blijven,' zegt hij, terwijl hij naar de deur loopt. 'Ik kom er wel uit.' De voordeur slaat met een klap dicht. Esther staat met gebalde vuisten in de kamer. Ik zoek zo snel mogelijk een vrijstaande woning, besluit ze. Er moet nog ergens tussen de oude kranten een makelaarskrantje liggen, daarin stond een betaalbaar huis aan de rand van Middenmeer, als ze zich niet vergist. Dat kon wel eens de beste oplossing zijn voor ongewenste gluuractiviteiten van gefrustreerde collega's, meent ze. Als ze eraan denkt dat ze haar minnaar de deur zou moeten wijzen om aan de roddel en achterklap van haar omgeving te ontkomen, wordt ze ter plekke giftig. *No way!* En haar broer moet zich met zijn eigen zaken bemoeien, stelt ze vast. Ze gaat dit zo snel mogelijk aanpakken. En ze vertelt hierover niets tegen haar minnaar. Straks besluit hij wéér om niet meer te komen. Ik zorg ervoor dat de ramen voortaan dicht zijn, besluit ze. En ik hou me een beetje in als hij er is. Maar of dat zal lukken is nog maar de vraag.

13

Thea heeft al de hele week zitten nadenken over waar ze het komende weekend naartoe zal gaan. Ze heeft in de krant gelezen
dat de band van Simon zaterdagavond optreedt in Paradiso in
Amsterdam. Dat gaat een swingende avond worden, ze heeft
wel zin om op de dansvloer weer eens helemaal uit haar dak te
gaan. Maar Amsterdam ligt dicht bij Haarlem en ze was van
plan om een halfjaar niet in de buurt van Haarlem te komen. De
kans bestaat dat ze Stan dan tegen het lijf loopt en dat is precies
wat ze niet wil. Ze droomt de laatste weken regelmatig over
Stan. Ze droomt iedere keer hetzelfde. Ze loopt over de markt
recht op zijn kraam af en als ze er bijna is, ziet ze hem opeens
met een jachtgeweer op zich af komen. Ze probeert te gillen
maar er komt geen geluid over haar lippen. Er klinkt een oorverdovende knal en ze slaat tegen de grond. Als ze probeert om
overeind te komen, voelt ze iets tegen haar voorhoofd drukken.
Ze kijkt op en staart recht in de loop van het geweer dat Stan
op haar gericht heeft. 'Als jij mij verlaat en mijn kind alleen
gaat opvoeden vermoord ik je,' hoort ze Stan zeggen. 'Dus wat
wil je? Trouwen of niet?'

'Ik wil niet met je trouwen,' antwoordt ze. 'Het ging me niet om trouwen. Het ging me om een kind.' Op hetzelfde moment ontploft er iets in haar gezicht en wordt ze wakker.

Na het eerste weekend met Stan ging ze drie weken niet naar Haarlem. Ze was ervan overtuigd dat ze zwanger was geworden en naarmate de dag dat ze ongesteld zou moeten worden naderde, werd ze nerveuzer. Ik word misselijk van koffie, stelde ze vast. Dat herkende ze. Haar borsten voelden strakker aan dan anders. Of toch niet? Ze bekeek ze in de spiegel die aan de binnenkant van haar slaapkamerdeur hing. Ik heb zin in vette patat, meende ze. Dat herkende ze ook. Toen ze op een morgen met krampende buikpijn wakker werd, raakte ze in paniek. Dat kan niet, sprak ze de ruimte om haar heen tegen. Dat mag niet gebeuren. Maar toen ze onder de douche stond voelde ze een warme vloedgolf langs haar benen druipen die geen water was. Ze huilde er hartverscheurend om. Het volgende weekend reed ze weer naar Haarlem.

'Ik was al bang dat je nooit meer zou terugkomen,' riep Stan opgetogen uit, toen hij haar voor zijn kraam zag staan.

Thea was op dat moment de enige klant. 'Ik heb vandaag geen omslagdoek nodig,' lachte ze. 'En geen das en ook geen handschoenen.'

'Jij hebt iets heel anders nodig,' grinnikte Stan. 'En anders ík wel.'

Die nacht vreeën ze of hun leven ervan afhing. En dit feest herhaalde zich de volgende nacht en nog zes weekenden erna. Ik blijf net zo lang met hem vrijen tot ik zwanger ben, nam Thea zich voor. Ze sprak niet over haar kinderwens, hij des te meer. Hij zag zijn vriendin niet meer sinds hij met Thea omging, vertelde hij. 'Stop gewoon met de pil,' stelde hij Thea voor. 'We maken een kindje. Ik verdien genoeg om je te onderhouden. Je vader kan in een verpleeghuis wonen en je zusje kan naar een gezinsvervangend tehuis. Je hoeft toch niet je hele leven voor hen te zorgen? Nu ben jij zelf aan de beurt. Wil je geen moeder worden? Zeg maar niets, ik ruik het bijna aan je. Jij wilt even graag een kind als ik. We maken het mooiste kind van de wereld.'

Thea probeerde hem tegen te spreken, maar haar verweer verdween meestal in een overdonderende kus. Ik zie wel, dacht ze. Ik zie wel hoe het loopt.

En toen was ze écht over tijd en klopten alle verschijnselen. Thea wist zeker dat er een nog nauwelijks zichtbaar mensje bezig was zich in te nestelen in haar baarmoeder. Ze voelde zich van top tot teen zwanger en ze had moeite om dat niet van de daken te schreeuwen. Ze nam zich voor om het er met Stan niet over te hebben en nog een paar weken naar Haarlem te gaan. Maar Stan merkte dat er iets aan de hand was en raadde haar geheim. Ze ontkende het.

'Je liegt,' zei hij. 'Waarom lieg je erover?'

Toen besloot Thea open kaart te spelen. 'Ik wil geen relatie,' antwoordde ze. 'Ik wil wél een kind, maar geen man.'

'Maar wij hébben toch een relatie?' schreeuwde Stan opeens.

'Voor een relatie is meer nodig dan goed vrijen,' zei Thea. Ze deinsde een beetje terug voor zijn plotselinge woede. 'Wij vrijen alleen, we vertellen elkaar iets over waar we mee bezig zijn. Maar verder dan vertellen gaat het niet.'

'Dan moeten we daar meer ons best voor doen,' was Stan van mening. 'Dan gaan we meer aandacht aan elkaar besteden en niet alleen in bed. We kunnen elkaar ook buiten het weekend zien. Ik kom wel naar Den Oever.' Thea schudde resoluut haar hoofd. 'Wat zit je nou met je hoofd te schudden, is er iets in Den Oever wat ik niet mag weten? Heb je daar soms een vriend?'

Thea zuchtte diep. 'Maak het nu niet moeilijker dan het is.' Ze hoorde de geïrriteerde toon in haar eigen stem maar al te goed. Stan keek haar strak aan. Zijn mond vertrok een beetje, er stonden zweetdruppeltjes op zijn voorhoofd.

Thea kreeg een knoop in haar maag. 'We maken er geen ruzie

over,' besliste zij voor hen beiden. 'Ik ga naar huis en we laten elkaar verder met rust. Ik moet voor mijn vader zorgen. Zo is het nu eenmaal. Dat heb ik beloofd en dat zal ik blijven doen. Ik zoek geen relatie.'

'Je wilt een kind,' stelde Stan vast. 'En je had alleen een zaaddonor nodig. Toevallig was ik het, maar het had iedere droplul die je tegenkwam kunnen zijn.'

Thea kneep haar ogen even samen. 'Ik ga niet met iedereen die ik toevallig tegenkom naar bed,' snibde ze. 'Ik ben geen hoer.'

'Toch wel,' antwoordde hij met een kille blik in zijn ogen. 'Toch wel. Een hoer laat zich met geld betalen en jij laat je betalen met zaad. Dus wat scheelt het?'

Thea draaide zich om en begon haar spullen bij elkaar te rapen.

Stan liet haar begaan. 'Denk maar niet dat je er zo gemakkelijk van afkomt,' hoorde ze hem zeggen, nét voordat ze de voordeur uit stapte. Ze trok haar schouders op en holde naar haar auto.

Ze gaat dit weekend toch maar niet naar Amsterdam, heeft ze besloten. Jammer van het concert in Paradiso, ze zou Simons band graag weer eens zien optreden. Maar er komt wel weer een andere gelegenheid. Tegen elf uur passeert ze een bord waarop staat dat de afslag naar Arnhem over vijfhonderd meter komt. Arnhem. Dat gaat het worden. Ze is nog nooit in Arnhem geweest, maar ze heeft ergens gelezen dat de stad een mooi centrum heeft. Daar zullen ook wel een paar bioscopen zijn. Thea heeft zin om naar een mooie film te gaan. Misschien draait *Pride and prejudice* hier wel, daar heeft ze een goede recensie over gelezen.

Alles zit vandaag mee. Thea heeft een knus hotel gevonden in het centrum. Het is een familiehotel en er zit een eigen parkeerplaats bij. De eigenaresse heeft haar hartelijk ontvangen en haar een plattegrond gegeven van het centrum. Haar broer heeft een leuke eettent in het centrum, naast een bioscoop, heeft ze Thea verteld. Het is bijna niet te geloven, maar als Thea in de straat van de bioscoop komt ziet ze een groot uithangbord waarop vermeld staat dat *Pride and prejudice* voor de laatste avond draait. Het eethuisje van de broer is gezellig en Thea geniet van een vispotje. Ze trakteert zichzelf ook nog op een enorme sorbet. Er mag wel wat vet bij, denkt ze. Ze is erg mager geworden nadat ze in het ziekenhuis is beland. De meeste kleren zitten te ruim, ze heeft de afgelopen week twee rokken ingenomen en de stretch spijkerbroek die ze dit weekend draagt zat beter toen ze wat voller was. Ze is de hele middag op jacht geweest naar een paar nieuwe broeken, maar ze is nog niet geslaagd. Morgen is het koopzondag in Arnhem, stond overal in de stad aangekondigd. Ze kan dus voordat ze weer naar huis vertrekt haar hart nog ophalen.

Koopzondag. Haar vader moest eens weten dat zij op zondag winkels bezoekt. Ze moppert op zichzelf. Wat zit ze nu idioot te doen. Waarom zou ze aan haar vader gaan denken?

De film is prachtig, Thea vergeet alles en iedereen om zich heen. Ze gaat vaak naar de bioscoop tijdens haar vrije weekenden. De bioscoop was altijd iets waar in hun gezin niet over te praten viel. Een bioscoop was volgens haar vader per definitie een oord van verderfelijkheid en onzedelijkheid. Daar zag je dingen die je niet hoorde te zien. Daar ging het over van alles behalve over God en dus klopte het niet. Iedere keer als Thea een bioscoop bezoekt, heeft ze de neiging om als ze er naar binnen gaat even om zich heen te kijken en te controleren of er niemand staat die kan verraden dat ze hier is. Het is belachelijk, ze weet het, maar ze kan die neiging toch moeilijk onderdrukken. Op zulke momenten haat ze haar vader tot in de toppen van haar tenen.

In het hotel is de bar tot twee uur open, heeft de eigenaresse

Thea verteld. Het is er altijd heel gezellig, er komen veel vaste klanten en er wordt vaak gekaart. Thea besluit om terug te gaan naar het hotel en aan de bar nog iets te drinken. Het is er inderdaad nogal vol, merkt ze als ze binnenkomt. De eigenaresse staat achter de bar en wenkt Thea. 'Hier is nog een plaatsje vrij,' roept ze. 'Ga maar naast Leon zitten, hij heeft behoefte aan een beetje troost.' Ze wijst op een man, die zich heeft omgedraaid en Thea recht aankijkt. Het is een aantrekkelijke man, ziet ze in één oogopslag. Hij is groot, zo te zien, breed gebouwd maar zeker niet dik. Er valt een krul voor zijn ogen, die hij driftig wegduwt. 'Ik moet naar de kapper,' moppert hij. 'Mijn haar is weer veel te lang.' Hij kijkt Thea aan met een nieuwsgierige blik in zijn ogen. 'Hallo, ik ben Leon. Mijn vrouw is er met mijn beste vriend vandoor, dus ik kan alleen maar schelden op de meiden,' zegt hij.

'Waar je gelijk in hebt,' zegt Thea. 'Zou ik ook doen. Ik ben Thea.'

'Dat betekent geschenk van God, volgens mij,' constateert Leon. 'Zou het kunnen dat de Almachtige hier achter zit?'

'Laten we één ding afspreken,' zegt Thea snel. 'Laten we afspreken dat we het overal over kunnen hebben, behalve over God en geloof. Daar heb ik namelijk helemaal niets mee.'

'Die staat,' antwoordt Leon. 'Ik heb er verder ook totaal geen verstand van, hoor. Dat ik het weet, van die naam, is puur toeval. Wat heb jij prachtig haar. Wat een lengte, zeg. Wat een mooie kleur. Supervrouwelijk.'

Sara is erg moe, meldt ze als Thea op zondagmiddag weer thuiskomt. Thea is wat vroeger dan normaal. Ze is in Arnhem nog gaan winkelen en heeft twee mooie nieuwe spijkerbroeken gekocht. Maar het druilerige weer nodigde niet uit om nog langer in de stad te lopen, dus ze heeft al om drie uur vanmiddag de auto gehaald en is naar huis gereden. De auto mocht nog de hele zondag op het parkeerterrein van het hotel blijven staan en toen ze hem ophaalde is ze snel ingestapt. Ze wilde Leon niet meer tegen het lijf lopen, hoewel de afgelopen avond en nacht zeker geslaagd genoemd kunnen worden. Na de kennismaking hebben ze urenlang zitten praten en Thea had het gevoel of ze elkaar al jaren kenden. Het voelde als heel vanzelfsprekend dat ze elkaar allerlei intieme details over hun persoonlijke levens vertelden en daar vragen over stelden. Naarmate het later werd, werd het rustiger aan de bar. De ene na de andere gast verdween naar huis of naar boven en ten slotte zaten zij alleen nog te praten. Toen de eigenaresse van het hotel in de keuken achter de bar bezig was met de afwas, vroeg Leon of hij mocht blijven slapen. 'Ik heb waarschijnlijk te veel gedronken om je nog lastig te kunnen vallen,' glimlachte hij. 'Ik wil eigenlijk ook niet vreemdgaan.'

'Wat valt er vreemd te gaan?' vroeg Thea. 'Je bent toch weer een man alléén?'

Hij haalde zijn schouders op. 'Strikt genomen wél. Maar zo voelt het niet. Ik hoop toch dat ze terugkomt,' zei hij en zijn stem haperde. 'Ik wil vannacht niet alleen zijn,' ging hij verder. 'Ik wil graag iemand vasthouden en vastgehouden worden. Ik wil bij jóú slapen.'

Thea nam hem mee naar haar kamer. Toen ze boven waren, vroeg ze zich af of ze dit niet aan de eigenaresse had moeten vragen. Maar die had zich waarschijnlijk niet voor niets in de keuken teruggetrokken.

Toen ze in bed lagen, kropen ze dicht tegen elkaar aan. Thea had verwacht dat ze snel in slaap zouden vallen, ze rekende nergens op. Maar opeens kuste Leon haar, lang en intens. Zijn armen omklemden haar, ze voelde dat hij opgewonden was. Hij kwam op haar liggen en drong diep bij haar naar binnen. Ze snakte naar lucht toen hij steeds dieper in haar stootte en ze klemde haar nagels in zijn rug toen aan zijn stem te horen was dat hij ging klaarkomen.

'O god,' zei hij toen ze nog nahijgend naast elkaar een beetje lagen te bekomen van alle opwinding, 'Ik heb niets gebruikt. Wat stom, kan het kwaad?'

'Welnee,' antwoordde Thea. Ze realiseerde zich dat ze precies op de helft van haar cyclus zat.

Sara zit een beetje te zeuren, vindt Thea. Vader schijnt zich nogal narrig gedragen te hebben, dit weekend. Hij heeft nauwelijks gegeten en gedronken en gromde tegen Sara als ze hem iets probeerde aan te bieden. Het lukte gisteravond niet om hem uit te kleden, hij heeft de hele nacht met al zijn kleren aan liggen slapen. Johan heeft het hele weekend gewerkt, die heeft ze dus overdag niet gezien. Het was veel te druk voor haar en aan Anna heeft ze ook weinig. Die zit als Thea weg is alleen maar op haar kamer naar de televisie te kijken. Johan vindt het geen stijl dat Thea die televisie heeft gekocht. En hij begrijpt ook niet wat ze met een computer moet. Sinds wanneer heeft ze die computer?

'Johan moet zich met zijn eigen zaken bemoeien,' stelt Thea korzelig vast. Ze hoopt dat Sara gauw vertrekt, ze heeft helemaal geen zin in dit gezever. Sara heeft hier een handje van en Thea weet heel goed wat er achter dit gezanik zit. Sara wil eigenlijk niet oppassen, ze wil ervanaf. Net als Esther, dat is Thea allang duidelijk. Maar de dames bekijken het maar. Dit was de deal en daar gaat iedereen zich aan houden. Er is maar één mogelijkheid om die deal te herzien en Johan en Esther weten welke voorwaarde daaraan vastzit. Sara weet daar waarschijnlijk niets vanaf. Waar zou Sara eigenlijk wél iets vanaf weten? Thea kan soms met verbazing naar haar schoonzus kijken. Het is een goed mens, daar niet van. Maar hoe kun je in de tegenwoordige tijd ertoe komen om je hele ziel en zaligheid in de handen van je echtgenoot te leggen? Wat bezielt die vrouw toch om haar blik op oneindig te houden, nooit tegen te spreken als Johan iets zegt en niets voor zichzelf te vragen, laat staan te eisen? Waarschijnlijk is Thea de enige tegen wie Sara klaagt, maar Thea laat het allemaal lekker langs zich afglijden.

'Waarom werkt Johan het hele weekend?' wil ze weten. 'Is die reorganisatie nu nóg niet afgerond?'

Sara haalt haar schouders op. 'Ik geloof van niet,' zegt ze timide. 'Hij vertelt bijna nooit iets over zijn werk. Hij zou gisteravond op tijd thuis zijn, maar hij belde om een uur of zes pas dat hij eraan kwam. We konden pas om zeven uur eten, vader werd er ontzettend onrustig van en Anna was ook bijna niet te houden.'

'En jij gelooft dat?' vraagt Thea. Ze heeft opeens allerlei visioenen van Johan in een hotelbar met een mooie meid aan zijn zijde, die hem zit te verleiden. Haar broer mag dan de deugd in eigen persoon uithangen, je weet maar nooit met zo'n type als hij. Ze moet er zelfs een beetje om lachen.

'Waarom lach je? En wat bedoel je daarmee? Hij belde vanuit zijn kantoor, het nummer stond op de nummermelder. Hij bedriegt mij heus niet, hoor,' verdedigt Sara zich opeens een beetje kortaangebonden.

'Natuurlijk niet, sorry. Ik bedoelde het niet zo,' haast Thea zich te verontschuldigen. Ze wil Sara niet nog onzekerder maken dan ze al is. Maar ze moet er ook voor waken dat ze niet de indruk wekt dat de frequentie van het oppassen een discussiepunt zou kunnen zijn.

'Bedankt voor de goede zorgen, trek je maar niets aan van vaders kuren. Hij snapt nu eenmaal niet veel meer van het leven,' besluit ze. Eigenlijk heeft hij nog nooit iets van het leven begrepen, voegt ze er in gedachten aan toe. Maar daar kan Sara niets mee, dus het heeft geen enkel nut om dat hardop te zeggen.

14

Anna kon vanmorgen moeilijk wakker worden. Dat komt wel vaker voor op maandagmorgen. Het weekend is dan op de een of andere manier toch spannend voor haar geweest, denkt Thea. De laatste tijd zit ze vaak na te denken over de mogelijkheid om Anna in een gezinsvervangend tehuis te laten wonen. Ze heeft het er ook al verschillende keren met Simon en Pieter over gehad. Thea vraagt zich af of het verstandig is om Anna thuis te houden. Haar zusje veroorzaakt weinig last, daar gaat het niet om. Alles gaat goed met haar, zolang het leven maar volgens het bekende schema verloopt. Ze zeurt niet en ze is voor iemand met een psychische handicap behoorlijk zelfstandig. Ze heeft altijd goede zin. Maar zou ze niet veel beter tussen mensen kunnen wonen van haar eigen niveau? Nu is ze altijd degene die minder is dan de anderen, degene die als enige hulp nodig heeft. Thea piekert daarover. En als ze eerlijk is, heeft dat gepieker ook met haar eigenbelang te maken.

'Vader heeft natuurlijk niet het eeuwige leven,' heeft ze twee weken geleden nog tegen Simon gezegd. 'Als vader eenmaal niet meer in huis is, wil ik misschien wel heel iets anders met mijn leven gaan doen.'

Simon reageerde verrast. 'Heb je snode plannen?' wilde hij weten. 'Laat me eens raden. Kan het met een baby te maken hebben?' Tot nu toe heeft Thea nog niets verteld over de zwangerschap waaraan een einde kwam door het schot in haar schouder. Ze wil het wel aan Simon vertellen maar ze weet niet hoe ze erover moet beginnen. Misschien had ze zijn vraag over een baby wel moeten beschouwen als een uitnodiging. Toen ze in het ziekenhuis lag, heeft ze hem beloofd om er op een later tijdstip iets over te zeggen. Maar ze weet niet goed hoe ze het verhaal moet inkleden. Ze schaamt zich eigenlijk voor haar eigen aandeel en ze zou de hele kwestie het liefst zo snel mogelijk willen vergeten. Simon is heel ruimdenkend, die zal niet snel op een veroordelende manier reageren. Maar Simon is ook iemand die openheid en eerlijkheid hoog in het vaandel heeft staan. Thea kan niet goed inschatten hoe hij over haar avontuur met Stan zal denken. Ze heeft er zelf een wrange nasmaak aan overgehouden. De manier waarop ze te werk is gegaan verdient in haar eigen ogen zeker geen schoonheidsprijs. Diep in haar hart vindt ze het schot in haar schouder haar verdiende loon, hoewel ze er ook erg van geschrokken is. Zoveel agressie had ze beslist niet verwacht. Ze heeft zich beslist op deze man verkeken. Toen ze uit het ziekenhuis ontslagen werd, heeft ze Stan gebeld vanuit een openbare telefooncel. Ze wilde niet het risico lopen dat ze zou worden afgeluisterd en daar hield ze rekening mee, omdat ze had geweigerd de naam van de dader te noemen. Stan reageerde heel verrast toen ze belde. Ze heeft het gesprek kort gehouden en gezegd dat ze geen aangifte had gedaan en ook niet meer zwanger was. Voordat hij iets kon terugzeggen heeft ze opgehangen. Het luchtte op dat ze Stan had gebeld en dat hij wist dat er geen kind kwam. Maar toch heeft ze een onbevredigd gevoel aan de affaire overgehouden. Ze heeft het verhaal in grote lijnen al aan Linda de Waard, de rechercheur, verteld om uit te leggen waarom ze geen aangifte wilde doen en waarom ze de naam van de dader niet wilde noemen. Maar verder wil ze er maar liever niet meer over praten. In ieder geval heeft ze zich voorgenomen om een eventuele mogelijkheid om zwanger te worden niet uit de weg te gaan maar er toch ook niet meer zo nadrukkelijk mee bezig te zijn. De vrijpartij met Leon was niet gepland maar wel leuk. Toen ze zondagmorgen wakker werd, was hij vertrokken. Misschien heeft hij toch spijt gekregen, heeft ze gedacht. Het maakt niet uit. Evenmin maakt het iets uit of dit gevolgen heeft. Ik zie wel, besliste ze, ik wacht het wel af.

Als Anna door het busje is opgehaald, begint Thea de bedden af te halen. Op maandagmorgen verschoont ze altijd de bedden, op maandagavond laat ze na acht uur drie keer de wasmachine draaien. Johan wil dat ze altijd na acht uur 's avonds of in het weekend wast, dan hebben ze goedkope stroom. Hij vraagt regelmatig of ze daar wel aan denkt. Soms neemt ze zich voor om een paar maanden overdag te gaan wassen en dan te kijken of hij het in de gaten krijgt. Maar dat doet ze niet. Ze zorgt ervoor dat ze Johan niet te veel ergert en dat ze hem geen reden geeft om zich tegen haar te keren. Ze gaat natuurlijk niet haar eigen glazen ingooien. Ze zal zich gedeisd houden tot de dag dat hij haar vertelt wat ze weten wil. Johan heeft haar beloofd om het te vertellen als vader dood is, samen met Esther. Tot die dag zal Thea hun niets in de weg leggen. Tot die dag zal ze binnen hun gezichtsveld lange rokken blijven dragen en haar haren niet kort knippen. Maar zodra ze weet wat ze weten wil, gaat alles anders worden. Dan gaat ze haar eigen leven leiden en trekt ze zich niets meer aan van de meningen of oordelen van Johan en Esther.

Beneden gaat de telefoon, hoort Thea. Ze rent de trap af en noemt hijgend haar naam.

'Met Sara. Weet jij waar Esther is?'

'Hoe moet ík dat weten? Is die niet op school?'

Thea hoort Sara geërgerd zuchten. 'Dan zou ik het toch niet vragen? Het hoofd van de school heeft net gebeld. Esther is van-

103

morgen niet komen opdagen en ze neemt thuis de telefoon niet op. Er is al iemand langs haar huis geweest. Haar auto staat voor de deur, maar ze doet niet open.'

Thea voelt een koude rilling langs haar rug lopen. Ze krijgt een angstig voorgevoel, ze rilt ervan. 'Misschien heeft ze gewoon griep en slaapt ze nog,' lukt het haar om kalm te zeggen. Het lijkt haar niet verstandig om paniek te zaaien, zeker niet tegenover Sara. 'Jullie hebben toch een sleutel van Esthers huis? Kun je er niet even langsgaan?' Het blijft een ogenblik stil aan de andere kant van de lijn.

'Johan zit de hele ochtend in overleg met de ondernemingsraad van de bank,' antwoordt Sara. 'Die kan ik niet zomaar storen. En ik durf niet alleen te gaan. Kun jij niet komen?' Thea zou het liefst zeggen dat dit helaas niet zal lukken, maar Sara weet ook dat op maandagmorgen altijd twee ouderlingen bij vader komen voorlezen uit de Bijbel. Ze kunnen elk moment arriveren, dus Thea kan gemakkelijk een paar uur weg. Ze zucht diep. 'Ik kom zodra de ouderlingen er zijn,' belooft ze. 'Maar ik kan niet lang blijven.'

Sara staat al bij de voordeur op Thea te wachten. 'Ik heb nog geprobeerd om Johan te bellen,' zegt ze en Thea hoort aan haar stem dat ze opgewonden is. 'Maar hij zat nog in vergadering, denk ik. Ik heb een bericht ingesproken.' Als ze de straat uit rijden begint Sara opnieuw te kwetteren. 'Ze is nooit ziek, dat zei het hoofd van de school ook al. En ze is ook nog nooit zonder reden niet op school gekomen. Er zal toch niets ernstigs aan de hand zijn?' Sara slaat bij voorbaat al een hand voor haar mond.

'Welnee,' meent Thea. 'Die heeft gewoon griep en iemand op school is vergeten door te geven dat Esther heeft opgebeld. Geen paniek.'

'Ik hoop dat je gelijk hebt,' zegt Sara, nu wat rustiger.

Als ze de straat in rijden waar Esther woont, zien ze inderdaad haar auto op de parkeerplaats voor de flat staan. Ze kijken allebei tegelijk naar de bovenste verdieping van de flat, waar Esther helemaal links op de hoek woont. 'Het rolgordijn van de slaapkamer zit dicht,' stelt Sara vast. Ze opent de voordeur en drukt op de liftknop. Thea voelt dat haar knieën trillen.

'We bellen eerst aan, hoor,' zegt ze tegen Sara als ze de bovenste etage hebben bereikt. 'We kunnen niet zomaar komen binnenvallen. We bellen haar eerst wakker.' Ze hoort zichzelf praten. Haar hart klopt in haar keel. Ze drukt op de voordeurbel. De bel geeft een scherp geluid. Het is doodstil in de flat. Thea drukt opnieuw op de bel. Er gebeurt niets. 'Laten we maar naar binnen gaan,' stelt Sara voor. Haar stem klinkt opeens veel rustiger. Thea knikt. Sara opent de voordeur en doet een stap opzij. Thea aarzelt maar stapt daarna toch maar naar binnen. Er valt een verstikkende stilte boven op haar. 'Esther?' roept ze. 'Esther, ben je thuis? Ik ben het, Thea. Ik heb Sara bij me. We komen binnen. Esther, waar ben je?' Ze hoort haar eigen stem overslaan. Thea ademt diep. Ze loopt op de deur van de huiskamer af en opent hem. Er is niemand in de kamer. Ze kijkt Sara vragend aan. Die staat stokstijf bij de voordeur en lijkt niet van plan om verder een voet te verzetten. Thea loopt naar de deur van de slaapkamer en opent hem. Er ligt iemand in bed, ziet ze meteen. En ze ziet ook in één oogopslag dat de persoon in het bed onwaarschijnlijk stil ligt. 'Blijf hier maar staan,' zegt ze tegen Sara. 'Volgens mij ziet het er niet goed uit.'

'O God,' snikt Sara. 'O Here God, genade.'

Thea loopt om het bed heen. Esther ligt op haar zij. Haar ogen staan half open en staren naar een punt waar niets meer te zien is. Haar gezicht is intens wit. Ze ademt niet. Thea staat een volle minuut met ingehouden adem naar haar zus te staren. Haar hart rolt door haar hele borstkas en slaat zó dreunend explosief, dat het pijn doet. Esther is dood, stelt Thea vast. Er is geen twijfel mogelijk. Ze heeft al vaak genoeg dode mensen gezien om te kunnen vaststellen dat hier niets meer aan te doen is. Hartinfarct, stelt ze vast. Of toch niet? Opeens valt haar blik op de zijkant van Esthers hoofd. Daar zit een enorme blauwe plek. Ze slaat haar hand voor haar mond van schrik. 'Wat is er aan de hand?' hoort ze Sara in de deuropening vragen. 'Zeg eens wat. Is ze ziek? Ze is zeker bewusteloos?' 'Bel direct 112,' schreeuwt Thea opeens. Wat sta ik hier nu te doen, vraagt ze zich af. Er moet direct hulp komen. Ze wil de dood zo snel mogelijk verjagen, hem geen kans geven om definitief plaats te nemen. Ze wordt duizelig en haalt een paar keer diep adem. 'Schiet op! Zeg dat het een noodgeval is,' gilt ze tegen Sara, die onbeweeglijk en met grote angstogen in de deuropening staat. Ze hoort haar eigen stem opnieuw overslaan.

Thea blijft onbeweeglijk naast Esthers bed staan, terwijl Sara in de woonkamer telefoneert. Thea hoort haar zeggen dat haar schoonzus direct hulp nodig heeft en ze noemt Esthers adres. 'Dat weet ik niet precies, iets met haar hart, geloof ik,' roept ze. 'Is het haar hart?' schreeuwt ze naar Thea. Thea knikt en beseft tegelijk dat Sara geen antwoord van haar krijgt. Ze doet een stap achteruit en draait zich om, om in de richting van de woonkamer te lopen. 'Ik bel Johan ook nog een keer,' hoort ze Sara zeggen. Op dat moment ziet Thea op de stoel naast Esthers kledingkast een handdoek liggen, waar iets onder uitsteekt. Ze tilt de handdoek op en vindt een gebonden schrift. De kaft is gemaakt van een glanzende stof, die een beetje Chinees aandoet. Ze pakt het schrift en slaat het open. De bladzijden zijn dicht beschreven, Thea herkent direct het handschrift van Esther. Esther kon als kind al heel mooi schrijven, herinnert Thea zich. Ze bladert door de bladzijden heen en ziet dat er aan het begin van de geschreven stukken steeds datums zijn vermeld. Het laatste stuk tekst is gedateerd op afgelopen vrijdag: 17 oktober. Thea realiseert zich dat ze Esthers dagboek in haar handen houdt en ze schuift het snel onder de handdoek terug, zodat het niet meer te zien is. Op dat moment verschijnt Sara weer in de deuropening.

'De ambulance komt eraan,' zegt ze zacht. Ze kijkt Thea vragend aan. Thea schudt haar hoofd. 'Ik denk dat het niet meer zal helpen,' beantwoordt ze de vraag die niet gesteld is. 'Is ze...?' Sara's adem stokt. 'O mijn God, het is toch niet wáár?' Ze slaat haar hand voor haar mond. Ze wankelt. Thea doet snel een stap naar voren en vangt haar op. 'Kom,' zegt ze en ze probeert haar stem overeind te houden, 'we gaan naar de kamer.' Op dat moment horen ze de geluiden van de ambulance de flat naderen. 'Doe de deuren maar open,' zegt Thea. 'Ik blijf wel bij Esther.'

Sara loopt als een slaapwandelaar naar de voordeur en drukt op de knop die de buitendeur ontgrendelt. Thea gaat terug naar de slaapkamer. Zonder gedachten pakt ze het dagboek van Esther onder de handdoek vandaan en stopt het in haar tas.

Vrijwel tegelijk met de ambulance arriveert de politie. Twee agenten rennen achter de broeders in hun groen-gele pakken aan en lopen rechtdoor naar het bed waar Esther ligt. Thea staat voor de stoel naast de kledingkast en volgt alles wat de mannen doen. De verpleegkundige slaat een deel van het dekbed terug. Esther is naakt, ziet Thea. Ze wendt haar blik af. Het voelt indiscreet om haar zusje nu te bekijken.

'Reanimeren?' hoort Thea een van de politieagenten vragen.

'Welnee,' antwoordt de verpleegkundige. Hij komt overeind en kijkt Thea aan. 'Hebt u haar gevonden?'

Thea knikt. 'Ze is mijn zusje,' zegt ze. 'Ze was vanmorgen niet op haar werk verschenen; ze is onderwijsassistent op de basisschool, hier drie straten verder. Het hoofd van de school heeft mijn schoonzusje gebeld en die belde mij weer. Ze durfde niet alleen te gaan kijken.'

Een van de politieagenten neemt haar bij de arm. 'Laten we

maar in de woonkamer gaan zitten,' zegt hij. 'Mijn collega belt de recherche. Ik ben bang dat het geen natuurlijke dood is.'

'Geen natuurlijke dood?' vraagt Sara, die opeens in de deuropening van de slaapkamer verschijnt. 'Wat bedoelt u daarmee? Thea, wat bedoelt hij daarmee?' Thea wil iets zeggen maar ze krijgt geen woord over haar lippen. Ze slaat haar handen voor haar gezicht en begint te huilen.

'Kom maar,' dringt de agent aan, 'kom maar met me mee. U ook,' zegt hij tegen Sara. 'We praten verder in de woonkamer.'

Het huis is opeens vol mensen. Er is nog meer politie binnengekomen, iedereen heeft zich netjes aan Thea en Sara voorgesteld. Maar Thea kan zich geen enkele naam die ze net heeft gehoord herinneren. Ze kan het intens witte, verstrakte dode gezicht van Esther niet van haar netvlies krijgen. En in haar gedachten ziet ze ook steeds opnieuw de blauwe plek op Esthers hoofd.

Er zijn nog weer andere mensen binnengekomen, meent Thea. Sara vraagt zich hardop af waar Johan toch blijft, hij zou direct komen, heeft hij gezegd. Er buigt zich iemand over Thea heen. 'Dag Thea,' zegt een vriendelijke stem. Thea kijkt op. Het is Linda de Waard, ziet ze.

'Hé, hallo,' antwoordt Thea verwonderd. 'Wat kom jij hier doen?'

'Werken,' glimlacht Linda maar ze kijkt direct weer ernstig. 'Je begrijpt dat dit werk voor de recherche is, denk ik?'

Thea knikt langzaam. 'Ze is vermoord, volgens mij,' zegt ze zo zacht mogelijk, om te voorkomen dat Sara haar hoort. Ze wil Sara niet de stuipen op het lijf jagen.

'We kunnen de doodsoorzaak pas met zekerheid vaststellen als er sectie wordt gedaan,' fluistert Linda terug. Ze heeft klaarblijkelijk begrepen dat er niet hardop gepraat kan worden.

Op dat moment vliegt Sara overeind. 'Daar is Johan,' roept ze. Thea kijkt op en ziet Johan rechtstreeks in de richting van de slaapkamer lopen. Maar hij wordt tegengehouden door een agent. De agent brengt hem in de woonkamer.

Lijkbleek staat Johan naar Sara en Thea te staren. 'Wat is hier gebeurd?' wil hij weten. Zijn stem klinkt boos. Hij richt zich tot Linda de Waard.

'Uw vrouw en uw zus hebben uw andere zus dood aangetroffen,' zegt Linda. 'Uw zus is vermoedelijk geen natuurlijke dood gestorven.' Johan grijpt zich vast aan een stoel. 'Ga eerst even zitten,' raadt Linda hem aan.

Thea ziet zweetdruppeltjes op het voorhoofd van Johan verschijnen. Hij ademt zwaar. 'Moet je een suikerklontje?' vraagt ze. 'Hij heeft diabetes,' verklaart ze aan Linda. 'Het lijkt of hij een hypo krijgt. Moet je een suikerklontje?' herhaalt ze haar vraag aan Johan. Hij knikt. Sara loopt snel de kamer uit en komt even later terug met een glas sinas. Johan is door Linda in een stoel geduwd.

'Drink maar snel op,' zegt Sara lief tegen Johan. 'Ik heb er twee scheppen suiker door gedaan.' Johan drinkt het glas in één teug leeg. Hij staart voor zich uit.

'Het gaat alweer,' zegt hij schor. 'Sorry.'

Vijfde brief aan mijn vader

Er is iets verschrikkelijks gebeurd. Uw oudste dochter is vermoord. Iemand heeft haar met enorme kracht een klap tegen haar slaap gegeven. Wij zijn allemaal in de war en u hebt helemaal niets in de gaten. Johan is het u komen vertellen maar het scheen niet tot u door te dringen dat er iets ernstigs aan de hand was. U bleef Johan alleen maar aanstaren, met uw mond een beetje open. U zag eruit als een regelrechte mongool. Deze beker gaat netjes aan u voorbij. Dat is het handige van dement zijn. Je begrijpt niet meer wat er gebeurt, dus slecht nieuws kan je niet meer raken. Maar ook al zou u het nog kunnen begrijpen, dan had u zich waarschijnlijk tóch voor de werkelijkheid afgesloten. Want deze werkelijkheid gaat alle verbeeldingskracht te boven en zou u zeker niet van pas gekomen zijn.

Uw oudste dochter Esther, de dochter die u altijd als voorbeeld stelde, die voorbeeldige dochter, het boegbeeld van gehoorzaamheid en fatsoen, lag naakt in bed en zat aan alle kanten van haar lichaam vol sperma van een getrouwde man. Het is niet te geloven maar het blijkt toch een onomstotelijke waarheid te zijn: Esther had een relatie met een van haar collega's en iedereen op de school waar ze werkte had het in de gaten. Maar niemand sprak er openlijk over, stel je voor! Geen van de meesters of de juffen van die school zal het in zijn of haar hoofd halen om over *zulk soort zaken uitleg te vragen. Ze zullen nog liever het puntje van hun tong afbijten dan ook maar íéts in de richting van overspel te benoemen, laat staan een vermoeden uit te spreken tegenover degene die ze ervan verdenken. Maar toen Esther vermoord in haar eigen bed gevonden werd en het overduidelijk was dat ze kort voor haar dood zeer intensief seksueel contact had gehad, brandden opeens de verklaringen los. De overspelige collega werd direct van huis gehaald, hij was nota bene zijn twaalfeneenhalfjarig huwelijksfeest aan het vieren. Met zijn vrouw en kinderen, zijn ouders, zijn schoonouders en alle broers en zussen plus aanhang, gezellig in een zaaltje van een niet al te duur restaurant. Een warm en koud buffet, rustige pianomuziek op de achtergrond, een snedig speechje van een goed van de tongriem gesneden zwager die waarschijnlijk iets vermoedt maar niets zeker weet en samen bidden voor het eten. Ziet u het voor u? Ik wel. En dan komt opeens de chef van het restaurant met een verschrikt gezicht melden dat de politie de koperen bruidegom wil spreken. Het blijft niet bij spreken, de man wordt opgepakt. Einde feest. Grote opschudding. Ongelovige reacties. De koperen bruid volledig in paniek. De man die als minnaar van onze zus is aangewezen schijnt al in de politieauto bekend te hebben dat hij een verhouding had met Esther. Maar tot nu toe ontkent hij iedere mogelijke betrokkenheid bij haar dood. Vanuit de kerk is een advocaat aan hem toegewezen. Ik heb gehoord dat men ervan overtuigd is dat de minnaar het slachtoffer was van Esther, in plaats van omgekeerd. Hij heeft haar niet alleen niet gedood, hij is door haar gedwongen tot zijn overspelige gedrag. De stakker. Een onschuldige man die verstrikt is geraakt in de netten van een behoeftige vrouw. Een lokkende vrouw, een soort sluwe vos die hem heeft verleid en die allerlei trucs heeft gebruikt om hem te vangen. Het vlees is zwak, dat is het 'm. Waar blijf je als man als een vrouw het op je heeft gemunt?*

Onze zus is dood, die kan zich niet meer verdedigen. Ze zal voor altijd in de kerkgemeenschap te boek blijven staan als een zondige vrouw. Een vrouw die de man van een ander stal. Haar naam zal niet meer genoemd worden, want haar naam is besmet geraakt. Niemand zal het hardop zeggen maar diep in hun hart vinden al die gelovige kwezels het haar verdiende loon dat ze is vermoord. Ze heeft die arme kerel die haar met zijn overspelige piemel besteeg tot het uiterste gedreven. Daardoor heeft ze niet alleen zijn leven maar ook dat van zijn vrouw en kinderen verwoest.

Ik weet zeker dat de dominee in de zondagsdienst een donderpreek van ongeveer deze strekking heeft gehouden. En ik kan de uitgestreken smoel-werken voor me zien van alle kerkgangers, de lichte buigingen van de hoofden van de ouderlingen en het instemmende tuiten van de lippen van hun echtgenotes. Ja, de moordenaar is slachtoffer en de vermoorde is dader. Dat komt namelijk het beste uit in dit geval. Als er niet zo'n smeuïg element aan deze moordzaak had gezeten, zou de dominee heel andere teksten uit de kast hebben getrokken. Dan weet ik zeker dat hij Exodus 21 vers 12 zou hebben geciteerd: 'Wie iemand slaat dat hij sterft, die zal zekerlijk gedood worden.' Ik ken er nog een die ik wel van toepassing vind, Genesis 9, vers 6: 'Wie des mensen bloed vergiet, zijn bloed zal door den mens vergoten worden.' Dat komt meer in de richting van gerechtigheid, zou ik willen zeggen. Maar ik reken nergens op. Deze fout zal de man niet als een onoverkomelijk feit worden aangere-kend. De mens is immers van nature zondig? Dan doe je wel eens iets wat je beter niet had kunnen doen. Zoals je minnares een doodklap ver-kopen als de grond je te heet wordt onder je voeten, bijvoorbeeld. Hij zal wel veroordeeld worden tot een jaar of acht. Tenslotte heeft hij nog nooit eerder iemand omgebracht en het ligt niet in zijn aard om het nog eens te doen. Na aftrek voor goed gedrag komt hij over zes jaar weer vrij. Tegen die tijd is iedereen vergeten dat hij buiten de pot pieste en wordt hij als een verloren zoon binnengehaald. Maar mijn zus is dood. Ook al was ze niet mijn beste vriendin, ze was ook niet mijn ergste vijand. Ik blijk me behoorlijk op haar verkeken te hebben. Simon ook, daar heb-ben we het uitgebreid samen over gehad. Wat een ontdekking is dit! De deugdzame Esther die wij verdachten van een bloedsaai en seksloos leven blijkt een wilde tijger te zijn geweest. Een gepassioneerde vrouw met een actief liefdesleven. Iemand die meer op ons leek dan we ooit hadden kun-nen vermoeden. Bij lange na niet de dochter die u meende te hebben. Ab-soluut niet de zuster waar Johan zo prat op meende te kunnen gaan.

Johan heeft al vanaf het moment dat hij hoorde van de moord op Esther en onder welke omstandigheden die moord was gepleegd, een harde trek om zijn mond. Een laatdunkende trek, het toppunt van afwijzing. Ik heb hem tot nu toe niet kunnen betrappen op ook maar enig blijk van verdriet. Dat vind ik onvoorstelbaar, weet u dat? Ook al ken ik alle dogma's die u bij wijze van spreken in onze hoofden heeft getimmerd en kan ik me de reacties van de geloofsgenoten levendig voor de geest halen zonder ook maar één van hen persoonlijk gesproken te hebben, toch begrijp ik niet dat een broer niet rouwt als zijn zusje wordt vermoord. Simon en ik zijn er kapot van. Sara ook, al houdt ze haar gezicht angstvallig in de plooi. Maar Johan is afgemeten, stug, afwerend en veroordelend. Benepen veroordelend, zoals gewoonlijk. En tussen ons verdriet zit u de hele dag halfslachtige Bijbelteksten uit te kramen en drie geestelijke liederen door elkaar te zingen. U weet onderhand nauwelijks van voren nog dat u van achteren leeft. Ik kan er niets aan doen dat ik het denk maar waarom was het nu eigenlijk de tijd van Esther en niet die van u? Dat vraag ik me de hele dag af. Esther deed in ieder geval nog iets waar ze van genoot. U zit alleen maar te simpen. Esther dwaalde tenminste nog af van de leer. U blijft zich maar richten op de kerk en op de Bijbel. U bent erin geslaagd om te zondigen zonder ook maar één keer veroordeeld te worden. Leg dat eens uit, vaderlief. Leg eens uit hoe het lukte om uw hele leven de dans der verantwoordelijkheid te ontspringen. Vertel eens hoe het voelde om onbekommerd vrijuit te gaan.

Toch ben ik ervan overtuigd dat iedere wandaad die je begaat een prijs heeft. Alle kwaad straft zichzelf, leerde moeder ons vroeger. U krijgt uw straf nog wel. Is het niet in uw huidige leven, dan wel in het volgende. Of in de eeuwigheid, die u altijd gevreesd hebt. Met recht, zou ik willen zeggen.

In de schaarse heldere momenten die u nog hebt, zie ik de angst in uw ogen. Ik zie u naar hoeken van de kamer loeren waar u de duivel en zijn bondgenoten vermoedt. Ik hoor uw piepende ademhaling, de ademhaling van te weinig lucht voor te veel inhaleren. U hebt alle reden om bang te zijn. U hebt het verdiend om de laatste jaren van uw leven in een hoek te moeten kruipen van angst.

Ik wil het zien.

Ik wil ervan genieten.

Ik wil het stompzinnige medelijden dat ik voel als ik u met over-slaande stem hoor brabbelen tegen iets wat u schijnt te belagen, niet voe-len. Ik wil hard zijn. Genadeloos. Er nog een schepje bovenop doen.

Ik wil dat u stikt in uw eigen angst.

De klap die Esther fataal werd, had op úw hoofd terecht moeten komen.

Hoe zit het: gaat u ook nog eens dood of hebt u tóch een beetje hulp nodig?

15

Het lichaam van Esther is pas drie dagen nadat ze werd gevonden vrijgegeven. Haar huis was ook tot die tijd verzegeld, de recherche deed uitgebreid sporenonderzoek. Het is vrijwel zeker dat Esther in haar eigen bed is vermoord. Er zijn geen sporen gevonden die erop wijzen dat ze zich heeft verzet, de moordenaar moet op een onverwacht moment hebben toegeslagen. Toen ze werd gevonden was ze minstens zesendertig uur dood. Ze is waarschijnlijk op zaterdagavond tussen negen en elf uur overleden.

Linda de Waard heeft het allemaal uitgebreid aan Thea, Simon, Johan en Sara verteld. De minnaar van Esther, die Samuel Galensloot blijkt te heten, zit nog steeds vast. Hij blijft ontkennen dat hij een moord heeft gepleegd.

De moordenaar was iemand die een sleutel van Esthers flat had of door Esther zelf is binnengelaten, want er is geen enkel spoor van inbraak. Johan en Sara hebben een sleutel van Esthers huis. Maar die zaten de hele zaterdagavond bij vader op te passen. Ze hadden Esther al een week niet gezien. Johan heeft het te druk met zijn werk en Sara heeft vrijwel nooit contact met Esther zonder dat Johan erbij is. Sara vindt het een belachelijk idee dat iemand ook maar zou kunnen vermóéden dat Johan en zij iets met de moord te maken hebben. Ze vond het verhoor dat Johan en zij moesten ondergaan ongepast.

Johan reageerde nuchter en koel. 'We hebben een sleutel van de flat,' merkte hij op toen Thea aan hem vroeg hoe hij tegenover het verhoor stond. 'Het is toch logisch dat ze eerst iedereen ondervragen die zonder toestemming kon binnenkomen? Sara maakt zich er veel te druk om. Het was een routineverhoor, ik had niet de indruk dat ze ons wérkelijk ergens van verdachten.'

Linda de Waard heeft tegen Thea gezegd dat ze haar en Simon graag na de begrafenis wil spreken. Het heeft geen haast, ze kunnen rustig eerst alle zaken afhandelen. Johan heeft direct nadat de moord bekend werd laten weten dat hij het op prijs zou stellen als Thea en Simon alles regelen. Nu zitten ze samen in hun ouderlijk huis om alle zaken te bespreken. Johan heeft als eerste het woord genomen en hij vertelt dat de omstandigheden waaronder Esther werd vermoord nogal wat stof hebben doen opwaaien in de kerkgemeenschap. Het lijkt hem verstandig als hij zich verder zo veel mogelijk van de afwikkeling van de zaak distantieert.

Simon reageert direct. 'Je gaat me toch niet vertellen dat het bewijzen van de laatste eer aan je zusje minder belangrijk is dan wat anderen over haar dood te zeggen hebben? Wat zijn dat nu weer voor hypocriete streken?'

Johan verblikt of verbloost niet door de aanval van Simon. 'Het is mogelijk dat jij het normaal vindt dat je zuster een relatie onderhield met een getrouwde man, maar binnen onze gemeenschap wordt daar anders over gedacht. Het is verschrikkelijk dat ze dood is, daar is iedereen van overtuigd. Maar men kan niet om het feit heen dat Esther zich in een zeer ongeoorloofde situatie had gemanoeuvreerd.'

'Wat wil je daarmee zeggen?' wil Simon weten. Zijn stem klinkt lager dan normaal. Johan trekt als antwoord zijn wenkbrauwen op.

'Nóú? Wat bedoel je precies? Bedoel je soms: eigen schuld, dikke bult?'

'Dat zijn jouw woorden,' antwoordt Johan minzaam. Het klinkt alsof een wijze oude heer iets tegen een opgeschoten puber zegt. Simon hoort die toon en wordt nóg kwader. 'Weet je dat ik op dagen als deze, van teksten zoals jij die uitkraamt, door die weergaloze irritante arrogante trek op jouw smoel, de God die volgens mij niet bestaat op allebei mijn blote knieën dank dat ik het geloof heb afgezworen? Ik zou me schamen, ik zou mijn ogen uit mijn kop schamen, als ik bij jullie soort zou willen horen.'

'Je wordt zoals gewoonlijk weer grof in de mond als je een zaak niet weet te winnen,' constateert Johan ijzig.

'Doen we dan een wedstrijd?' informeert Simon. 'Wat spelen we precies? Wie gaat op een fatsoenlijke manier zijn vermoorde zusje begraven? Daar gaat dit gesprek volgens mij over. Het zal mij een eer zijn dat te mogen doen, laat dat duidelijk zijn. En jij zou mij een groot plezier doen als je je er vooral helemaal niet mee bemoeit. Voor mij hoef je niet eens op de begrafenis te komen!'

Thea grijpt in. 'Stop! Jullie allebei, schaam je! Esther staat nota bene nog boven de aarde. We gaan dit samen regelen en als Johan er niet actief aan wil meewerken, doet hij dat maar niet. Maar ik hoop dat je je wél realiseert dat dit de enige mogelijkheid is om afscheid van Esther te nemen,' zegt ze tegen Johan. 'Een tweede kans komt er niet. Gelukkig hoeven we haar maar één keer te begraven.'

Johan zwijgt en Simon haalt onwillig zijn schouders op.

'Dan regelen Simon en ik de zaak,' stelt Thea vast. 'Eerst iets praktisch. Ik heb geen sleutel van de flat.'

'Je krijgt onze sleutel,' antwoordt Johan. 'Ik heb hem bij me.'

'Is het bekend of Esther een uitvaartverzekering had?' vraagt Thea aan Johan.

Die beweegt snel en stug zijn hoofd. 'Alle papieren liggen in de bovenste lade van het dressoir. Ze had haar zaakjes altijd keurig op orde. Jullie kunnen de hele inboedel opruimen, wij hoeven er niets van te hebben.'

'Maar Johan,' protesteert Sara, 'dat méén je toch niet? We kunnen toch wel wat persoonlijke spullen van Esther meenemen? Als aandenken?'

'Niets,' zegt Johan beslist. 'We nemen niets mee.'

Thea zit hem met open mond aan te staren. 'Denk daar eerst nog maar een tijdje over na,' adviseert ze hem. 'We ruimen echt niet alles in één week op, hè Simon?'

Maar Simon antwoordt niet. Hij zit met zijn hoofd in zijn handen voorover gebogen en schudt onophoudelijk 'nee'. Opeens staat hij op en loopt de deur uit.

'Moet je niet even achter hem aan?' vraagt Sara aan Thea.

'Laat hem maar, hij komt straks wel weer terug,' meent Thea.

Maar Simon komt pas terug als Johan en Sara naar huis zijn. 'Ik heb in mijn auto zitten wachten tot ze vertrokken,' zegt hij stug. 'Dat leek me beter. Ik had zin hem op zijn bek te timmeren.'

Thea aait hem over zijn gezicht. 'Dat dacht ik al. We hebben afgesproken dat Sara de komende dagen op vader komt passen, zodat wij naar Esthers flat kunnen. Je gaat toch wel mee?'

'Ja hoor. Ik heb de komende twee weken alle optredens af laten zeggen. Mijn hoofd staat totaal niet naar muziek maken. Misschien kan Pieter ook nog komen.'

Ze zwijgen allebei. Dan staat Simon op en omarmt hij zijn zusje. 'Ik heb zo'n vreselijk voorgevoel,' zegt hij. 'Ik heb het gevoel dat er nog veel meer gaat gebeuren.'

Thea schrikt. 'Hoe kom je daar zo bij?'

Simon haalt zijn schouders op. 'Ik weet het niet precies. Maar er klopt volgens mij iets niet. Die man die nu vastzit: kun jij je voorstellen dat je je geliefde direct nadat je twee uur hebt liggen vrijen doodslaat? Dat klópt niet. Het was niet de eerste keer dat hij bij haar was. Ze hadden volgens mij een echte relatie. Weet je, achteraf gezien ben ik eigenlijk helemaal niet zo verbaasd over die affaire tussen Esther en haar minnaar. Esther léék dan misschien wel erg volgzaam, maar ik had altijd het gevoel dat ze veel losser dácht dan ze dééd. Ze kon soms opeens van die opmerkingen maken over mannen... een beetje ondeugend. Heb jij dat nooit gemerkt?'

'Nee,' zegt Thea een beetje verwonderd. 'Nooit iets van gemerkt. Ik dacht eerlijk gezegd dat ze niet van mannen hield. Ik heb wel eens gedacht dat ze op vrouwen viel.'

'Dat had ik vader van harte gegund: twéé homo's in de familie. Maar het maakt allemaal niet meer uit,' zucht Simon.

'Maar waar denk je nu precies aan?' wil Thea weten. 'Denk je dat die minnaar onschuldig is? Wie zou het dán gedaan hebben?'

'Het zou mij niet verbazen als iemand van die kerk voor eigen rechter is gaan spelen,' meent Simon. 'Maar wat doet het ertoe? Zelfs al zou blijken dat de dominee het zélf gedaan heeft, ze wordt er niet meer levend van.'

'Ik wil op dit moment zo weinig mogelijk bezig zijn met de kerk en al het volk dat erbij hoort,' zegt Thea.

'En ik kan bijna aan niets anders denken,' valt Simon haar in de rede. 'Vooral als ik dat uitgestreken smoelwerk van mijn broer bekijk, krijg ik fantasieën over bloed vergieten en het zwaard heffen. Je hoort het: ik blijf toch trouw aan de Bijbel. Nog even en ik ben net zo'n junk als dat hele stel gelovigen.'

'Júnk?'

'Ze zijn gewoon verslaafd aan hun God. Bij alles wat ze meemaken, halen ze hun bovennatuurlijke vriendje tevoorschijn. Heb je vorige week op het journaal die dominee gezien? Hij moest zo nodig wat zeggen naar aanleiding van dat drama van die drie kinderen die zijn verbrand. Dat was een onderdeel van Gods plan, volgens hem. God heeft overal een reden voor, je kent dat soort teksten wel. En wij, armzalige mensenkinderen, hebben het allemaal maar gewoon te accepteren. Hij zocht God extra op in het gebed, voegde hij er doodleuk aan toe. Dat vind ik junkengedrag. Bij alles wat je meemaakt, haal je God tevoorschijn. Je zult die lui er nooit eens op betrappen dat ze op éígen kracht iets hebben verwerkt. God is hun dope, waar ze niet van af kunnen blijven. Bij ieder woord dat ze spreken hebben ze hem nodig.'

'Stil maar,' weert Thea een verder betoog af. Ze wordt beroerd van Simons heftigheid. 'Laten we het over Esther hebben.'

'Je hebt gelijk. Sorry voor mijn uitval. Maar ik moet het soms gewoon kwijt, om te voorkomen dat ik wérkelijk ergens met een mes op afga. Hoe doe jij dat? Jij zit er nota bene de hele dag met je neus bovenop. Jij krijgt die kwezels zelfs regelmatig op visite.'

Thea aarzelt of ze Simon iets zal vertellen over de brieven die ze schrijft. Maar ze zegt er niets over. Hij zal ze misschien willen lezen. Niemand moet ze lezen. Dan hebben ze voor haar geen nut meer. 'Ik blijf hier niet mijn hele leven,' antwoordt ze. 'En als ik hier eenmaal weg ben, sluit ik het af. Mijn jeugd, het verlies van mijn moeder, de dood van mijn zusje, de wrede samenleving hier. Ik sluit het af.'

'En...?'

'Ik sluit álles af,' zegt Thea snel. Ze wil niet dat Simon verder nog iets vraagt.

Hij begrijpt de hint. 'We gaan ervoor zorgen dat Esther netjes wordt weggebracht. En we laten de politie uitzoeken wie er verantwoordelijk is voor haar dood.'

16

Linda de Waard heeft de leiding van het onderzoek naar de moord op Esther van Dalen gekregen. Ze heeft twee vaste assistenten, Mark Gelauw en Dorien Klaassen. Mark is begonnen met het ondervragen van alle collega's van Esther en van de mensen die regelmatig contact met haar hadden vanuit de kerk en het vrijwilligerswerk. Dorien richt zich samen met Linda op de familierelaties. Ze hebben het rapport over de beschieting van Thea, enkele maanden geleden, opnieuw gelezen en doorgesproken. Maar ze kunnen geen enkele aanwijzing ontdekken over een mogelijk verband tussen beide zaken.

'Het is geen doorsneefamilie,' vertelt Linda aan Dorien. 'Er zijn twee kampen in het gezin. Het kamp van de gelovigen en het kamp van de ketters. Ze staan qua opvattingen lijnrecht tegenover elkaar.' Ze staart even voor zich uit.

'Zeg het eens?' nodigt Dorien uit.

'Ja, zeg het eens. Het is een vreemd stel, vind ik. De vader is dement en wordt verzorgd door een van de dochters, die daar niet bepaald gelukkig bij kijkt. Dat is de dochter die werd neergeschoten, Thea. Ze wilde geen aangifte doen, ze weet volgens mij wie haar heeft willen vermoorden. Onbegrijpelijke geschiedenis. En dan dat verhaal over die moeder.'

'Welke moeder?'

'Hún moeder, de vrouw van de demente vader. Die is jaren geleden met vader op vakantie gegaan en nooit meer thuisgekomen. Volgens de vader heeft ze het gezin verlaten en de twee oudste kinderen geloofden dat. Maar de twee jongeren hebben het in mijn bijzijn openlijk betwijfeld en zelfs gesuggereerd dat er wel eens iets verschrikkelijks met hun moeder kon zijn gebeurd. Maar niemand heeft iets ondernomen tot nu toe. Niemand heeft aan die vader vragen gesteld toen hij nog bij zijn positieven was. Niemand uit de omgeving klaarblijkelijk en ook niemand van de familie. Dat is toch niet vóór te stellen?'

'Wat denk jij er zelf van?' wil Dorien weten.

'Het klopt niet.'

'Neem je het mee in je onderzoek?'

'Later misschien. We gaan eerst uitzoeken of die minnaar werkelijk de moordenaar was. *First things first.*'

De sectie heeft uitgewezen dat Esther van Dalen is overleden op zaterdagavond tussen negen uur en elf uur. Ze heeft een dodelijke klap tegen haar slaap gehad, misschien met een hard voorwerp maar het kan ook met de hand zijn gebeurd. Er waren in de woning geen sporen van geweld. De moordenaar moet haar hebben overvallen in haar slaap of in ieder geval op een onverwacht moment. Als de minnaar niet de dader was, is er vrij snel na zijn vertrek iemand het huis binnengedrongen.

'Of hij heeft bij zijn vertrek iemand binnengelaten,' oppert Dorien.

'Daar zullen we achter moeten komen,' zucht Linda. 'Maar tot nu toe geeft de verdachte geen krimp. Hij blijft stenisch volhouden dat hij haar niet heeft vermoord. Hij ging om negen uur weg, beweert hij, en was om tien voor halftien thuis. Zijn vrouw bevestigt het, maar het wordt ook verklaard door de buurvrouw, die hem heeft zien thuiskomen. Het is precies twintig minuten met de auto van Esthers huis naar het huis van de verdachte.'

'Had die vrouw eigenlijk in de gaten dat haar man vreemdging?' wil Dorien weten.

'Als ik de conclusies die Mark tot nu toe heeft getrokken goed heb begrepen, had iedereen het in de gaten, behalve die vrouw.'

'En niemand is op het idee gekomen om haar in te lichten?'

'Blijkbaar niet. Het is een hechte gemeenschap, iedereen is heel gelovig en overspel is absoluut not done. Daar zwijg je dus over, je smiespelt er hoogstens over en dat gebeurde ook. Ik heb van Mark gehoord dat na de moord de beer los is en iedereen er opeens alles van weet en er natuurlijk ook schande over spreekt.'

'Die man ligt er dus voorgoed uit?'

Linda glimlacht. 'Zo werkt dat niet, Dorien. Voorlopig zit die man nog vast en hoeft niemand zich ten opzichte van hem een houding aan te meten. Momenteel is het neus optrekken en minachtend praten over de vrouw die de oorzaak is van deze ellende. Ik hoorde van Mark dat er niet bepaald respectvol over Esther van Dalen wordt gesproken. Ik ben benieuwd of er wel iemand naar haar begrafenis komt.'

17

Thea heeft de afgelopen nachten weinig geslapen. Er malen voortdurend allerlei gedachten door haar hoofd, die allemaal betrekking hebben op de moord op Esther. Ze is nadat Simon zijn twijfel uitsprak over de schuld van Samuel Galensloot aan het piekeren geslagen. Vanaf het moment dat duidelijk werd dat Esther op de avond dat ze werd vermoord met iemand samen is geweest, heeft Thea voor zichzelf vastgesteld dat die man haar dus ook vermoord moet hebben. Maar ze is het met Simon eens dat dit wel erg nadrukkelijk voor de hand ligt en ze moet ook toegeven dat het bijna onvoorstelbaar is dat iemand zijn geliefde vermoordt direct nadat hij stevig met haar gevreeën heeft. Als ze eraan denkt dat Esther een intensieve seksuele relatie had met een collega, schudt Thea van verbazing haar hoofd. Hoe is het mogelijk? Het past in haar beleving totaal niet in het beeld dat Thea altijd van Esther heeft gehad. Ze heeft nooit iets van belangstelling voor mannen bij Esther waargenomen, eigenlijk vond ze haar aseksueel. Ze heeft ook nooit gemerkt dat mannen naar Esther keken. Wat is er ook spannend aan een vrouw die altijd lange rokken draagt, hooggesloten kleding, gemakkelijke schoenen en die haar lange haar bij voorkeur stijf in een knot op

haar achterhoofd vastspeldt? Maar zo blijkt het toch niet helemaal te werken want er schijnt tussen Esther en Samuel heel wat
aan de hand geweest te zijn. Had ik er maar iets van geweten,
denkt Thea steeds, had ze er maar iets over verteld. Dan hadden
we op een normale manier met elkaar kunnen praten en éínde-
lijk op een normale manier naar elkaar kunnen kijken. Maar
Esther heeft gezwegen, daar valt niets meer aan te veranderen.
En op de een of andere manier is deze vrijage haar noodlottig
geworden. Iemand heeft iets geweten of iets vermoed en die iemand heeft ingegrepen. Als het die Samuel niet was, is het zeker
een persoon uit de nabije omgeving geweest. Iemand die wilde
dat het ophield. Familie van Samuel? Zijn vrouw? Iemand van
school? Iemand uit de kerkelijke kring? Die laatste mogelijkheid ligt volgens Thea het meest voor de hand. Zij weet zelf als
geen ander dat er vanuit de geloofskring ingegrepen kan worden
als je je niet aan de fatsoensregels houdt.

Het heeft nogal wat voeten in de aarde gehad om een uitvaart
voor Esther in haar eigen kerk mogelijk te maken. Thea en
Simon zijn naar de dominee gegaan om de kerkdienst te bespreken. Ze hadden afgesproken dat ze dit aan Esther verplicht
waren; ze was een lid van die kerk en ze was een trouwe kerk-
ganger. De dominee ontving hen weliswaar vriendelijk maar het
werd tijdens het gesprek al snel duidelijk dat hij het op prijs
zou stellen als ze een andere mogelijkheid voor de uitvaart van
Esther wilden zoeken. Het lag allemaal nogal gevoelig, liet hij
weten. Maar Thea en Simon waren niet van plan om zich te laten ompraten.

'Ze heeft geen misdaad begaan, is het wel?' vroeg Simon aan
de dominee. Die haalde zijn schouders op.

'U vindt dat blijkbaar wél,' stelde Simon ijzig vast.

'Dat zijn uw woorden,' was het antwoord van de dominee.

'Ik wacht op úw woorden die mij iets duidelijk maken,' hield
Simon vol.

'Ze heeft volgens de wet geen misdaad begaan,' gaf de dominee toe.

'Juist. En voor wat ze verder mag hebben uitgehaald zal ze zich moeten verantwoorden tegenover een hogere macht dan die van u en uw gelovigen,' antwoordde Simon. 'Hoe ging dat ook alweer? Het is voor mij nogal een tijd geleden. Wie zonder zonde is, die werpe de eerste steen? Zo was het toch? Zeg eens eerlijk, dominee, kunt u mij met de hand op uw hart bezweren dat u zonder zonden bent?'

De mond van de dominee vertrok even. Er hing opeens een gemelijke sfeer in de lucht. 'Het is volgens mij niet de bedoeling om van gedachten te wisselen over zonden, van wie dan ook,' zei hij kort.

'Dat bedoel ik,' sprong Simon daar direct bovenop. Zijn stem had iets triomfantelijks. 'We hebben het vandaag niet over zonden, we hebben het over de dienst voor Esther, een gelovige uit uw kudde die van het leven is beroofd. Reden genoeg om haar een prachtige uitvaart te bezorgen.'

Toen ze weer buiten stonden, keken Thea en Simon elkaar een ogenblik verwonderd aan.

'Het is ons gelukt,' zei Thea. 'Nou ja: óns, het is jóú gelukt. Weet je dat ik gewoon op slot schoot toen ik daar naar binnen ging? Ik kreeg bijna geen lucht meer.'

Simon knikte. 'Ik zag het aan je. Je werd helemaal bleek om je neus. Ik dacht: dat moet grote broer maar eens gaan oplossen. En als ik eerlijk mag zijn: ik had er zín in. Als hij had geweigerd om de dienst te organiseren had ik hem over de tafel getrokken.'

'Jammer dat hij toegaf?' wilde Thea weten.

'Eigenlijk wel.' Simon zuchtte diep. 'Het zou me allang niets meer moeten uitmaken,' zei hij en Thea hoorde dat zijn stem trilde. 'Ik zou me onderhand helemaal niets meer moeten aantrekken van dat dogmatische geleuter. Mijn schoonvader kan het zo mooi zeggen, die zegt altijd: "De fijnen zijn de mijnen, zegt de Heer." En: "God hoort ze brommen."'

'Maar die heeft nergens last van gehad, denk ik?' vroeg Thea. Simon schudde zijn hoofd. 'Niet van de terreur van een geloof, in ieder geval. Maar hij zegt wél dat ik het achter me moet laten. En hij heeft gelijk. Het lost niets op om er boos over te blijven.'

Thea raakte even zijn arm aan. 'Dat vind ik ook. En het lukt mij redelijk, zolang ik niet in de hal van het huis van de dominee sta te wachten tot het zijne goddelijke majesteit belieft om mij aan te horen,' zuchtte ze nog eens. Ze begonnen tegelijk hard te lachen.

'Daar gaan we weer,' riep Simon. 'Nu stoppen, hoor! We hebben andere zaken aan ons hoofd.'

Het is vreemd om in Esthers huis te zijn, vindt Thea. Eigenlijk voelt het een beetje ongepast. Thea kwam hier nooit op andere dagen dan Esthers verjaardag. En daar probeerde ze zo vaak mogelijk onderuit te komen. De flat is heel eenvoudig ingericht. Esther woonde hier al tien jaar en er staan nog steeds dezelfde meubelen die ze kocht toen ze in dit huis kwam wonen. Het is smaakvol gemeubileerd maar het geheel oogt toch ook heel kaal. Thea kijkt om zich heen. Simon volgt haar blik.

'Het lééft niet,' merkt hij op. Dat is exact wat Thea denkt.

De uitvaartondernemer heeft al kleding van Esther opgehaald die haar zal worden aangetrokken in de kist. Ze hebben besloten om de kist te laten sluiten. Geen gegluur naar hun zusje, hebben ze tegen elkaar gezegd, zeker niet van die kerkelijke roddelkonten. Op de kist zal een foto van Esther worden geplaatst. Vanavond is er van zeven tot acht gelegenheid om afscheid te nemen. Sara en Johan hebben beloofd dat ze aanwezig zullen zijn. Ze hebben met elkaar afgesproken dat ze vader thuis laten. Een van de ouderlingen is bereid om op te passen. De andere ouderlingen zullen komen bidden. Simon heeft aan Johan doorgegeven dat er geen gebeden mogen worden uitgesproken over hel en verdoemenis of schuld, zonde en boete. Johan keek bedenkelijk toen Simon dit zei. 'Het staat hun vrij om een keuze te maken voor de gebeden die ze willen zeggen,' liet hij weten. 'Ze houden zich aan deze voorwaarden,' hield Simon vol. 'Ik waarschuw je. Als er iemand over hel en verdoemenis begint te oreren, grijp ik in. En jij wilt niet weten wat ik dan ga zeggen.'

Thea en Simon hebben bij de verzekeringspapieren van Esther een lijst gevonden met namen en adressen van mensen die moeten worden ingelicht als zij zou overlijden. En er lag ook een codicil waarin stond beschreven dat ze in een witte kist wil worden gecremeerd.

Johan steigerde toen hij hoorde dat Esther gecremeerd wil worden. 'Dat geeft geen pas,' protesteerde hij. 'In onze familie wordt iedereen altijd begraven. Vader heeft al jaren geleden een familiegraf gekocht. Daar kan Esther in begraven worden.'

'Dat kun je toch niet menen?' vroeg Thea en ze staarde Johan aan. 'Je gaat me toch niet vertellen dat je Esthers wens zou willen negeren? Ik vind dat zóiets geen pas geeft.' Ze schrok van haar eigen felheid, ze voelde dat haar hele lijf begon te trillen. Dit gaat niet gebeuren, flitste het door haar hoofd. Hij gaat niet iets doen wat Esther niet gewild zou hebben. Ze raakte er geëmotioneerd door.

Simon greep direct in. 'In het codicil staat dat ze gecremeerd wil worden, dus ze wordt gecremeerd. Als jij je nu eens gewoon verder alleen bezighoudt met de afwikkeling van de erfenis,' zei hij tegen Johan, 'dan regelen Thea en ik de overige zaken. Precies zoals we hebben afgesproken en ook precies zoals jíj het wenste, weet je nog?'

Iedere keer als er iets moet worden besproken waar Johan en Simon bij aanwezig zijn, wordt het spannend. Iedere keer kan het herrie worden en dat heeft vooral te maken met de aanvallen van Simon. Thea heeft zich voorgenomen om het daar met hem over te hebben en nu ze samen in het huis van Esther zijn om al een begin te maken met het opruimen van haar spullen, begint ze erover.

'Je hebt natuurlijk helemaal gelijk,' zucht Simon. 'Ik moet me een beetje beter beheersen. Maar alles wat hij zegt werkt voor mij als een rode lap op een stier.'

'Hoe komt dat precies?' wil Thea weten. 'Het was tussen jullie nooit supergezellig, maar het lijkt nu of er geen normaal gesprek meer mogelijk is.'

'Ik vertrouw hem niet,' zegt Simon. 'Dat is de eerste reden. Er is iets met die man waardoor mijn nekharen overeind gaan staan. Pieter zegt dat het komt doordat hij mij niet accepteert zoals ik ben, maar dat is het niet helemaal. Dat speelt natuurlijk wel mee, maar er zit toch een soort unheimisch gevoel in mij dat waarschuwende signalen afgeeft zodra mijn broer in beeld komt. De tweede reden is dat hij met de dag meer op zijn vader gaat lijken en dat zal voor mij een reden zijn om het contact met hem te verbreken. Weet je, als ik vader niet zie kan ik mijn jeugd op veilige afstand houden in mijn hoofd. Maar dat lukt niet als ik thuis moet zijn. Dan heb ik soms moeite om niet te gaan hyperventileren en ik kan erop rekenen dat ik de nacht erna gillend wakker word. Pieter heeft een paar weken geleden een boek voor me gekocht en me aangeraden dat eens te lezen. Misschien heb je er wel eens iets van gehoord? Het heet *God als misvatting*, het is geschreven door Richard Dawkins. Ik lees iedere dag een stuk, er gaat een wereld voor me open.'

'Ik heb het zien staan op bol.com en ik heb op het punt gestaan om het te bestellen. Maar als jij het hebt, wil ik het boek wel van je lenen.'

'Natuurlijk. Weet je nog dat vader altijd beweerde dat wij christenkinderen waren? Daarover las ik zoiets moois in dat boek. Er bestaan geen christenkinderen, schrijft Dawkins. Geen katholieke kinderen, geen gereformeerde kinderen. Er bestaan kinderen van katholieke of gereformeerde ouders. Een kind is niet in staat om christen te zijn, dat bepaal je pas als je volwassen bent.' Hij gaat steeds sneller praten. 'Ik word helemaal opgewonden als ik in dit boek lees. Het is alsof iemand al mijn

129

eigen gedachten, die elkaar al jarenlang achterna zitten in mijn hoofd, uit de losse pols heeft opgeschreven. Hij pakt de kern van die gedachten en vergroot hem uit.'

'Welke kern?'

'Dat godsdienst de ultieme belemmering is voor een fatsoenlijke samenleving.'

Het is een ogenblik stil tussen hen. Thea heeft zin om keihard te gaan janken. De woorden van Simon hebben haar geraakt en ze voelt een zware druk op haar borstkas liggen.

'Ik werd een paar dagen geleden wakker uit een nachtmerrie,' gaat Simon verder. 'Ik had tot laat in de avond in het boek zitten lezen. Te lang, denk ik. Mijn gedachten sloegen erdoor op hol.' Zijn stem hapert. 'Ik lag onder ons bed. Ik bleek in mijn slaap onder het bed gekropen te zijn.'

Thea zit doodstil naar hem te luisteren. 'Je kroop vroeger altijd onder je bed als je bang was dat vader je ging slaan. En dan stuurde moeder me naar boven om je eronderuit te halen, zodra de kust weer veilig was.'

Simon knikt. 'Dat weet ik nog. Laten we het er maar even niet meer over hebben. We hebben momenteel al genoeg voor onze kiezen. Laten we eerst Esther maar netjes wegbrengen, later komen we zelf wel weer aan de beurt.'

Ze rommelen een uurtje samen in het huis en bespreken welke dingen ze zelf willen houden en wat ze zullen laten ophalen door een opkoper. Het valt Thea op dat Esther helemaal geen boeken bezat, terwijl ze graag las.

'Kost geld,' merkt Simon op. 'Ze heeft me nog niet zo lang geleden verteld dat ze heel hard spaarde, omdat ze een eigen huis wilde kopen zonder te veel hypotheek. Ik denk dat er een behoorlijk bedrag op haar bankrekening staat.'

Thea zwijgt.

'Als ze geen testament heeft gemaakt, erft vader alles,' beantwoordt Simon de vraag die Thea niet gesteld heeft.

Zesde brief aan mijn vader

We hebben verschrikkelijke dagen achter de rug, die ik niet snel zal vergeten. De donderdag nadat het lichaam van Esther werd vrijgegeven, was er gelegenheid om afscheid van haar te nemen in het uitvaartcentrum. Simon en ik hebben Esther nog gezien, we hebben samen de kist gesloten. Ze zag er vreemd uit. Verstard, verstijfd, totaal niet zichzelf. Ze leek hooguit een beetje op Esther, maar de zus die wij kenden was weg. Er kwamen onverwacht veel mensen afscheid nemen. Ze stonden stil naast de kist, sommigen hoofdschuddend, anderen diep in gedachten verzonken. Er heerste een vredige sfeer, dat verbaasde me. Ik had juist afkeurende blikken verwacht en ik had totaal niet gerekend op woorden van troost, maar die waren er wél. De ouderlingen hebben ongeveer tien minuten gebeden. Er is geen woord over zonde of schuld gevallen en de duivel is geen enkele keer genoemd. Johan had de boodschap van Simon blijkbaar correct overgebracht.

Toen we na afloop naar huis gingen, schaamde ik me een beetje voor alles wat we eerder die week over de leden van de kerkgemeenschap hadden gezegd. Ik vroeg me af of we niet te voorbarig waren geweest in ons oordeel en of onze eigen frustraties ons niet te veel parten hadden gespeeld. Daardoor kwam de klap die ons op de dag van de cremate werd uitgedeeld des te harder aan. Wij bleken namelijk samen met de domi-

nee de enige aanwezigen in de kerk en later in het crematorium te zijn.
Er kwam niemand, werkelijk niemand. Geen enkele collega van Esther,
niemand van de kerk. Iedereen schitterde door afwezigheid.

Daar zaten we dan naast de witte kist waarop een krans met witte
bloemen lag.

Met zijn allen op de eerste rij. Alsof er sprake was van eensgezind-
heid. Alsof je de afkeer die Johan uitstraalde kon negeren. Zijn hele
houding getuigde van walging. Van afwijzing. Van gebrek aan respect.
Met strakke lippen en zijn mondhoeken steil naar beneden staarde hij
naar de kist. De witte kist. Dat was voor hem het toppunt van alle
schande. Een witte kist. Dat hoorde niet, liet hij aan ons weten. Bij de
dood hoort zwart of donkerbruin. Kleuren van nederigheid. Wit is een
kleur van licht, van vrijheid. Esther had heel wat te verantwoorden
tegenover haar schepper, meende hij. Wit was in haar geval een veel te
onschuldige kleur. Simon en ik hebben zijn verzoek om een andere kleur
kist te kiezen niet gehonoreerd. Esther wilde een witte kist. Dus Esther
kreeg een witte kist, ongeacht wat Johan daarvan vond. En eveneens on-
geacht wat alle gemeenteleden daarvan vonden.

U hebt in de kerk uw ogen nog kunnen openhouden maar u reageer-
de nergens op, niet eens op het bidden van het Onzevader, terwijl u daar
thuis toch meestal nog op uw manier aan meedoet. Het leek wel of u er
niets mee te maken wilde hebben. En in het crematorium viel u zelfs in
slaap. Tijdens de toespraak van Simon begon u te snurken. Ik kon er
niets aan doen maar ik heb u een oplawaai gegeven, waardoor u weer
wakker schoot. Er zijn grenzen, tenslotte.

We hebben in de lege kerk en het lege crematorium niets tegen elkaar
gezegd. De koffie met cake na afloop van de crematie hebben we gelaten
voor wat het was en we zijn meteen naar huis vertrokken. Johan en Sara
gingen niet mee. Sara had erge hoofdpijn, zei ze. Toen we thuiskwamen
heb ik u een boterham en een glas melk gegeven en daarna heb ik u in
bed gelegd. U zag er doodmoe uit. Anna wilde televisiekijken en Simon
heeft een programma voor haar opgezocht. Er was aan Anna weinig te
merken; ik denk dat ze niet beseft wat er precies met Esther is gebeurd.

En toen zaten Simon, Pieter en ik opeens samen aan de tafel in de woonkamer en we keken elkaar aan. Simon had een grimmige blik in zijn ogen. Pieter streelde een paar keer over zijn handen. Simon wilde iets zeggen maar het lukte hem niet. Hij sloeg zijn handen voor zijn ogen en begon te huilen. Zijn hele lijf schokte. Ik begon ook te huilen. Pieter zat zwijgend naast ons.

We hebben wel een kwartier zitten snikken. Er schoten allerlei gedachten door mij heen maar ik dacht toch vooral aan mijn moeder. Vreemd, hè? Mijn zusje was dood en ik zat te snikken om mijn moeder. Ik heb sinds de dag dat ik hoorde dat mijn moeder verdwenen was niet zo om haar gehuild als nu. Er zat een soort tranenbom in mijn ogen die uit elkaar spatte en niet te stuiten was. Simon werd als eerste wat rustiger. Hij snoot een paar keer zijn neus en veegde zijn gezicht droog. Daarna haalde hij een papieren servet uit de keuken en droogde daarmee mijn tranen af. Hij gaf me een stevige kus op mijn voorhoofd en zei dat hij vanaf die dag op geen enkele manier nog in contact wilde komen met iemand van de kerk. Hij vroeg voor alle zekerheid of ik soms van plan was om me door de kerk te laten begraven en toen ik hem verzekerde dat geen haar op mijn hoofd daar ooit aan zou denken, reageerde hij opgelucht. Hij voegde eraan toe dat zijn besluit dus inhield dat hij niet tevoorschijn zal komen als vader sterft of Johan of Sara. Hij wil niets meer met dat slag mensen te maken hebben. Niets meer. Nooit meer. Hij was heftig en sloeg met zijn vuisten op tafel.

Later stelde hij me vragen over mijn plannen voor de toekomst. Simon vindt dat ik lang genoeg voor u heb gezorgd en dat Johan u de rest van uw leven maar in huis moet nemen. Op die manier zaten wij dus over u te praten. Ik heb Simon ervan weten te overtuigen dat het niet verstandig is om op te korte termijn tegen Johan over uw verhuizing te beginnen. Dat zal ik met beleid moeten organiseren en dat moet ik vooral niet overhaast doen. Als Johan zich tegen mij keert, kan ik het schudden. Dan kom ik nooit te weten wat hij mij nu nog als enige vertellen kan. Maar ik zou er, als ik u was, toch niet op rekenen dat u nog lang in dit huis blijft wonen. Ik weet dat het altijd uw grootste nachtmerrie is geweest om ooit in een verpleeghuis terecht te komen. U moest er niet aan denken dat u met meerdere mannen in dezelfde kamer zou moeten sla-

pen, een van de vele patiënten te zijn, hetzelfde als iedereen te worden.
Even afhankelijk, even ziek, even gek. Maar u was er vooral bang voor
dat u de hele dag gedwongen samen zou moeten zijn met mensen die niet
in God geloven.

Met ketters.

Met niet-uitverkorenen.

Met mensen die in uw beleving minder zijn dan u.

Onthoud goed, dat u nog altijd in uw eigen huis woont omdat ík de
stap naar een verpleeghuis niet durf te zetten. Omdat ík op zeker speel.
Denk eraan, ík ben degene die bepaalt wanneer u vertrekt. Soms zeg ik
dat tegen u, als u voor het raam zit, naar buiten kijkt en zwaait naar
iets of iemand die niemand op dat moment langs ziet komen. Of als u
achter uw hand iets zit te fluisteren, terwijl u uw blik strak op de klok
gevestigd houdt. Ik kan nooit goed inschatten wat u wel of niet begrijpt.
De ene dag denk ik dat u volkomen van de wereld bent, de andere dag
heb ik de indruk dat u me zit uit te spelen. Soms kijkt u opeens helder
uit uw ogen en volgen die ogen me overal. Soms zie ik uw blik over mijn
lichaam dwalen en blijft die blik gefixeerd op mijn buik. Op die ma-
nier keek u jaren geleden ook naar me: vol afkeer, vol weerstand, vol
woede. Op zulke momenten vraag ik me af of u zich opeens iets herin-
nert. Maar ik stel u geen vragen. Zou ik dat misschien beter wél kun-
nen doen? Zou u me een antwoord geven als ik u op zulke momenten de
vraag stelde die al jaren in mijn hoofd rondspookt? Maar ik durf het
niet. Dat heeft allang niets meer te maken met mijn angst voor uw fy-
sieke woede. Ik kan u intussen lichamelijk wel aan. Het heeft te maken
met mijn angst voor één speciale blik in uw ogen. De blik die er altijd
was als ik openlijk huilde om wat mij was overkomen. Ik mocht daar
niet om huilen, dat leverde slaag op. Maar de pijn van de karwats was
niet het ergste. Het ergste was de pijn in mijn borstkas die weken bleef
zitten als ik die dodelijke minachting in uw ogen had gezien. Ik kijk u
bijna nooit meer aan. Ik reageer op uw stemming, op uw gebrabbel, op
uw ongeduld, op uw tegenwerking, op alles wat u doet. Maar ik kijk
meestal langs u heen. Dat komt omdat ik er niet zeker van ben dat u
ook bent vergeten hoe u minachtend naar mij moet kijken.

18

Linda de Waard heeft Simon als eerste uitgenodigd om met haar te praten. Het onderzoek naar de moord op Esther is nog in volle gang, de verdachte minnaar van Esther blijft voorlopig vastzitten. Nu wil Linda met de broers en zussen van Esther een gesprek hebben, om een beter inzicht te krijgen in de familierelaties en om uit te zoeken of de informatie die de familie kan geven van belang kan zijn voor het onderzoek. Simon heeft Linda uitgenodigd om het gesprek bij hem thuis te voeren. Hij heeft niet zoveel zin om zijn verhaal op het politiebureau te doen. Het huis in de Sarphatistraat waar Simon samen met Pieter woont, blijkt een groot pand te zijn. Links op de gevel hangt een strak goudkleurig bord. PIETER VAN AST, TANDARTS staat er met sierlijke letters. Op de voordeur zitten twee belknoppen. Naast de onderste knop staat: PRAKTIJK. Naast de bovenste knop staat: SIMON VAN DALEN EN PIETER VAN AST. Linda drukt op de bovenste knop en hoort in de verte een vriendelijk geklingel. De deur gaat open en Linda stapt de hal in. Er komt iemand van de trap gerend, hoort ze.

Het is Simon. 'Hallo, daar ben je. Ik zet net de koffie aan. We wonen boven.' Hij loopt voor Linda uit de trap op. De trap zit strak in de roomkleurige verf, ziet Linda. Er is geen vuiltje op te bekennen. Als ze op de eerste etage komen, ontdekt Linda direct rechts een enorme keuken. In het midden staat een kookeiland met een keramische kookplaat. Boven de kookplaat hangt een ronde roestvrijstalen afzuigkap. Rondom de kookplaat zit een behoorlijk groot werkblad van zwart-grijs gemêleerd graniet. Onder het raam ziet Linda een aanrecht met dubbele spoelbak. Het aanrechtblad is van hetzelfde graniet als het blad rondom het kookeiland. Tegen de wanden aan weerszijden van het raam staan brede, hoge kasten van diep bordeauxrood hout. Op alle deuren zitten langwerpige roestvrijstalen handgrepen.

'Wat een prachtige keuken,' roept Linda enthousiast. 'Wat een droom.'

Simon lacht trots. 'Helemaal mee eens,' glundert hij. 'Hij is gloednieuw, we hebben hem pas drie maanden. We zijn tijden bezig geweest met uitvogelen welke keuken we nu werkelijk de mooiste vonden. Hoe meer van die keukenpaleizen je gaat bekijken, hoe moeilijker je het jezelf maakt, wist je dat?'

'Eerlijk gezegd niet. Ik heb een huis gekocht dat helemaal áf was. Dus ik ben nog nooit op keukenjacht geweest,' bekent Linda.

Simon neemt de koffiepot mee naar de woonkamer. Het is een kamer en suite, Simon laat Linda de glas-in-looddeuren zien die tussen de twee vaste kasten in het midden van de kamer zitten. Hetzelfde glasinlood blijkt boven alle deuren in het huis terug te komen.

'We hebben de stijl van het huis zo veel mogelijk intact gelaten,' legt Simon uit. 'Er is alleen isolatie aangebracht, dubbele beglazing, van die dingen.'

'Je hebt een prachtig huis,' bewondert Linda de ruimte. 'Wonen jullie hier al lang?'

'Pieter woont hier al zijn hele leven, dit is zijn ouderlijk huis. Hij heeft de praktijk van zijn vader overgenomen en daarna zijn z'n ouders naar een appartement in Bergen aan Zee verhuisd. Ik huurde een kamer bij Pieter, boven op zolder.'

'Sloeg toen meteen de vlam in de pan?' wil Linda weten.

'Welnee. Ik woonde hier al bijna drie jaar toen het begon. Ik had het veel te druk met de band; we hadden vanaf het begin dat we die oprichtten direct veel succes. We konden de aanvragen voor optredens soms gewoon niet bolwerken. Ik kwam meestal alleen maar thuis om te slapen, verder zat ik overal en nergens.'

Ze zijn in de comfortabele stoelen gaan zitten die tegenover de enorme vierzitsbank staan. De inrichting van de kamer is tamelijk strak, ziet Linda. Maar de combinatie van een lichte houten vloer, de roomkleurige wanden en de vele tinten groen die in de meubels, de gordijnen en de kunst aan de muren zitten, geeft de kamer vooral een rustige uitstraling.

'Deze kamer voelt als een goed gebed,' zegt Linda opeens. Ze kijkt Simon tegelijk verbaasd aan. 'Hoe kom ik dáár nu op? En waarom zeg ik dat nu juist tegen jóú?'

Simon glimlacht. 'Dat is inderdaad wel een beetje frappant. Ben jij gelovig?'

'Dus níét. Ik denk nooit in termen van gebed. Maar iets in deze kamer laat het me wél zeggen.'

Simon knikt. 'Je bent niet de eerste die dit hier overkomt. Een vriend van Pieter zei iets van gelijke strekking toen hij hier voor het eerst kwam, nadat we de hele kamer hadden opgeknapt.'

'Heb jij er een verklaring voor?' vraagt Linda.

Simon kijkt nadenkend voor zich uit. Hij lijkt te aarzelen over het antwoord dat hij wil geven. Dan zucht hij diep. 'Nou, vooruit maar. Ik heb me voorgenomen om openhartig te zijn. Ik heb vaak het gevoel dat mijn moeder hier om me heen is. En mijn moeder was wat je noemt een goed gebed.'

Op verzoek van Simon hebben ze de kwestie van zijn moeder geparkeerd. Het werd hem even te veel, heeft hij verteld, de laatste tijd raakt hij nogal snel geëmotioneerd. Dat komt door de moord op Esther en de aanslag op Thea. Hij is daar onzeker van geworden, hij heeft het gevoel dat zijn familie wordt belaagd.

'Door wie?' wil Linda weten.

'Geen idee. Ik denk niet in de richting van een persoon die het op ons heeft voorzien. Ik heb meer de indruk dat we aan de beurt zijn. Dat het noodlot ons gevonden heeft.' Simon vertrekt zijn gezicht in een grimas. 'Dat klinkt natuurlijk nogal zweverig, alsof ik in goede en kwade geesten geloof.'

'Geloof je daarin?' vraagt Linda.

'Laat ik het zó zeggen: ik ben niet een type dat niet onder een ladder durft door te lopen of geen risico's neemt op vrijdag de dertiende. Ik ben absoluut niet bijgelovig. Ik ben ook helemaal niet gelovig, hoewel ik het geloof met de paplepel ingegoten heb gekregen. Maar ik zeg het niet goed. Ik ben niet gelovig in wat de strenge gereformeerde leer me allemaal opdraagt. Dat heeft voor mijn gevoel niets met een hogere macht te maken, dat is allemaal angst voor het leven. Volgens mij bestaat het leven uit goed en kwaad, de mens bestaat uit goed en kwaad. Dat kun je ook God en de duivel noemen. Maar hoe je het ook noemt: je moet als mens met het goede en kwade in jezelf leren omgaan. Dat beschouw ik als levenskunst. Dat is mijn geloof in het leven. Volg je me nog?'

Linda knikt.

'Wij hebben in onze familie nogal veel te maken gehad met het kwaad.'

'Op welke manier?' valt Linda hem in de rede.

'Op welke manier niet, kun je beter vragen. Voor een buitenstaander lijkt alles misschien wel keurig in balans. Wij vielen als gezin niet op tussen de andere gezinnen die bij onze kerk hoorden. De kinderen uit die gezinnen spraken allemaal met twee woorden, vloekten niet in het openbaar, waren gehoorzaam voor het zicht van de buitenwereld. De meeste kinderen uit die gezinnen kregen verkering en trouwden met elkaar en ze kregen zelf weer kinderen die met twee woorden spraken, enzovoort, enzovoort. Onze ouders scheidden niet. Ze bleven tot het einde van hun leven met hun eerste partner getrouwd en mocht er ergens iets aan de hand zijn dat niet in de haak was en waardoor andere mensen misschien uit elkaar zouden gaan, dan hielden ze dat beslist binnenshuis. Dreigend huwelijksonheil leverde de inmenging van ouderlingen op. Die kwamen dan praten. Als kind wist ik feilloos waar ergens iets aan de hand was in een familie. Zodra er met een bepaalde regelmaat een groep ouderlingen in een gezin werd gesignaleerd was het duidelijk dat daar iets te bespreken viel.'

'Kwamen er bij jullie ouderlingen langs?'

'Nee.'

'Dus er was in jullie gezin nooit ruzie?' stelt Linda vragend vast.

'Niet voor het oog van de buitenwereld. Maar ik herinner me talloze keren de hoge stem van mijn moeder, die voortdurend werd onderbroken door de kwade stem van mijn vader achter de keukendeur. Dat gebeurde nooit waar wij bij waren, ze waren altijd in de keuken als ze iets moesten uitvechten. En ik weet ook nog goed dat mijn moeder de strijd altijd verloor. Hij bleef Thea en mij met de karwats te grazen nemen. Er waren altijd keukenruzies als de karwats uit de kast was gekomen.'

'De karwats? Wat is dat?'

'De karwats,' antwoordt Simon bedachtzaam, 'is een stok waar repen leer aan vastzitten en de uiteinden van die repen zijn geknoopt. Dat geeft als je er iemand mee slaat een extra pijnlijk effect.'

'En jouw vader sloeg jou daarmee?' Linda kijkt bedenkelijk.

'Juist. Mijn vader had een niet te stuiten voorkeur voor de karwats, als hij meende dat er gestraft moest worden. En dat meende hij regelmatig.'

'Sloeg hij Johan of Esther niet?'

'Nooit iets van gemerkt. Maar je moet wél bedenken dat

Johan en Esther heel gehoorzame kinderen waren. Thea en ik waren de banjers. Anna heeft trouwens ook nooit slaag gehad, maar die is voor zover ik weet ook nooit door mijn moeder alleen gelaten.'

'Tot je moeder verdween,' doet Linda een poging om het hachelijke onderwerp aan te roeren.

Simon knikt. 'Ik ben van huis weggelopen toen ik zeventien was,' verandert hij van onderwerp. 'Ik had mijn mavodiploma gehaald en ik moest op het kantoor van de notaris gaan werken en in de avonduren de handelsavondschool gaan doen. Dat had mijn vader allemaal geregeld. Maar ik moest daar niet aan dénken.'

'En toen vertrok je zomaar?'

'Eigenlijk wel. Ik had een jaar de krant bezorgd, *Trouw* uiteraard, omdat ik niet wist wat ik wilde volgens mijn vader. Hij bedoelde dat ik niet klakkeloos wilde gehoorzamen aan zijn plannen. Ik mocht het geld dat ik verdiende van mijn moeder houden. Ik had honderd gulden en dacht dat ik daar wel een wereldreis van kon maken. Het idee om weg te lopen speelde al een tijd in mijn gedachten, maar toen Thea werd weggestuurd was dat de bekende druppel.'

'Thea werd weggestuurd?' herhaalt Linda.

Simon knikt met een ernstig gezicht. 'Ja. Ze was zwanger geworden van een jongen uit het dorp. Ze was hopeloos verliefd op die knaap maar hij liet haar zitten. Dus het was een dubbele schande. Zwanger worden op je zestiende bracht je per definitie in de problemen maar ook nog niet trouwen was totaal onbespreekbaar. Mijn moeder was er faliekant tegen dat Thea weg moest,' zegt hij voor zich uitstarend. 'Ze stak haar mening niet onder stoelen of banken. De ruzies die mijn ouders in die tijd met elkaar hadden, werden niet eens buiten ons gezichtsveld uitgevochten; we waren er gewoon getuige van. Ik weet nog heel goed dat ik mijn eigen moeder nauwelijks herkende. Ik dacht tot die tijd altijd dat ze bang was voor mijn vader. Of dat ze in ieder geval voorzichtig was ten opzichte van hem. Ik had nog nooit meegemaakt dat ze hem openlijk tegensprak, laat staan dat ze ruzie met hem maakte. Ze knokte als een tijgerin voor haar kind. En daar moet iets gebeurd zijn tussen mijn ouders waar we wel nooit het fijne van zullen weten.'

Er valt een stilte. Linda wacht af tot Simon verder praat.

'Ik had voor mijn zestiende verjaardag een gitaar gekregen,' vervolgt Simon zijn verhaal. 'Ik mocht op gitaarles, dat had mijn moeder geregeld. Ik oefende elke vrije minuut en ik had er gevoel voor. Ik zong ook altijd, veel te hard volgens mijn vader. Maar mijn moeder kon er niet genoeg van krijgen.'

'Wat zong je?' vraagt Linda.

'Het liefst natuurlijk populaire liedjes. We hadden geen televisie, dat was te godslasterlijk en de radio mocht ook alleen aan voor het nieuws of voor de christelijke zender. Maar als mijn vader niet thuis was, luisterden we stiekem naar populaire muziekprogramma's, als Johan tenminste niet in de buurt was. Die verlinkte je beslist.'

'Luisterde je moeder ook naar die programma's?'

Simon knikt glimlachend. 'Jawel. Maar niet openlijk. Mijn moeder was altijd zogenaamd aan het strijken of aan het afwassen als ik de knoppen opendraaide. Ik heb haar vaak horen meeneuriën als ik met de radio meegalmde. Op die manier had ik dus een repertoire opgebouwd van populaire liedjes. Ik was helemaal maf van Boudewijn de Groot. Ik kende de meeste nummers van hem.' Hij strijkt met een peinzend gebaar over zijn kin. 'Nu ik het erover heb, herinner ik me opeens dat mijn moeder stiekem naar smartlappen luisterde. Ik ben wel eens plotseling binnengekomen en trof haar bijna boven op de radio, terwijl ze heel zachtjes meeneuriede met de Zangeres zonder Naam. Ze was dol op de Zangeres zonder Naam. Ze schrok zich een rolberoerte toen ze mij opeens zag staan. Vanaf die tijd stond ik regelmatig op de uitkijk als zij met haar oor tegen de radio aan lag. Ze durfde de muziek niet hard te zetten, uit angst dat iemand die langs ons huis liep het zou kunnen horen.'

'En toen liep je weg?' brengt Linda het onderwerp terug op Simon.

'Ja. Samen met een buurjongen, die ook een gitaar had en die ook helemaal krankzinnig werd van alle geboden en verboden. Hij had met zaterdagwerk in de supermarkt negentig gulden verdiend. We hadden allebei alleen onze gitaar bij ons, de kleren die we aanhadden en een klein rugzakje met twee verschoningen, wat toiletspullen en ons kapitaal. En onze paspoorten. Het was pure mazzel dat we een paspoort bezaten! Dat hadden we namelijk nodig om naar een jongerenweekend in België te kunnen, dat een paar weken later gepland was.'

Simon schenkt opnieuw koffie in. 'We zijn gaan liften. Binnen een paar uur waren we al bij de Belgische grens. De eerste nacht sliepen we in een familiehotelletje in Antwerpen. De volgende ochtend ontbeten we op een terras, het was hartje zomer. We tokkelden een beetje op onze gitaren en opeens kwam er iemand langs die geld op ons tafeltje legde. En nog iemand en nóg iemand, het ging maar door. Zolang wij speelden en zongen bleven mensen munten op tafel leggen. Binnen een halfuur hadden we het geld voor het hotel en het ontbijt terugverdiend.'

'Waar zijn jullie terechtgekomen?' vraagt Linda.

'In Griekenland. Daar hebben we bijna twee jaar rondgezworven en geleefd als God in Frankrijk. Niemand verstond natuurlijk die teksten van Boudewijn de Groot, maar iedereen vond het prachtig wat we deden. We konden er gemakkelijk van leven.'

'Had je geen contact met thuis?'

Simon schudt zijn hoofd. 'Nee, geen van beiden. Den Oever was zo'n beetje het andere eind van de wereld. Ik dacht wel aan thuis, natuurlijk dacht ik aan thuis. Ik dacht aan mijn moeder, aan Thea, aan Anna en soms ook wel aan Esther. Maar ik durfde niet te laten weten waar ik was, omdat ik niet het risico wilde lopen dat mijn vader me liet ophalen. Ik was nog minderjarig.'

'Wat deed je verder in Griekenland, behalve liedjes zingen?'

Simon proest het opeens uit. 'Dat zul je niet geloven! Als ik niet zong en niet sliep dronk ik hele kannen Griekse wijn leeg, at ik gebakken visjes en Griekse salades en zat ik achter de Griekse wijven aan.'

'Niet achter de Griekse kerels?' vraagt Linda verwonderd.

'Nee, daar waagde ik me niet aan. Ik wist natuurlijk heel goed dat ik helemaal niets moest beginnen met vrouwen maar het lukte toch aardig. Weet je, het ging me eigenlijk vooral om een warm lijf naast me, iemand die me vasthield, iemand die me liefkoosde. Ik voelde me vaak eenzaam, ik miste mijn moeder. Vooral mijn moeder. En ik ben uiteindelijk teruggekomen, omdat ik mijn moeder wilde zien. Maar ik kwam erachter dat dát voorgoed verleden tijd was geworden.'

'Ben je gewoon weer naar huis gegaan?'

'O nee. Ik ben terug gelift tot Amsterdam. Mijn buurjongen ging wél naar huis, die is uiteindelijk gewoon gaan doen wat zijn familie van hem verwachtte. Hij is met een meisje van de kerk getrouwd en heeft braaf kindertjes gekregen.'

'Was hij ook homoseksueel?'

Simon grinnikt. 'Wat heet. Zo mogelijk nog meer dan ik. Maar hij kon er geen kant mee op. Wij hadden trouwens niets met elkaar, hoor. Hij heeft in die twee jaar wel een paar vriendjes gehad. Ik niet. Ik deed het alleen met vrouwen. Ik zocht voortdurend een moeder, heb ik achteraf begrepen.'

'Wat deed je in Amsterdam?'

'Ik had heel snel werk in een restaurant. Bedienen en zo. Er werkte daar allerlei los volk, dat dan hier en dan daar woonde. Ik heb een tijdje in een kraakpand gezeten en zelfs ingewoond bij een juffrouw van plezier. Ik hoefde geen huur te betalen maar ik moest tussen elf uur en twee uur 's nachts in de gang posten. In de gaten houden of ze geen verkeerd volk binnen had. Maar daar heb ik nauwelijks vier weken gezeten. Toen vond ik de kamer bij Pieter.'

'En tegen die tijd trad je ook al op?'

143

'Ja,' knikt Simon. 'Toen was de band al opgericht. Met een andere drummer en een andere saxofonist. Van het eerste uur zitten alleen de toetsenist en ik er nog in. De band is heel toevallig ontstaan. Ik ging regelmatig naar jamsessies. Daar trof ik mensen met wie het klikte. We spraken eens voor een volgende dag af. En nog een keer en nog een keer. Toen waren we opeens een band.

'De band Extase,' zegt Linda.

'Extase,' beaamt Simon.

Er valt een afwachtende stilte.

'Ik ben bang dat je tóch nog iets over de verdwijning van mijn moeder wilt horen,' zucht Simon.

19

Het is een bizar verhaal, vindt Linda. Simon is het met haar eens. Toen hij terugkwam uit Griekenland nam hij na een maand of vier voor de eerste keer contact op met zijn familie. Hij belde op een dinsdagmorgen tegen koffietijd, omdat hij ervan uitging dat zijn moeder dan alleen in huis zou zijn. Maar hij kreeg Thea aan de telefoon, die toevallig een paar dagen vrij had en thuis was. Ze werkte als leerling-ziekenverzorgster in een verpleeghuis in Schagen en woonde intern. Thea vertelde Simon dat hun moeder al ruim twee jaar niet meer thuis was.

'Wat gebeurde er met je toen je dit hoorde?' vraagt Linda.

'Ik stond perplex. Ik kon het niet geloven. Maar Thea was heel duidelijk. Moeder was van het gezin weggelopen, volgens haar.'

'Geloofde Thea dat wél?'

'In die tijd geloofde ze volgens mij alles wat je haar vertelde. Ik vond een totaal ander zusje terug dan ik kende. Ik had direct in de gaten dat er iets verschrikkelijks met haar gebeurd moest zijn.'

'Wat was er gebeurd?'

Simon kijkt Linda peinzend aan, voordat hij antwoord geeft

op deze vraag. 'Je zult het misschien niet geloven, maar daar weet niemand volgens mij het fijne van. Zelfs ik niet en ik heb toch een heel vertrouwelijke band met Thea. Het enige wat ze aan me kwijt wilde en nog steeds wil is dat ze vijf maanden bij mensen van de kerk in huis is geweest en dat ze het kind heeft afgestaan voor adoptie.'

'Maar wáár is ze geweest? Bij welke mensen?'

Simon haalt met een verwonderd gezicht zijn schouders op. 'Weet jij het, weet ik het. Soms denk ik wel eens dat Thea dat zélf niet meer weet. Dat ze het heeft verdrongen of zoiets. Maar misschien wil ze je er zelf meer over vertellen.'

'Ben je daarna weer thuisgekomen?' wil Linda weten.

'Niet vaak. Ik was nog steeds minderjarig, moet je weten, en ik vertrouwde mijn vader niet. Je wist maar nooit wat hij van plan kon zijn; ik had allerlei visioenen over het verbeteringsgesticht waar ik terecht zou kunnen komen als hij het op zijn heupen kreeg. Ik wilde natuurlijk niet meer thuis wonen, maar daar heeft mijn vader het ook nooit meer over gehad. Hij negeerde me bijna, de enkele keren dat ik thuis verscheen op de verjaardag van Thea of Anna.'

'Mochten jullie wél verjaardagen vieren?' informeert Linda.

'Mijn moeder maakte altijd werk van onze verjaardagen. Toen ze weg was, nam Thea het over.' Hij schiet vol en staat snel op. 'Ik ben zo terug,' belooft hij. Een paar minuten later komt hij de kamer weer binnen. 'Sorry. Het werd me even te veel. Dat heb ik altijd als ik hierover praat. Dat heeft te maken met mijn schuldgevoel, denk ik.'

'Waar voel je je schuldig over?'

'Ik heb heel lang gedacht dat er een verband was tussen mijn vertrek en het vertrek van mijn moeder. Mijn moeder was er kapot van dat mijn vader Thea ergens naartoe had gebracht zonder mijn moeders toestemming en dat hij weigerde te vertellen waar ze was. Ik heb met mijn eigen ogen haar wanhoop gezien en tóch ben ik weggelopen.'

Er valt een diepe stilte.

'Dacht je dat je moeder het niet meer zag zitten toen jij óók weg was?' Linda's vraag klinkt aarzelend.

'Ja, dat heb ik heel lang gedacht. Toen ik hoorde dat ze na mijn vertrek was verdwenen dacht ik écht dat ze zich geen raad meer had geweten van verdriet. Dat haar iets verschrikkelijks was overkomen en dat het míjn schuld was.'

'Wat voor verschrikkelijks?'

'Ik dacht dat ze ergens voor de trein was gesprongen en onherkenbaar was verminkt.'

'Denk je dat nog steeds?'

Simon haalt zijn schouders op. 'Niet echt. Mijn moeder was niet het type vrouw dat haar gezin zomaar in de steek laat. Zeker niet als er ook nog een zwakbegaafd kind aanwezig is. Ik geloof niet dat ze het Anna zou aandoen om achter te blijven bij mijn vader. Ik weet zeker dat ze dat nooit uit vrije wil gedaan zou hebben. Mijn moeder is niet weggelopen. Ze is weggestuurd. Wie weet waar mijn vader mee heeft gedreigd.'

Simon zucht eens diep. 'We waren allemaal bang voor mijn vader. Mijn moeder ook. We durfden geen van allen openlijk blij te zijn. Er was geen vreugde bij ons. Geen ongedwongen vreugde. Het hele leven stond in het teken van zonde en schuld. Alles was beladen. Achter ieder positief geluid werd de verlokking van de duivel vermoed.'

'Dat hoort waarschijnlijk bij het geloof?' oppert Linda.

'Dat kun je wel stellen. Het leven is niet om van te genieten, zal ik maar zeggen. Het leven is ploeteren en afzien teneinde een plaats in de hemel te bemachtigen. Maar bij ons thuis ging het er toch wel erg extreem aan toe. Ik had vriendjes die ook gelovig werden opgevoed maar waar toch een heel andere sfeer heerste. Ik weet nog goed dat ik graag bij hen thuis was, omdat hun ouders iets veiligs en warms uitstraalden samen. Ik herinner me de vader van mijn vriendje Kees van Iersel, bijvoorbeeld. Op een middag dat ik daar speelde stootte ik eens ongenadig hard mijn hoofd en ik zette het op een brullen. Toen trok de vader van Kees me op schoot en troostte me. Hij sloeg zijn armen om me heen en wreef heel zacht over de zere plek. Ik kon toen niet meer ophouden met huilen, ik raakte helemaal overstuur van die lieve vader, weet je dat?'

Simons stem hapert. 'Ik word er opnieuw geëmotioneerd door,' zegt hij met een trillende stem. 'Ik denk dat ik op dat moment besefte hoe ongewoon het er bij ons thuis aan toeging. Ik ging toen ook beter opletten en ik zag dat er bij mijn vriendjes een gezellige en warme sfeer hing, die niet alleen door hun moeder werd veroorzaakt maar waar de vaders ook een rol in speelden. Ook al hadden ze geen televisie en kregen ze ook op zondag geen ijs, er werd wél gelachen en niemand was bang voor zijn vader.

Bij ons thuis ging het allemaal heel anders. Mijn moeder was een schat, die maakte veel goed. Maar mijn vader is totaal met het geloof op de loop gegaan, of eigenlijk moet ik zeggen dat het geloof met hém op de loop is gegaan. Die man is in mijn ogen een regelrechte godsdienstwaanzinnige. Alles wat hij dacht en deed was aan de Bijbel gerelateerd. Ik heb hem vaak verweten dat het hem aan eigen gedachten en een eigen mening ontbrak. Weet je dat hij nog steeds delen van teksten uit de Bijbel zit uit te kramen? Thea vertelde me pas nog dat hij in staat is om zijn onderbroek over zijn overhemd aan te trekken en dat hij volgens haar totaal vergeten is hoeveel kinderen hij heeft en hoe ze heten, maar dat hij nog regelmatig vanuit het niets delen van Bijbelteksten zit voor te dragen. En die gaan altijd over hel en verdoemenis, waardoor hij angstig wordt. Mensen die dement worden vergeten van alles; mijn vader heeft volgens mij nog geen tiende van zijn geheugen meer over. Maar de noodzaak om te lijden vergeet hij niet. Daar blijft hij last van hebben. Het zou genadiger zijn als hij die Bijbel eens ging vergeten.'

'Gun je hem die genade?'

Het is even stil tussen hen. 'Als ik eerlijk mag zijn: nee. Ik vind dat hij die angst heeft verdiend. Hij heeft zich in mijn ogen als ouder misdragen. Maar ik schiet er niets mee op om rancuneus te blijven.'

'We dwalen opnieuw van het onderwerp verdwijning van moeder af,' stelt Linda vast.

'Ja, dat doen we. En ik wil voorstellen om het er verder even niet meer over te hebben. Want ook dáár is niets meer aan te veranderen,' zegt Simon.

'Ik wil er later toch nog graag op terugkomen,' houdt Linda vol.

'Goed. Maar weet je nu iets meer dat je voor het onderzoek zou kunnen gebruiken?'

'Jij bent de eerste die ik spreek, ik ga overmorgen naar Johan en de dag daarna naar Thea.'

'Is het voor jou denkbaar dat een van óns Esther heeft vermoord?' vraagt Simon opeens.

Linda glimlacht. 'In principe komt iedereen die geen aantoonbaar alibi heeft altijd in aanmerking. Maar jullie kunnen allemaal aantonen waar je was. Ik heb om deze gesprekken gevraagd om meer zicht te krijgen op het leven van Esther. Jullie hebben allemaal dezelfde basis, die rode draad kan belangrijk zijn voor het onderzoek.'

'Betekent dat dat jullie twijfelen aan de schuld van die minnaar?'

Linda haalt haar schouders op. 'Ik denk dat we de zaak nog niet voldoende duidelijk hebben,' is het vage antwoord.

20

Johan wil liever niet in zijn eigen huis praten, daarom is hij naar het bureau gekomen. Hij ziet er ontspannen uit. Hij heeft een kleur op zijn wangen en als Linda daar een opmerking over maakt, vertelt hij dat hij het afgelopen weekend met Sara is gaan wandelen op de Veluwe. Het weer was erg goed, een beetje fris maar heel zonnig. Vandaar die kleur. Sara is zelfs een beetje verbrand in haar gezicht. Ze heeft een tere huid.

Om te voorkomen dat hij verder gaat met uitweiden over zaken die Linda niet interesseren, vat ze direct de koe bij de horens. 'Ik heb jullie allemaal uitgenodigd voor een gesprek om een indruk te krijgen van jullie leven en van de onderlinge verhoudingen. Het staat je uiteraard vrij om te bepalen wat je wél en níet wilt zeggen.'

'Ik vind het verbazingwekkend dat je ons allemaal hebt uitgenodigd. Ik kan me namelijk niet voorstellen dat dit ook maar íets kan bijdragen aan de oplossing van de moord.'

Linda glimlacht fijntjes. 'Je moet maar denken: de wegen van de politie zijn wonderlijk.' Terwijl ze dit zegt, realiseert ze zich dat Johan deze opmerking gemakkelijk als een verbastering van

'Gods wegen zijn wonderlijk' zou kunnen opvatten en ze let scherp op zijn reactie. Maar hij vertrekt geen spier.

'Heb jij de indruk dat de moordenaar iemand uit de naaste kring van Esther was?' is de volgende vraag die Linda op Johan afvuurt.

Zijn strakke gezicht blijft onverstoorbaar strak. 'Absoluut niet. Het is die minnaar.'

'Samuel Galensloot?' informeert Linda.

'Die minnaar. Ik wens zijn naam niet hardop te noemen.'

'Waarom niet?'

'Omdat ik zijn daden verfoei.'

'Je bedoelt dat hij Esther heeft vermoord?' Linda hoort het treiterige toontje in haar eigen stem. Ik moet me inhouden, flitst het door haar hoofd, ik moet me niet laten meeslepen door mijn eigen weerstand.

Maar Johan lijkt het niet te merken. 'Ik bedoel alles wat hij heeft gedaan. Vooral dat hij overspel pleegde. Dat keur ik af. Dat keur ik ten zeerste af.'

Linda knikt. 'Mag ik daaruit opmaken dat je de minnaar evenveel schuld aan de relatie toedicht als Esther?'

Het is een ogenblik stil.

'Ja,' antwoordt Johan.

'Ik had eerlijk gezegd de indruk dat de mensen uit jullie kerk daar anders over denken.'

'Ja,' zegt Johan opnieuw. 'Maar Esther was niet hun zuster.' Hij klinkt afwerend.

'Hield je veel van Esther?' wil Linda weten.

Het gezicht van Simon vertrekt even maar hij heeft het direct weer in de plooi. 'Wij waren de oudsten van het gezin,' ontwijkt hij de vraag. 'Van ons werd verwacht dat wij het goede voorbeeld gaven.'

'En deden jullie dat?'

Nu knijpt Johan heel duidelijk zijn lippen op elkaar voordat hij antwoord geeft. 'Dat deden we, maar het hielp niet veel.'

'Hoe zou je je eigen jeugd beschrijven?' gooit Linda het over een andere boeg.

'Als heel veilig,' antwoordt Johan direct. 'Mijn vader was een strenge maar rechtvaardige man. Je wist als kind waar je aan toe was. Dat is nodig, vind ik, dat kinderen zekerheid krijgen en grenzen leren.'

'Was hij een liefdevolle vader?'

'Absoluut. Een geïnteresseerde vader, een verantwoordelijke vader, een vader op wie je kon rekenen.'

'Strafte hij vaak?'

'Alleen als het nodig was. Ik heb eens een hele week huisarrest gehad, toen ik stiekem een sigaret had gerookt.' Johan glimlacht toegeeflijk bij zijn woorden.

'Maar hij sloeg je daarvoor niet?'

'Nee, natuurlijk niet. Hij sloeg zelden. Ik kan me niet herinneren dat ik zelf ooit een klap heb gehad. Esther volgens mij ook niet. Maar Simon en Thea haalden nogal eens wat uit en die hebben wel eens een mep gehad.'

'Een mep? Was het alleen een mep?'

'Wat zou het anders zijn?' vraagt Johan hooghartig. Hij kijkt Linda fronsend aan. 'Ik weet dat mijn broer en zus geen goed woord voor mijn vader over hebben. Maar daar sta ik boven.'

'Hoe was jouw relatie met je moeder?' verandert Linda plotseling van onderwerp.

Johan gaat rechtop zitten. 'Ik heb mijn moeder uit mijn leven verbannen, nadat ze haar kinderen zomaar in de steek liet.'

'Voelde je je in de steek gelaten?'

'Wij werden állemaal in de steek gelaten,' valt Johan uit. Zijn stem klinkt heftig. 'Ze liet ons gewoon in ons sop gaarkoken.'

'Heb je enig idee hoe ze ertoe kwam om jullie te verlaten?'

'Ze hadden veel ruzie,' zegt Johan. 'Mijn ouders,' legt hij uit. 'Ik hoorde mijn moeder vaak tegen mijn vader schreeuwen, als wij al in bed lagen. Ze kon heel onbeheerst zijn.'

'Waar gingen die ruzies over? Kon je horen waar ze ruzie over hadden?'

Johan lacht geringschattend. 'Daar hoefde ze niet voor te schreeuwen, dat was overduidelijk. Het ging altijd om Simon en Thea, haar lievelingetjes. Die konden in haar ogen geen kwaad doen en ze probeerde mijn vader voortdurend te dwarsbomen in de opvoeding.'

'Je moeder verdween in de tijd dat Thea een poosje uit huis was,' stelt Linda vast. 'Dat is toch zo?'

Johan gromt iets binnensmonds.

Linda kijkt hem vragend aan. 'Is dat níét waar?'

'Ik neem aan dat je intussen ook op de hoogte bent van de reden dat Thea uit huis moest?'

'Van wie moest ze uit huis?'

'Van mijn vader. En daarover waren mijn ouders het weer eens niet eens. Mijn moeder had het de gewoonste zaak van de wereld gevonden als een van haar kinderen op haar zestiende gewoon een baby had gebaard.'

'Hoe zou jij daarover hebben gedacht?'

'Mijn vader had groot gelijk dat hij haar wegstuurde. Hij was hoofdonderwijzer van de basisschool, nota bene. Dan heb je als gezin een voorbeeldfunctie voor iedereen. Stel je voor dat een van je kinderen een onwettig kind baart. Je verliest volkomen je geloofwaardigheid en ook je gezag. Ik zou hetzelfde gedaan hebben, als ik mijn vader was geweest.'

'Maar je moeder was het er niet mee eens, begrijp ik?'

'Nee. Maar ze probeerde wel haar zin door te drijven door te gaan dreigen.'

'Hoe bedoel je?'

'Ik heb haar op een avond horen schreeuwen dat ze mijn vader zou verlaten en de drie jongste kinderen zou meenemen.'

'Maar dat deed ze uiteindelijk niet. Liet ze Thea gewoon weggaan?'

Johan denkt een ogenblik na voordat hij antwoord geeft.

153

'Dat weet ik niet. Ik was niet thuis, de avond dat Thea vertrok.'

'Ik vind het een vreemd verhaal,' zegt Linda peinzend.

'Wat is er vreemd aan?' wil Johan weten. Het klinkt geïrriteerd.
'Je vertelt me dat je moeder niet wilde dat Thea uit huis ging. Tóch is dat gebeurd. Als ik het goed begrepen heb, zijn je ouders daarna samen op vakantie gegaan. Ik kan me voorstellen dat dit een poging tot verzoening was, anders kan ik me er niets bij voorstellen. Als ik me inleef in de overwegingen van je moeder, kan ik bedenken dat ze eieren voor haar geld heeft gekozen omdat ze het besluit van je vader op de een of andere manier tóch niet kon tegenhouden. En als moeder zou ik dan wachten tot mijn kind terugkwam om haar gerust te kunnen stellen en haar te troosten. Maar ik kan me op geen enkele manier voorstellen dat een moeder in plaats daarvan het gezin en vooral het kind dat weer zal terugkomen de rug toekeert. En Anna was er ook nog, toch? Die had toch ook zorg nodig?'

'Ja, dat is allemaal waar. Maar mijn moeder heeft toch écht besloten om te vertrekken.'

Linda zwijgt. Ik schiet weinig op met deze discussie, constateert ze in gedachten. Ik moet mijn eigen weerstand tegen deze engerd beheersen, denkt ze ook. 'Zou je moeder nog leven?' vraagt ze opeens rechtstreeks aan Johan.

Hij kijkt haar strak aan. Zijn gezicht is en blijft onbewogen. 'Ja, dat denk ik wel,' is zijn antwoord.

'Zou ze hier in de buurt kunnen zijn?'

Johan haalt zijn schouders op. 'Wat zou ze hier te zoeken hebben?' is zijn wedervraag.

Linda zwijgt.

'Ze heeft hier niets meer te zoeken,' stelt Johan vast. Hij schuift op zijn stoel. 'Ik heb eigenlijk helemaal geen zin meer om over mijn moeder te praten,' gaat hij een beetje stuurs verder. 'Ik begrijp ook niet waarom je het over haar wilt hebben. Het lijkt mij veel meer voor de hand liggen dat je je met de moord op mijn zusje bezighoudt.'

'Ik doe eerlijk gezegd weinig anders,' verzekert Linda hem. 'Als die minnaar blijft weigeren om te bekennen, kan hij toch nog wel veroordeeld worden? Waar twijfel je over?' 'In dit land is iemand onschuldig tot zijn schuld bewezen is,' antwoordt Linda koel.

'Nou, noem deze zaak maar eens onbewezen,' schampert Johan. 'Er is een dode, er is een redelijk exact vast te stellen tijdstip van overlijden, er is iemand die tot vrijwel het moment van overlijden in de buurt was en die ook nog zeer duidelijke fysieke sporen heeft achtergelaten.' Hij haalt nadrukkelijk diep adem door zijn neus en veroorzaakt daarmee een intens geluid van afkeer. 'Is dat niet genoeg bewijs dan?'

'Je vergeet het moordwapen,' zegt Linda. 'Een moordwapen ontbreekt nog.'

Ze staat op. 'Ik heb verder geen vragen. Dank voor je komst.' Als Johan haar een beleefde maar afstandelijke hand geeft, verschijnt er een fractie van een seconde een minzaam glimlachje om zijn mondhoeken. In Linda's maag begint iets treiterig te rommelen. Als Johan bijna de deur uit is, vraagt Linda nog: 'Wist jij misschien dat Esther een minnaar had?'

Johan draait zich abrupt om. 'Waarom vraag je dat?'

'Omdat jij volgens mij het meeste contact met haar had.'

Johan kijkt haar koeltjes aan. 'Wij spraken niet met elkaar over de intieme details van ons leven,' zegt hij, een beetje uit de hoogte. 'Wat een impertinente vraag is dat.' Hij slaat de deur beledigd achter zich dicht.

21

Thea heeft gevraagd of Linda weer na negenen naar haar toe kan komen. Ze praat het liefst als haar vader en Anna op bed liggen. Thea ziet er slecht uit, ontdekt Linda, als ze tegenover haar zit. Ze is bleek, haar wangen zijn ingevallen, haar neus steekt scherper dan voorheen naar voren. Ze is zichtbaar vermagerd. Thea ziet Linda naar haar kijken. 'Ik weet het,' zucht ze. 'Ik heb er wel eens beter uitgezien.'

Linda knikt. 'Hoe komt het? Wil je er iets over kwijt?'

'Jawel. Ik ben eerlijk gezegd behoorlijk aangeslagen door Esthers dood en daar had ik niet op gerekend.'

'Waarom niet? Het was je zusje.'

'Dat is waar. Maar we hadden weinig met elkaar. We stonden heel verschillend in het leven en ons contact was voornamelijk oppervlakkig.'

'Wat raakt je het meest?' wil Linda weten.

'Dat ik blijkbaar niet goed heb opgelet. Ik heb niets anders gezien dan een droge trut die volgens mij geen enkele notie had van hoe het normale leven eruitziet.'

Linda glimlacht. 'Dat is duidelijke taal. En wat heb je volgens jou gemist?'

'De normale jonge vrouw, die ze blijkt te zijn geweest. Met de gewone verlangens, de passie, de liefde. Ik heb het nooit aan haar gemerkt, omdat ik niet op die manier naar haar keek. Maar als ik terugdenk aan de laatste tijd, was er wel degelijk iets aan Esther te zien.'

'Zoals?' vraagt Linda.

'Haar ogen. Ze lachte met haar ogen. Ze had pretlichtjes. Maar ik dacht dat ze mij zat uit te lachen. Ik betrok het zoals gewoonlijk alleen op mezelf.'

Thea loopt naar de keuken om koffie te halen. Als ze terugkomt, ziet Linda dat ze heeft gehuild.

'Je bent verdrietig,' stelt Linda vast.

Thea knikt. 'Ja. En niet alleen om Esther, merk ik. Om alles hier. Om alles wat er al in dit huis is gebeurd. Ik begin het de laatste tijd steeds meer benauwd te krijgen. Soms is de enige normale mens die ik op een dag zie de zuster van de thuiszorg. Dat begint me op te breken.'

'Komt die klusjesman niet meer, hij heette toch Harm?'

'Die heeft een nieuwe baan en is verhuisd. Hij komt af en toe nog eens op zaterdag en dat is mijn ontsnappingsdag. Maar nu natuurlijk niet meer iedere week.'

'Hoe hebben jullie nu de weekenden geregeld?'

'Ik heb nu één weekend vrij en ben het volgende weekend thuis. En ik moet maar afwachten of Sara het volhoudt. Die begint steeds meer te zuchten en te steunen als ze hier moet zijn.'

Ze drinken koffie. Thea staart peinzend voor zich uit. 'Je hebt al met Simon en met Johan gepraat, hè? Ben je iets te weten gekomen dat van belang kan zijn voor het onderzoek?'

'Dat weet ik nog niet. Ik probeer via jullie meer te weten te komen over de achtergrond van Esther, omdat jullie uit hetzelfde nest komen.'

'Probeer je dwarsverbanden te ontdekken in onze levens?'

'Zoiets. Ik probeer goed te luisteren en ergens in jullie verhalen aanwijzingen te vinden voor de richting waarin ik moet zoeken.'

Thea zucht diep. 'Ik kan me met de beste wil van de wereld niet voorstellen dat je uit mijn verhaal iets zou kunnen halen wat van pas kan komen bij de oplossing van de moord.' Ze schudt ter ondersteuning van haar eigen woorden haar hoofd. 'Het lijkt me eerder mogelijk dat je juist nog verder van je doel af raakt.'

'Kan zijn,' reageert Linda luchtig. 'Maar je weet maar nooit. Zou jij kunnen bedenken wie behalve de man die nu vastzit, een reden gehad kan hebben om Esther te vermoorden?'

'Het kan iedereen zijn geweest die zich druk heeft gemaakt over de schande van overspel,' antwoordt Thea.

'Dat is me te vaag. Daar kan de hele wereld mee bedoeld worden,' weert Linda af.

'Ik bedoel niet bepaald de héle wereld. Ik heb het meer over de besloten wereld waarin Esther leefde. Ik ken die wereld. Zolang je volgens de afgesproken fatsoensregels leeft, ben je een lid van de gemeenschap en kun je erop rekenen dat je geholpen wordt in moeilijke tijden. Maar waag het niet om af te wijken. Je loopt het op!' Bij deze laatste woorden steekt Thea een waarschuwende vinger op.

'Daar kun jij over meepraten,' constateert Linda.

'Juist. Maar ik moet erbij zeggen dat ik met "het oplopen" niet bedoel dat je het risico loopt om vermoord te worden. Ik heb het meer over genegeerd worden of uitgestoten. Het zijn beslist geen slechte mensen,' zegt ze zachter. Haar stem trilt een ogenblik maar ze herstelt zich direct. 'Het zijn geen slechte mensen,' herhaalt ze en haar woorden klinken verdedigend. 'Ze helpen elkaar, als er iets aan de hand is kun je op ze rekenen. Mijn vader is heel goed geholpen toen mijn moeder verdween, door een klein groepje vrouwen. Ze deden boodschappen en kookten eten en ze vingen Anna op. Esther zat toen in het laatste jaar van de havo en Johan studeerde in Amsterdam.'

'Heeft Johan gestudeerd?' vraagt Linda.

'Ja, maar niet lang. Hij deed rechten. Een jaar of twee. Toen was hij opeens weer terug; de studie boeide hem niet genoeg, zei hij.' Thea kijkt Linda even besmuikt lachend aan. 'Ik denk eerlijk gezegd dat hij het gewoon niet trók. Maar ja, dat zal natuurlijk niemand hardop zeggen. Johan en Esther waren door mijn vader aangewezen als de intelligente tak van het gezin. Simon en ik waren de dombo's.'

'Maar Johan is uiteindelijk wél bestuurssecretaris geworden bij de Rabobank, als ik het goed heb,' merkt Linda op. Thea knikt. 'Hij is natuurlijk niet dom. Dat zijn we geen van allen. Behalve Anna, natuurlijk, die heeft een aangeboren defect. Maar we zijn verder allemaal de kinderen van twee intelligente mensen. Mijn moeder was ook onderwijzeres.'

Linda kijkt Thea vragend aan. 'Ik vroeg me al af of jouw moeder ook van deze streek is.'

'Nee. Ze kwam uit Assen. Daar heeft ze tot haar veertigste gewoond. Toen solliciteerde ze op de christelijke basisschool in Den Oever, mijn vader was haar baas. Zo schijnt het gekomen te zijn. Mijn moeder was vier jaar jonger dan mijn vader. Mijn ouders hebben laat kinderen gekregen; mijn moeder was al eenenveertig toen Johan geboren werd. En ze was bijna negenenveertig toen Anna kwam.'

'Allemachtig,' kermt Linda bijna, 'je moet er niet aan dénken.'

Thea knikt bedachtzaam.

'Daar moet je inderdaad niet aan denken,' beaamt ze.

'Was jouw moeder ook streng gereformeerd?' vraagt Linda.

Thea glimlacht. 'Ze was van hervormde huize. Maar ze moest zich schikken in de regels van het geloof van haar man. Zo ging dat en dat deed ze voor het aanzicht van de buitenwereld. Maar ze was veel losser dan mijn vader, veel ruimer in haar denken. Ze was heel open tegen ons. Als mijn vader tenminste niet in de buurt was.'

'Denk je dat ze een gelukkige relatie hadden?'

'Welnee. Mijn moeder heeft me verteld dat ze graag kinderen wilde. Mijn vader was beschikbaar. Hij zag er goed uit. Ik heb een foto van mijn ouders, toen ze elkaar net kenden. Wacht even, volgens mij ligt hij hier ergens in het dressoir.' Thea trekt de brede onderste lade van het dressoir open en schuift enkele papieren opzij. Ze haalt een witte envelop tevoorschijn en maakt hem open. 'Even kijken. Dit is 'm.'

Ze geeft Linda een foto waarop twee mensen staan. Linda ziet een vrouw met een aardig gezicht, ze glimlacht vriendelijk. Naast haar staat een man die ernstig kijkt. Hij heeft een mooie bos donker haar, volle lippen en regelmatige trekken in zijn gezicht. 'Inderdaad, een mooie man,' merkt Linda op. 'Sprekende ogen heeft hij ook. Hij lijkt zelfs op de fóto nog door je heen te kijken.'

Thea knikt. 'Die ogen waren mijn grootste angst,' zegt ze. 'Hij kon je met zijn blikken tot de helft van je lengte reduceren. Ik kijk hem zelfs nu nog zo weinig mogelijk aan.'

Ze steekt de foto weer tussen de andere foto's in de envelop en legt hem terug in de lade. 'Waar waren we gebleven? Ik schenk eerst nog een keer koffie in. Of wil je liever iets anders? Ik neem een lekker wijntje, doe je een glaasje mee?'

Linda knikt. 'Mag dat, alcohol drinken?' informeert ze.

Thea lacht hardop. Het is een schampere lach. 'Dacht ik niet. Maar daar trekken we ons allang niets meer van aan. Ik provoceer het nooit en ik schenk niet als iedereen thuis is. Wat heb je aan die herrie? Johan zal er altijd strijd om willen leveren. Ik heb daar geen zin in. De flessen staan in een kast waar hij nooit komt. Toen we het huis van Esther opruimden vonden Simon en ik daar ook een aantal flessen wijn. En het zou me niet verbazen als Johan in zijn eigen huis ook wel eens een wijntje drinkt.'

Thea heeft de fles opengemaakt en schenkt twee glazen vol. 'Waar proosten we op?' vraagt ze.

'Zeg jij het maar,' nodigt Linda uit.

'Ik proost erop dat je de moordenaar van mijn zusje vindt,' zegt Thea ernstig.

'Ik zou toch graag nog iets meer willen horen over hoe het

volgens jou werkt binnen de groep van de gelovigen,' stelt Linda voor. 'Je zei net dat het geen slechte mensen zijn en dat moord niet in de omgangscode past, heb ik dat goed begrepen?' 'Ja,' knikt Thea. 'Dat klopt. Je ziet dat vaker bij groepen van een bepaald geloof. Mensen die geloven, helpen elkaar en vormen vaak een hechte gemeenschap. Dat is bij ons ook het geval. Zolang je je aan de gedragsregels houdt, kun je op iedereen rekenen. Simon en ik zijn heus niet de enigen die van de leer zijn afgedwaald. Verschillende klasgenoten uit mijn mavotijd hebben zich van hun familie afgekeerd. Ik was een paar maanden geleden op de begrafenis van een vroegere collega van mijn vader, hier in het dorp. Hij was de onderwijzer van groep vier. Ik heb met zijn zoon Sem op school gezeten. Dat was een banjer. Altijd lachen met Sem, altijd proberen om de grenzen te verleggen. Ik kwam graag in dat gezin, zijn ouders waren redelijk gemoedelijk. Maar dat veranderde toen Sem niet meer naar de kerk wilde en begon te roken en te drinken. Herrie in de tent, niet te filmen! Iedereen werd er natuurlijk weer bij gehaald, iedereen begon tegen Sem te praten en te preken. Er werd openlijk voor hem gebeden in de kerk. Maar Sem luisterde niet. Hij is na de mavo nog netjes de havo gaan doen, maar toen was de koek op. Daarna is hij de opleiding voor verpleegkundige gaan volgen in het MCA in Alkmaar en later is hij getrouwd met een vrouw die niet van onze kerk is. Ik zag hem op die begrafenis met zijn vrouw en twee kinderen. Hij werd door de meeste mensen gewoon genegeerd. Zijn vrouw en kinderen ook. Je weet niet wat je meemaakt. Maar het ergste vond ik nog dat de dominee bij het open graf een donderpreek begon te houden over hen die de geest en de waarheid van het geloof waren kwijtgeraakt en voor eeuwig in de hel zouden branden en dat hij daarbij zijn blik strak op Sem gevestigd hield. Iedereen zag het. Ik werd er beroerd van.' Thea neemt een slok wijn. 'Maar Sem keek gelukkig gewoon strak terug,' zegt ze. 'Die liet zich op geen enkele manier intimideren. De dominee sloeg als eerste zijn ogen neer. Ik had bijna geapplaudisseerd.' Ze zucht diep. 'Het zit zó diep, weet je. De weerstand tegen dat dogmatische en indoctrinerende denken zit zó gruwelijk diep. Ik probeer er niet al te veel over na te denken. Maar dat lukt me niet altijd even goed.'

'Ben jij ook genegeerd? Is er voor jou ook in de kerk gebeden, denk je?' vraagt Linda.

Thea schrikt. Ze staart Linda aan. Dan knikt ze bedachtzaam. 'Reken maar van yes. Ik ben de meest nadrukkelijke paria van de hele gemeenschap. En het ergste wat ik iedereen kan aandoen is hier onverstoorbaar rond te blijven lopen,' zegt ze grimmig.

'Waarom blijf je hier eigenlijk rondlopen?' Linda's vraag voelt als een aanval.

Thea schiet overeind. 'Ik blijf hier niet. Ik ben voorbereidingen aan het treffen om weg te kunnen komen.' Er is ergens in huis een geluid. Thea staat op. 'Ik geloof dat mijn vader roept,' zegt ze kort. 'Je weet wel genoeg, denk ik?'

Zevende brief aan mijn vader

De beer is los in mijn hoofd. Dat komt ervan, als je opeens met een bepaalde regelmaat begint te praten over vroeger. Sinds Esther dood is, dringt het verleden zich aan mij op. De rechercheur die de moord op Esther onderzoekt heeft me een hele avond zitten uithoren over mijn leven. Daar werd ik niet vrolijk van. Maar ik hield het nog redelijk vol totdat ze me vroeg of ik, net als anderen die iets op hun kerkelijke kerfstok hadden, werd genegeerd en of er tijdens mijn dwaling voor me werd gebeden. Die vraag heeft er ingehakt. Die raakte de beurse plek in mijn ziel.

Ik denk opeens weer de hele dag aan Michiel van de Wetering. Hij was de zoon van onze buren. U hebt zijn naam verbannen uit ons huis, ik weet het. Maar u hebt die naam niet uit mijn hart kunnen slaan. Wat zou er van Michiel geworden zijn? Ik heb hem nooit meer gezien. Toen ik terugkwam was de familie Van de Wetering verhuisd. Sinds hun vertrek hebben er al drie andere families in hun huis gewoond. Niemand schijnt het er lang te kunnen uithouden. Vreemd eigenlijk, of niet? U zou dat toeval noemen, maar ik geloof niet in toeval.

Michiel was vier jaar ouder dan ik. Hij studeerde piano aan het conservatorium in Amsterdam en kwam in de weekenden naar huis. Het was zomer. Esther wilde op de zaterdagavonden naar Oosterland; daar speelde in de zomermaanden altijd de plaatselijke harmonie. Ze mocht van u niet alleen, ik moest mee. Esther was smoorverliefd op Michiel en hij was dan ook de reden dat ze weg wilde. Maar Michiel zag Esther niet staan. Michiel zag mij. En ik kon mijn ogen niet van hém afhouden. Ik wist niet wat me overkwam. Het was overweldigend, die verliefdheid. Het was vreemd, soms angstaanjagend heftig, mijn hoofd zat er vol van, mijn maag was van streek. Alles om me heen zag er anders uit. Alles voelde anders. De zon raakte dwars door mijn huid heen mijn botten. Ik ving geluiden op die zich buiten mijn gehoorafstand bevonden. Zelfs als ik Michiel niet zag hoorde ik hem. Ik voelde hem fluisteren, mijn oren trilden ervan.

Michiel nam me mee naar het kerkhof, achter de kerk. Hij wist me heel behendig te ontvoeren, Esther had het totaal niet in de gaten. Niemand trouwens. Voordat iemand er erg in had waren we verdwenen. Ik kon van opwinding mijn eigen benen nauwelijks meer voelen. Ze volgden Michiel, maar zonder mijn medewerking. Ik stond het ene moment nog ergens achter het podium waarop de harmonie zat te spelen en het volgende ogenblik lag ik in de armen van Michiel achter een hoge zerk met hem te zoenen. Ik was nét zestien, nog nooit gekust en nog nooit aangeraakt. Mijn moeder had me voorgelicht maar ze had er niet bij verteld dat een strelende tong over mijn tepels een adembenemende sensatie tussen mijn benen teweeg zou gaan brengen. Ze had me niet voorbereid op slappe spieren, gretige handen, een onbeheerste lust naar méér en de daaropvolgende schreeuw die uit mijn eigen keel bleek te kunnen komen. Michiel was niet te stuiten en ik wilde niet dat hij ophield. Hij fluisterde in mijn oor dat hij me volgende week zaterdag weer wilde zien. Ik kon geen woord uitbrengen. We slopen even onopvallend terug naar het dorpsplein als we vertrokken waren.

Esther siste me toe dat ik voortaan bij haar in de buurt moest blijven. Ze was woedend. Ik trok mijn schouders op. Ik voelde niets anders dan het nagalmen van de verrukkelijke opwinding tussen mijn benen. Ik wilde het liefst dat het de volgende dag weer zaterdag zou zijn.

Ik heb zeven zaterdagen achter de grote zerk op het kerkhof met Michiel gevreeën. Het is niet te begrijpen dat niemand ons heeft gehoord in het dorp. We maakten namelijk een ontzettende herrie. De doden hadden er wakker van kunnen worden. Ik wilde Michiel graag vaker zien en hij beloofde me dat hij me na de zomervakantie zou meenemen naar zijn kamer in Amsterdam. Ik betwijfelde of het hem zou lukken om mij mee te krijgen en ik stelde hem voor om Simon uit te nodigen en te betrekken in het complot. Met Simon erbij hadden we wel een kans, meende ik. Op zondag zat de familie van Michiel achter ons gezin in de kerk. Ik leunde achterover om zijn stem te kunnen horen als hij zong. Mijn dagen waren helemaal gevuld met dromen over Michiel. Ik lette nergens meer op, hoorde en zag nauwelijks wat er om me heen gebeurde. Ik had ook niet in de gaten dat ik over tijd was.

Maar u had uw ogen niet in uw zak zitten. U volgde me met die ogen overal in huis en u gebood moeder om beter op mij te letten. Ik denk dat u als eerste in de gaten had dat ik zwanger was. U fluisterde heftig met moeder in de keuken en toen moeder weer in de kamer kwam, wenkte ze me mee naar boven. Ze wilde weten wat er aan de hand was. Of er misschien iets gaande was met een jongen? Ik bloosde tot onder mijn voetzolen en ik zag de verschrikte blik in haar ogen. Ze bleef me aanstaren toen ze verder vroeg en ik hoorde de angst in haar stem toen ze wilde weten of ik iets met een jongen had gedaan. Ze fluisterde haar vraag en ze hield haar blik tegelijkertijd onafgebroken op de deur van mijn kamer gericht.

Ik knikte verrukt.

Haar stem werd nóg zachter bij de vraag of hij bescherming had gebruikt. Het drong niet direct tot me door wat ze daarmee bedoelde maar toen ik het begreep, leek de grond onder mijn voeten vandaan te verdwijnen. Ik realiseerde me dat het weken geleden was dat ik ongesteld was geweest. Ik legde mijn handen op mijn buik en staarde mijn moeder aan. We wisten allebei wat er aan de hand was.

Moeder streelde met haar hand langs mijn wang. Ze probeerde me gerust te stellen en zei dat het allemaal wel los zou lopen. Maar ze keek er te angstig bij om dat te kunnen geloven. Ik begon te huilen. Moeder hield me stevig vast, tot ik weer rustig was. Ik keek haar vragend aan. Ze zei dat we de volgende morgen eerst naar de dokter gingen en daarna wel verder zouden zien.

Vanaf die dag meed u me alsof ik een besmettelijke ziekte had. U be-
handelde me als een vies beest dat stonk en waar je niet in de buurt moest
komen. U snóóf zelfs als ik in de kamer was.

Moeder en u waren voortdurend achter gesloten deuren aan het strij-
den. Soms ving ik flarden op van de ruzies tussen jullie. U riep dat het
een schande was en dat u het niet zou toestaan. Zij beweerde dat ze al
vijf kinderen had opgevoed en een zesde ook nog wel zou lukken.

Simon wist wel manieren om van de vrucht af te komen, vertelde hij.
Een van zijn vrienden had een boekje waarin stond hoe dat kon lukken.
Esther spoorde me aan om dat te lezen, omdat het nu nog kon en nie-
mand nog iets in de gaten had. Ze drong erop aan dat ik ervoor moest
zorgen dat ik het kwijtraakte. Ze sprak het woord baby of kind niet
uit. De ongewenste gast in mijn buik was een 'het'.

Moeder ging praten met de ouders van Michiel. U bleef thuis. U zat
als een zoutpilaar in uw stoel met uw armen gekruist over uw borst vol
afkeer langs mij heen te kijken. Ik durfde me niet te verroeren. Toen moe-
der thuiskwam moest ik de kamer uit. Later begreep ik dat Michiels
ouders niet wilden dat Michiel zijn conservatoriumstudie moest onder-
breken en dat ze dus geen enkele verantwoordelijkheid namen. Ze zetten
hun huis te koop en waren binnen vier maanden verdwenen. Michiel
kwam in de tussentijd niet meer naar huis.

Het ging allemaal langs mij heen. Ik las geen boekjes die Simon me
aanreikte, ik luisterde niet naar de adviezen van Esther. Ergens diep in
mijn buik zat een heel klein mensje dat ik beschermen moest. Ik ben
vanaf de dag dat ik besefte dat ik zwanger was volledig broeds geweest.
Het gebeurde buiten mijn wil. Het gebeurde gewoon. Mijn borsten zwol-
len op, terwijl mijn buik nog plat was. In gedachten voedde ik mijn
kindje er al mee. Ik vertelde hele verhalen tegen mijn buik. Ik zong
slaapliedjes voor de baby als ik zelf ging slapen. Ik stelde vragen over
hoe het was daarbinnen, of er genoeg te eten en te drinken was en of ze
me het wilde laten weten als er iets niet goed ging. Ik ben er vanaf het
eerste moment dat ik bewust in verwachting was van overtuigd geweest
dat ik een meisje droeg.

Over vier maanden, op zeventien maart, wordt ze vijftien. Het was niet de bedoeling dat ik wist dat het een meisje was. *Maar ik weet het zeker, omdat ik de verloskundige heel duidelijk heb horen zeggen dat ze haar niet aan me moesten laten zien en haar direct naar een andere kamer moesten brengen. Ik heb niet gereageerd. Ik was volslagen murw geworden door het maandenlange verblijf in een vreemd huis en door het voortdurende gepraat en gesoebat van de mensen bij wie ik in huis was. Ik was zó bekaf dat ik tóch op het laatste moment de adoptiepapieren heb getekend. Ze beloofden me dat ik later het kind zou mogen terugzien, als alles achter de rug was en ik meerderjarig zou zijn. Ze beweerden bij hoog en bij laag dat mijn moeder graag wilde dat ik meewerkte aan de adoptie en dat ze me later zouden vertellen waar de baby woonde.*

Maar dat gebeurde niet. U had heel andere afspraken gemaakt. U bent nooit van plan geweest om mij contact te laten krijgen met het kind. Er was nooit meer sprake van een kind. Ik ben voor de buitenwereld een halfjaar bij een zieke tante in huis geweest om voor haar te zorgen. Toen ik terugkwam was ik wel een beetje dikker dan voorheen, maar de kilo's vlogen eraf. Binnen een paar weken was ik zo mager als een houtje en viel ik zelfs flauw van zwakte. Esther heeft me toen eten gevoerd. Het waren kleine hapjes. Zacht witbrood met zalm, eendenpastei op toast, eiwitrijke melkdrank. Ze voerde me met veel geduld, zonder iets te zeggen. Ze keek me nauwelijks aan. Maar ze was lief. Toen was ze lief en dat had ik nodig.

Het heeft zes maanden geduurd voordat ik weer op mijn oude gewicht was. In die zes maanden heb ik weinig anders gedaan dan slapen, me laten verleiden om te eten en voor me uit staren. Moeder was weg. U verbood ons haar naam te noemen. Er waren vrouwen van onze kerk in huis, die voor het huishouden zorgden en die Anna opvingen. Ze negeerden mij. Ik negeerde hen. Iedere dag rende ik zodra de postbode was geweest naar de brievenbus, omdat ik hoopte dat moeder een bericht had gestuurd. Simon was ook weg maar ik dacht nauwelijks aan hem. Ik was voortdurend bezig met moeder, ik bad vurig dat ze terug zou komen. Toen ik weer was aangesterkt begroef ik mezelf bijna in de Bijbel. Ik leerde hele passages van buiten en dreunde die bij het avondeten op, om

u gunstig te stemmen. Als u goed gestemd was, zou u er misschien voor
zorgen dat moeder weer naar huis kwam, hoopte ik. Uw enige reactie
was hoog opgetrokken wenkbrauwen en een strakke mond. U keek me
niet aan, u keek langs me heen. Soms dacht ik dat ik dood was maar
het zelf nog niet wist. Niemand scheen mijn aanwezigheid op te merken.
Als u niet op school was, zat u in uw kas. Na moeders vertrek had
u opeens een kas achter in de tuin gezet, waar u fuchsia's en dahlia's
kweekte. De kas was uw strikte privédomein.

Ik heb u de eerste jaren nadat ik de baby had gekregen talloze keren
gevraagd waar het kind gebleven was. Ik heb u gesmeekt me te vertellen
hoe de mensen heetten die haar hadden meegenomen en voor haar zorg-
den. U zweeg met samengeknepen lippen en weigerde een hele tijd te ant-
woorden. Toen u in de gaten kreeg dat ik er niet over ophield en zelfs
slaag niet hielp, beloofde u me er iets over te zeggen als ik dertig was.
Pas toen u begon te dementeren kwam ik erachter dat Johan en Esther
wél wisten waar het kind woonde. Maar u hebt hun bevolen te zwijgen.
Dat hebben ze tot nu toe gedaan en Esther heeft het geheim nu meegeno-
men in haar graf. Johan is de enige die het mij vertellen kan.

U hebt zich nooit verdiept in wat u aanrichtte door te zwijgen. Voor u
was het enige wat gold de schande die ik over het gezin had gebracht.
En mijn schande was niet het enige wat u overkwam. Het vertrek van
moeder werd ook een streng verboden onderwerp van gesprek in ons gezin.
Ik merkte wel dat er rondom ons werd gemompeld maar niemand stelde
openlijk vragen. Zo gaan wij met elkaar om in onze gemeenschap. We
stellen geen vragen, we oordelen wel zónder dat we het fijne van iets
weten. Oordeelt niet, opdat gij niet geoordeeld worde zijn mooie woorden
uit een boek. Je moet natuurlijk niet alles wat in de Bijbel staat even
letterlijk nemen. Dat zou namelijk wel eens kunnen betekenen dat je je
menselijk moet gaan gedragen.

Ik kan het niet laten: schimpen en sneren tegen u. Het lukt me niet
om dingen die gebeurd zijn te vergeten. De laatste tijd denk ik steeds
vaker dat het beter zou zijn om u niet meer elke dag te zien. Misschien
zou het zelfs het beste zijn om u nóóit meer te zien. Ook al kijk ik zo

weinig mogelijk naar u: u bent er. U woont hier, u scharrelt door het huis. U weet van voren niet meer dat u van achteren leeft. U zit soms met uw handen voor uw mond te fluisteren. Het is niet duidelijk tegen wie u dan praat. Misschien ziet u dingen die wij niet zien, wie zal het zeggen? U leeft in een eigen wereld en u hebt daar even weinig plezier als u in uw vroegere wereld had. Het draait allemaal nog steeds om zonde en schuld. Dat kan ook niet anders, daar heeft het uw hele leven al om gedraaid.

Simon vindt dat het tijd wordt dat u naar een verpleeghuis gaat. Hij heeft gelijk. Maar dan riskeer ik dat Johan kwaad wordt en hij zijn belofte niet nakomt. Hij heeft me beloofd dat hij me, zodra u dood bent, zal vertellen waar mijn kind gebleven is. En ik heb op mijn beurt moeten beloven dat ik voor u zal zorgen tot u doodgaat.

Wordt het niet eens tijd dat u uw Heiland gaat opzoeken? Of bent u soms bang voor wat u dan te wachten staat?

Misschien moet u tóch een handje geholpen worden. Ik kan tegen de huisarts zeggen dat u hele nachten door het huis spookt en ik daardoor slaap tekort kom. Het moet geen enkele moeite kosten om u van een stevige slaapmedicatie te voorzien. Het zal een kwestie zijn van voldoende pillen sparen en u die op een geschikt moment laten innemen. Als ik ervoor zorg dat ik lang genoeg wacht met alarm slaan, bent u niet meer te redden. Ik heb in het verpleeghuis wel vaker meegemaakt dat een demente patiënt in een coma terechtkwam en daar niet meer uit ontwaakte.

Het zal een fluitje van een cent zijn om u kwijt te raken.

22

Dit jaar valt Kerstmis op maandag en dinsdag. Thea heeft daar al tijden tegen opgezien. Op eerste kerstdag komen Johan en Sara altijd eten, maar dit jaar hebben ze afgesproken dat ze de kerstmaaltijd overslaan, omdat Esther pas dood is. Het weekend van drieëntwintig en vierentwintig december is het oppasweekend van Sara. Thea heeft zich zitten afvragen waar ze heen zal gaan. Overal vind je versierde straten en winkels, kerstmuziek om je heen en de uitstraling van gezelligheid en samenzijn. Daar kan ze niet goed tegen. Ze voelt zich te midden van al die opgelegde vrolijkheid vaak eenzaam. Een paar weken geleden heeft Simon haar uitgenodigd om het weekend vóór Kerstmis bij Pieter en hem door te brengen.

'We willen op zaterdagavond een paar leuke mensen vragen die allemaal alleen zijn en afspreken dat iedereen iets meebrengt voor het diner. Pieter zorgt voor de wijn, zou jij een dessert willen maken?' vroeg hij. Dat is een goed alternatief voor in je eentje langs verlichte etalages slenteren en toezien hoe de meeste mensen die je tegenkomt stevig gearmd met een partner lopen, heeft Thea bedacht.

Moeder maakte vroeger altijd chocolademousse met slagroom

als het Kerstmis was. Thea heeft het recept bewaard maar ze heeft het zelf nog nooit gemaakt. Het ziet er tamelijk ingewikkeld uit door dat splitsen van eigeel en eiwitten, maar waarom zou het niet lukken, heeft ze zich afgevraagd. Het is gewoon een kwestie van precies doen wat er wordt voorgeschreven, dan kan het niet misgaan. De tijd is rijp om het recept te gaan gebruiken, heeft ze besloten. Het voelt als een ode aan haar moeder.

Sara is de laatste tijd erg nerveus, heeft Thea gemerkt. Ze is snel geagiteerd en ze kan nauwelijks drie minuten achter elkaar op haar stoel blijven zitten. Thea heeft haar al een paar keer gevraagd wat er aan de hand is, maar Sara wuift alle vragen weg. Volgens haar is alles in orde. Als Thea op dinsdagmorgen haar bed aan het opmaken is, ziet ze de auto van Sara opeens op het erf verschijnen. Vader is vandaag een dagje uit met de kerk. Een van de echtgenotes van de ouderlingen is komen vragen of hij mee mocht. Een aantal kerkvrijwilligers heeft een dagtocht georganiseerd voor gemeenteleden die hulpbehoevend zijn. Er gaan twee gediplomeerde verpleegkundigen mee en een groot aantal familieleden. Thea heeft daar niet op gereageerd. Dat vader een dagje uitgaat, vindt ze prima. Maar ze moet er niet aan denken dat ze zelf ook een dag moet doorbrengen tussen mensen die haar normaliter negeren. Ze heeft dus geen hulp aangeboden maar ze had ook niet de indruk dat het nodig zou zijn. Vader is vanmorgen om negen uur opgehaald met een touringcar. Hij liet zich zonder tegenstribbelen in de bus hijsen en zwaaide zelfs toen de bus vertrok. Thea heeft een brief meegegeven met aanwijzingen over de manier waarop hij geholpen moet worden.

Het is koud maar helder weer vandaag. De zon schijnt aan een strakblauwe lucht en geeft de wereld een vriendelijk aanzien. Thea heeft bedacht dat ze vanmiddag op haar gemak boodschappen kan gaan doen in Schagen. Daar is een mooi overdekt winkelcentrum. Ze gaat daar regelmatig langs als ze op zaterdagmorgen de afslag naar rechts neemt op de A7. Het is een soort ritueel: eerst koffiedrinken in Schagen en even snuffelen in het winkelcentrum.

Ze heeft zin om iets voor zichzelf te kopen bij Simpl, haar favoriete zaak. Simpl verkoopt schitterende leren tassen en riemen, maar ook sieraden en tegenwoordig zelfs schoenen en laarzen. Ze wil een nieuwe zwarte riem hebben. Als kerstcadeau. Maar nu komt Sara opeens tevoorschijn. Thea loopt verwonderd naar beneden. Ze voelt zich ongerust. Sara zal toch niet komen vertellen dat ze het niet ziet zitten om het komende weekend op te passen? Thea heeft nét zoveel zin in het etentje bij Simon en Pieter. Als ze de voordeur opent, staat Sara net op het punt om de sleutel in het slot te steken. Ze lacht een beetje verlegen. 'Ik dacht: ik ga koffie bij je drinken,' zegt ze aarzelend.

'Dat is leuk. Kom erin, we hebben het rijk alleen,' antwoordt Thea zo hartelijk mogelijk.

'Heeft vader niet geprotesteerd?' wil Sara weten als ze achter Thea aan loopt in de richting van de keuken. 'Ik was eerlijk gezegd bang dat hij zou weigeren om mee te gaan.'

Thea knikt, terwijl ze het koffiezetapparaat vult met water. 'Ik ook, ik had er niet op gerekend dat het feest zou doorgaan. Maar hij ging gewoon mee. Hij zwaaide zelfs toen de bus vertrok.'

'Misschien zou het goed voor hem zijn om tussen andere oude mensen te wonen,' zegt Sara. Thea staart haar verbaasd aan.

'Ik weet dat Johan dat niet wil,' gaat Sara verder. 'Je vader heeft altijd beweerd dat hij nooit in een verpleeghuis wilde worden opgenomen, toch? Maar dat beweerde hij toen hij nog goed was. Nu liggen de zaken volgens mij anders.'

Thea weet even niet wat ze moet zeggen. Dan herstelt ze zich. 'Ik ben het met je eens. We moeten het er met de hele familie maar eens over hebben. Na de feestdagen,' stelt ze voor.

Als Thea koffie inschenkt duikt Sara in haar tas. 'Dat vergeet ik bijna. Ik heb gevulde speculaas meegebracht,' zegt ze en ze legt een pakje op tafel. Thea ziet op het doorzichtige papier waarin de speculaas is verpakt een sticker zitten. Banketbakkerij Mantje, staat er in glimmende zwarte sierlijkheid. Haar maag schiet in de knoop. 'Je bent langs de bakker geweest,' stelt ze vast. 'Wat een verwennerij. Is er wat te vieren?' Ze ziet dat Sara bloost en opeens weet ze het. 'O, ben je soms in verwachting?' roept ze enthousiast.

Sara schudt snel haar hoofd. 'Nee hoor, nee, écht niet.' Ze ziet dat Thea haar ongelovig aankijkt.

'Sorry,' verontschuldigt Thea zich. Ze realiseert zich dat ze misschien een gevoelige snaar heeft geraakt. 'Het was niet mijn bedoeling om je pijn te doen.'

'Het valt wel mee,' sust Sara. 'Ik wen er steeds beter aan. Dat het niet voor me is weggelegd. Het moederschap,' verduidelijkt ze.

'Je wilt het wél,' stelt Thea vast.

Sara knikt. 'Niets liever dan dat,' zegt ze eerlijk.

'Je praat er nooit over,' zegt Thea.

'Nee. Dat wil Johan niet. Hij vindt het privé.'

'Is er een oorzaak bekend?' vraagt Thea. Nu Sara tóch mededeelzaam is, kan ze beter maar direct vragen wat ze weten wil. En ze kan tegelijk de aandacht van de gevulde speculaas afwenden.

Sara schudt haar hoofd. 'Niet echt. Het schijnt dat de chemische verbinding die nodig is voor een bevruchting ontbreekt. Of zoiets. Het is me te ingewikkeld. Ik heb me erbij neergelegd.'

'Zeker weten?' informeert Thea. 'Ik vind je namelijk de laatste tijd zo onrustig. Of heeft dat ook met de dood van Esther te maken? Daar voel ik mij zelf namelijk ook helemaal niet fijn door.'

Sara knikt heftig. 'Ik kan het niet verkroppen dat ze is vermoord. Ik begrijp het ook niet. Ze heeft toch niemand kwaad gedaan?'

'Daar denken je medechristenen heel anders over. Je hebt gezien hoe ze Esthers vrijage met haar collega veroordeelden door hun unanieme afwezigheid bij de crematie.'

'Ik ben van mening dat niemand daar iets mee te maken had,' zegt Sara ferm. Ze klinkt opeens heel officieel.

Thea schiet in de lach maar herstelt zich direct weer. 'Sorry dat ik even moet lachen. Je bent opeens zo kordaat. Prima hoor, wat mij betreft. Maar zo ken ik je niet. Wat is er toch aan de hand?'

Sara trekt haar schouders op. 'Ik weet het zelf niet meer. Johan doet zo vreemd, sinds Esther dood is.' Ze zegt het net iets te achteloos.

Thea kijkt haar schoonzus opmerkzaam aan. 'Hoezo vreemd? Wat bedoel je precies?' Er zit iets dreigends in de lucht.

'Hij moet opeens drie keer per week samen met ouderling Mantje bidden en hij wil dat ik dan op de slaapkamer ga zitten.'

'Ouderling Mántje? Maar die is toch allang dood?'

'Ik bedoel zijn zoon Luuk. Die is nu ouderling. Je kent hem toch wel? Hij heeft de zaak van zijn vader overgenomen,' wijst Sara naar de gevulde speculaas die Thea naar de hoek van de tafel heeft geschoven.

Thea negeert de hint. 'Vaag, hij is ouder dan ik. Hij zal wel van Johans leeftijd zijn. Maar waarom moeten ze dan samen zoveel bidden?'

'Johan wil daar niets over loslaten. Hij slaapt slecht, hij zit halve nachten beneden. Maar hij zwijgt als ik vragen stel. Vorige week werd hij zelfs kwaad. Het waren zíjn zaken, zei hij, ik moest me met mijn eigen zaken bemoeien. Ik heb het er dus maar niet meer over.'

'Wist Johan eigenlijk dat Esther...'

'Er werd veel gepraat,' zegt Sara zacht. 'Maar je weet dat Johan niet wil dat ik luister naar roddels. Een van de leden van het zangkoor heeft me verteld dat Esther en die Samuel iets hadden samen. En dat een van de ouderlingen daar Johan op had aangesproken.'

'Dus Johan wíst het?' benadrukt Thea.

'Hij zegt van niet. Het waren roddels, volgens hem.'

'Je maakt mij niet wijs dat hij het daar niet met Esther over heeft gehad,' zegt Thea. 'Je kent Johan. Hij verfoeit zoiets als overspel. Hij zal nooit toestaan dat iemand uit zijn familie daarmee bezig is.'

Sara knikt. Ze opent haar mond om iets te zeggen maar ze lijkt zich te bedenken.

Ze drinken hun koffie op. Er schieten allerlei gedachten door Thea's hoofd. Ze herinnert zich de ongeïnteresseerde houding van Johan toen bekend werd dat Esther was vermoord. Hij gedroeg zich alsof zij een verre nicht was, in plaats van zijn zuster. De zuster waar hij het meest om gaf, nog wel. De enige zuster waar hij om gaf zelfs.

Maar Thea heeft hem niet op verdriet of een emotie van die orde kunnen betrappen. Hij was kwaad, stelt ze in gedachten vast. Hij was kwaad op Esther. Hij heeft absoluut geweten wat ze uitvoerde en het is hem blijkbaar niet gelukt om haar zover te krijgen dat ze ermee ophield. Dat zal een ernstige belediging zijn geweest voor zijn ego.

'Heb je enig idee waarom hij speciaal met ouderling Mantje zo vaak moet bidden?'

Sara trekt met een wanhopig gezicht haar schouders op. 'Geen idee.' Opnieuw krijgt Thea het gevoel dat Sara nog méér wil zeggen. 'Vertel het maar,' nodigt ze haar schoonzus uit.

'Hij zit ook steeds in zijn kantoor brieven te schrijven. Ik mag hem niet storen als hij bezig is. Hij bergt ze op in de grote kast waar de geldkist staat.'

Thea weet welke kast Sara bedoelt. Toen ze een paar maanden geleden extra geld nodig had om kleren te kopen voor vader, moest ze dat bij Johan komen halen. Een van de slaapkamers in het huis van Sara en Johan doet dienst als kantoor. In het kantoor staat de bewuste kast. Thea vond het typisch iets voor Johan om haar daarvoor te ontbieden. Op die manier kon hij haar duidelijk maken wie de touwtjes in handen heeft in de familie. Ze herinnert zich dat ze er niet eens kwaad om werd. Ze vond haar broer een stakker, weet ze nog. Wat ben je anders, als je zo'n machtspositie nodig hebt?

Thea herinnert zich ook dat Johan de sleutel van de kast ergens ging halen. Hij deed er geheimzinnig over. Thea heeft niet opgelet waar hij naartoe ging. Het interesseerde haar niet.

'Denk je dat die brieven iets te maken hebben met Esther?' Sara trekt haar schouders op. 'Hij schrijft anders nooit,' antwoordt ze. 'Hij bedekte het papier met zijn armen toen ik een paar dagen geleden binnenkwam. Ik moest direct de kamer uit. En later verbood hij me in de kast te komen.'

Het is een ogenblik stil tussen hen. Thea twijfelt of ze verder zal vragen. Ze wil Sara niet afschrikken. Maar ze wil ook méér te weten komen. 'Ben je van plan om te gaan lezen wat hij heeft geschreven?' waagt ze te vragen.

'Nee, natuurlijk niet. Ik zou niet weten...'

'Weet je niet waar de sleutel van de kast is?' valt Thea haar in de rede.

'Zeker wel. Ik ben niet gek, ik let heus wel op. De sleutel ligt in de kast op de badkamer. In de doos waarin de insulinepennen van Johan zitten. Hij denkt dat ik dat niet in de gaten heb.' Ze lacht een beetje laatdunkend. Thea staart haar aan.

'Wat is er?' vraagt Sara.

'Niets,' weert Thea af. 'Maar het is wél vreemd, vind je zelf ook niet? Zou je dit niet aan Linda de Waard moeten vertellen?'

Sara schiet verschrikt overeind. 'Nee, natuurlijk niet. Je mag ook absoluut tegen niemand zeggen wat ik je nu vertel. Ik moet het gewoon aan iemand kwijt. Ik word er bang van en ik ken niemand anders die ik kan vertrouwen.'

Thea staart haar aan. 'Dank je wel dat je dat zegt,' antwoordt ze. Ze hoort dat haar stem opeens schor klinkt. 'Dank je wel,' herhaalt ze. 'Dat je me vertrouwt.'

Sara staat op. 'Ik moet ervandoor,' zegt ze en het lijkt of ze opeens haast heeft. 'Er komt vanmiddag iemand de verwarmingsketel nakijken. Dit blijft onder ons, hè?' Ze heeft een angstige blik in haar ogen, ziet Thea. 'Het blijft onder ons,' bevestigt Thea. 'Kom vaker eens koffiedrinken.' Het volgende moment is Sara verdwenen. Thea hoort dat ze haar auto start en met gierende banden het erf afrijdt. De gevulde speculaas ligt Thea midden op de tafel nadrukkelijk aan te staren. Ze pakt hem op en loopt naar buiten. Resoluut kiepert ze de koek in de zwarte afvalbak.

23

Thea kan het gesprek dat ze met Sara heeft gehad niet uit haar hoofd zetten. Ze is nadat Sara was vertrokken naar Schagen gegaan en ze heeft in een boetiek een kuitlange zwarte rok gekocht van een dunne velours. Hij valt golvend om haar benen en zit heerlijk. In een andere boetiek vond ze een dieprood shirt met lange mouwen en een grote ruimvallende col van dezelfde dunne velours als de rok. Daarna vond ze bij Simpl inderdaad een prachtige zwarte leren riem met een bijzondere gesp. De gesp heeft de vorm van een olifant. Ze vertelde tegen de verkoopster dat ze al haar hele leven iets speciaals voelt voor olifanten.

'Dan hing deze riem hier speciaal voor jou,' meende de verkoopster.

De riem staat goed op het rode shirt. Ze heeft besloten dat dit haar kerstoutfit wordt. Ze vond bij Simpl ook nog zwarte leren laarzen met een hoge hak en die heeft ze zonder aarzelen aangeschaft. Wat kan mij het schelen, dacht ze, ik moet mezelf maar eens kietelen. Maar op de achtergrond bleven de woorden van Sara in haar hoofd rondspoken.

Johan zit steeds te bidden met ouderling Mantje. Johan

slaapt slecht. Johan zit halve nachten beneden in de kamer. Hij schrijft brieven die hij achter slot en grendel bewaart. Johan wist dat er werd geroddeld over Esther. Wat heeft dit allemaal te betekenen? Thea probeert voortdurend een prangende vraag niet in haar gedachten toe te laten. Maar ze kan die vraag toch niet ontlopen. Weet Johan meer over de moord op Esther dan hij heeft verteld? Kent hij de moordenaar? Is er sprake geweest van een complot? Ze rilt als haar gedachten die kant op gaan.

Thea heeft, nadat ze inkopen in het winkelcentrum in Schagen had gedaan, koffie met likeur genomen in een lunchroom om vanbinnen weer een beetje warm te worden. Haar hart voelde aan als een ijsklomp. Ze heeft overwogen om Simon te bellen. Ze zou graag aan Simon willen vragen wat hij van de situatie denkt en hoe hij het gedrag van Johan zou duiden. Maar ze heeft Sara beloofd om met niemand te praten over wat zij haar heeft verteld. Sara vertrouwt erop dat Thea zwijgt. Ze kan dat vertrouwen niet beschamen. Maar voorlopig zit ze toch ontzettend met de kwestie in haar maag. Ze wordt er in toenemende mate ongeruster en ongeduriger door.

Anna wordt vandaag later thuisgebracht, want er is een kerstmarkt in het verzorgingshuis waar ze werkt. Ze mag assisteren bij de stand waar de producten van de handwerkclub verkocht worden. Ze is er al dagen opgewonden over geweest. De begeleidster van Anna heeft aan Thea gevraagd of ze binnenkort eens met elkaar zouden kunnen praten. Die begeleidster werkt niet alleen in het verzorgingshuis maar ook parttime in een gezinsvervangend tehuis voor mensen met een geestelijke handicap. Ze wil het met Thea over de toekomst van Anna hebben, heeft ze toegelicht. Het lijkt Thea een goed idee om hier eens over na te denken maar ze wil niet in haar eentje de verantwoordelijkheid voor Anna nemen. En dat is op dit moment een probleem, want een gesprek waar zowel Johan als Simon aan deelneemt loopt geheid uit op ruzie of in ieder geval op een stemming beneden het nulpunt. Het zou misschien helemaal geen slecht idee zijn om het met Sara te bespreken, bedenkt Thea, maar dan loopt ze weer tegen Johan aan. Als Johan in de gaten krijgt dat Thea buiten hem om met zijn vrouw overlegt, zal hij Sara verbieden om zonder hem met Thea te praten. Dat schiet niet op. De dagtocht waar vader aan deelneemt, zal worden afgesloten met een diner. Op de uitnodiging werd vermeld dat de deelnemers tussen zeven en acht uur 's avonds weer thuisgebracht zouden worden. Als Thea om halfzes thuiskomt realiseert ze zich dat ze nog minstens anderhalf uur voor zichzelf heeft. Ze heeft bij een delicatessenzaak in Schagen twee heerlijke luxe belegde broodjes gekocht en die wil ze op haar gemak opeten, terwijl ze een uurtje gaat mailen. Ze heeft de eerste maanden nadat ze een computer had gekocht een soort koudwatervrees gehad om het ding te gebruiken. Simon heeft er verschillende programma's op geïnstalleerd en haar wegwijs gemaakt op internet. Hij mailt haar regelmatig en Thea heeft na haar aanvankelijke aarzeling om de mail te gebruiken, tegenwoordig de smaak goed te pakken gekregen. Ze mailt de laatste weken ook met een vrouw die ze via een chatbox heeft leren kennen. Die vrouw heeft ook een zusje verloren en ze praten met elkaar via de mail over hun ervaringen. Thea heeft van haar gehoord dat er een site bestaat waarop oude schoolvrienden weer contact kunnen maken. Ze is van plan om die site te gaan bezoeken. Ergens in haar achterhoofd dwarrelt de naam Michiel rond maar iedere keer als hij tevoorschijn komt, begint ze snel aan iets anders te denken. Het heeft geen enkel nut om Michiel van de Wetering te zoeken, weet ze. Dat zal alleen maar oude wonden openmaken, daar is niemand mee gediend.

Als ze de computer net heeft opgestart, gaat de telefoon. Thea overweegt om hem te laten rinkelen, maar dan bedenkt ze dat er iets met Anna aan de hand zou kunnen zijn. Misschien is het allemaal toch te veel voor haar en moet ze worden opgehaald. Zuchtend neemt ze op.

Het is Sara. Ze klinkt opgewonden, ze hijgt ervan. 'Johan is

op weg naar je toe,' zegt ze en Thea hoort dat ze naar lucht hapt.
'Hij is erachter gekomen dat ik bij jou ben gaan koffiedrinken.'
'Heb je hem dat vertéld?' vraagt Thea ongelovig.
'Nee. Iemand heeft mijn auto op jouw erf zien staan.'
Thea zit een ogenblik verbouwereerd voor zich uit te staren.
'Iemand? Wie is iemand? Wat is er in hemelsnaam aan de hand?'
'Ik weet niet wie Johan heeft ingelicht,' zegt Sara een beetje
beverig. 'Maar toen hij thuiskwam wilde hij direct van me we-
ten wat ik vanmorgen bij jou te zoeken had. Hij dwong me om
te vertellen wat ik tegen jou gezegd heb,' huilt ze opeens.
'Godallemachtig,' reageert Thea vol afgrijzen, '*Big brother is
watching you*. Waar is iedereen toch mee bezig?'
'Hij is kwaad,' huilt Sara verder.
'Dat is niet nieuw,' merkt Thea schamper op. 'Luister. Zorg
ervoor dat je weer rustig wordt. Er is niets aan de hand. We
leven in een vrij land. Je mag hier met iedereen praten en je
mag alles zeggen wat je wilt. Laat je niet zo in de luren leggen.'
Terwijl ze het zegt, realiseert ze zich dat dit een volslagen over-
bodig advies is aan iemand die tot haar nek onder de plak zit bij
haar echtgenoot. Het is even stil aan de andere kant. 'Ik denk
dat je gelijk hebt,' antwoordt Sara kalm.
Thea valt van verbazing bijna van haar stoel af. 'Wát zeg je?'
'Je hebt gelijk,' herhaalt Sara. 'Ik mag zeggen wat ik wil. Dat
kan hij me niet verbieden. Maar ik ben zo bang.'
Op hetzelfde moment hoort Thea dat de voordeur beneden
wordt geopend. 'Hij is er,' fluistert ze. 'Ik bel je terug als hij
weer weg is.' Ze sluit de computer af en wandelt rustig naar beneden. Ze voelt zich opeens buitengewoon krachtig. Kom maar
op, denkt ze. Ik ben er klaar voor.

24

Johan is witheet van woede. Thea ziet het direct, als ze onder aan de trap oog in oog met hem komt te staan. Zijn hele lijf is strak en zijn mondhoeken staan naar beneden. Hij is bijna een kop groter dan Thea; hij torent nadrukkelijk boven haar uit. Maar zijn imposante act doet haar niets. 'Dag Johan. Heb je zin in koffie?' vraagt ze vriendelijk. Ze negeert de manier waarop hij tegenover haar staat.

'Ik heb jou iets te zeggen,' is het norse antwoord. 'Jij laat voortaan mijn vrouw met rust, hoor je me?'

Thea wandelt voor hem uit de woonkamer in. Hij begint de zaken direct om te draaien, denkt ze. Ook goed. Dat houdt Sara misschien een beetje meer uit de wind. 'Wat bedoel je precies?' informeert ze, als ze tegenover elkaar aan de eettafel zitten. Ze kijkt hem onafgebroken aan.

Hij kijkt langs haar heen. 'Ik bedoel wat ik zeg. Wat zijn dat nu weer voor idiote praatjes tussen jullie?'

'Je hebt blijkbaar het een en ander op je lever,' antwoordt Thea. 'Ik zou zeggen: brand los.' Ze voelt zich onaantastbaar ver boven hem staan. Johan heeft zweetdruppels op zijn voorhoofd, ziet ze. Hij trekt met zijn mondhoeken. Zijn handen trillen.

Laat hem maar zweten. Hoe meer hij zweet, des te eerder zal hij zich verspreken, denkt Thea.

'Jij moet je niet met andermans zaken bemoeien. Zeker jij niet.' Thea trekt een verwonderd gezicht na Johans woorden.

'Hou je nu maar niet van den domme,' sneert Johan. 'Je weet heel goed wat ik bedoel. De manier waarop jij leeft, slaat álles. Het is maar goed dat vader geen idee meer heeft van wat zich in dit huis allemaal afspeelt.'

Thea heeft de neiging om hier met een sneer op te reageren maar ze beheerst zich. Ik moet rustig blijven, spreekt ze met zichzelf af, laat Johan maar kwaad worden. 'Waar ben je nu precies zo opgewonden over?' informeert Thea rustig. 'Komt het doordat Sara hier is komen koffiedrinken? Waarom zou dat niet goed zijn? Ik ben hier altijd maar alleen met vader en Anna. Wat is er mis met een beetje gezelligheid bij elkaar zoeken?'

Johan kijkt haar aan met een grimmige blik in zijn ogen. 'Ik wil niet dat mijn vrouw omgaat met iemand als jij,' is het antwoord. 'Jij hebt niets anders te doen dan voor mijn vader te zorgen. Voor de rest hou je je overal buiten, is dat duidelijk?' Hij spuugt zijn woorden bijna in Thea's gezicht.

Ze krijgt een wee gevoel op haar borst. Ze knikt. 'Het is mij duidelijk. Verder nog iets?' wil ze weten.

Johan kijkt haar aan met een achterdochtige blik in zijn ogen. 'Mijn vrouw schijnt hier een onzinnig verhaal te hebben opgehangen over mij. Daar klopt niets van en dat vergeet je onmiddellijk weer. Ik wil dat je daar met niemand verder over praat.'

'Maar dat wil ík wél,' antwoordt Thea bedaard. 'Het feit dat ik mijn dagen vul met voor "jouw" vader te zorgen betekent natuurlijk niet dat mij opgedragen kan worden om ergens wél of niet over na te denken of om iets te onthouden of te vergeten. Dat zou wel een beetje ver gaan, vind je niet?' Zonder zijn antwoord af te wachten gaat Thea verder. 'Wat is er volgens jou precies onzinnig aan het verhaal van Sara?'

Johan zwijgt. Hij schijnt na te denken over het antwoord dat hij zal gaan geven. 'Je hebt er niets mee te maken,' zegt hij kortaf.

'Sara's verhaal is op meerdere manieren uit te leggen,' peinst Thea. Ze wrijft achteloos met twee vingers over haar voorhoofd en plukt een paar pluizen van het tafelkleed. 'Het zou me niet verbazen als de politie het een interessant verhaal vindt,' vervolgt ze luchtig. Ze glimlacht vriendelijk en doet of ze niet ziet dat Johan overeind schiet. 'Ik kan me voorstellen dat jij het onzinnig vindt, maar vindt Linda de Waard dat ook? Dat is de vraag dan, hè? Dat is dus een interessante vraag. Maar los van het verhaal van Sara denk ik dat een broer die opeens bevelen komt uitdelen over wat ik wél en niet mag denken en zeggen en die om voor mij onverklaarbare redenen met zijn vingers op tafel zit te trommelen een extra verhoor waard is, denk je niet?'

Johan houdt onmiddellijk zijn vingers stil. 'Ik heb niets met die moord te maken,' zegt hij met een lage stem. 'Ik ben er heel erg door aangedaan, ik slaap er niet van, ik voel me rot. Zulke emoties werken direct door op mijn suikerhuishouding.'

Thea knikt. 'Je raakt ontregeld,' stelt ze vast. 'Logisch, dat is bijna niet te vermijden als je diabeet bent. Stress is natuurlijk voor niemand goed, maar zeker niet voor iemand die afhankelijk is van insuline.'

Johan loert met samengeknepen ogen naar Thea. Hij vertrouwt haar vriendelijkheid duidelijk niet.

'Die moord gaat niemand in zijn kouwe kleren zitten,' gaat Thea verder. 'Daar zijn we allemaal op onze eigen manier kapot van. Ik denk niet dat iemand in onze omgeving het in zijn hoofd zal halen om te suggereren dat een van ons er iets mee te maken kan hebben. Iedereen verwerkt het op zijn eigen manier. Jij zult vanuit jouw geloof het gebed zoeken. Het helpt ook om emoties van je af te schrijven. Dat is allemaal heel goed te plaatsen. Het is alleen opvallend dat je daar zo geheimzinnig over doet. Wat let je om het gewoon uit te leggen?'

Johan zit een minuut nors voor zich uit te staren. Thea ziét hem denken. Hij kan hierop van alles gaan zeggen, weet ze. Hij kan verdedigen, ontkennen, aanvallen, preken. Je weet het nooit bij Johan. 'Ik leg niets uit over mijn geloof aan iemand die het geloof niet waardig is,' snauwt hij opeens. 'Wat bedoel je daarmee?' vraagt Thea bedaard. Ze voelt een bekende pijn op haar borst binnensluipen. Dit leidt tot niets, bedenkt ze. Hij zal in de afweer blijven schieten tegenover mij. Het zal mij niet lukken om iets van hem te weten te komen. 'Ik bedoel daarmee precies wat ik zeg. Hou je maar niet zo dom, jij begrijpt mij goed.' Ze zijn duidelijk weer terug bij af. Thea komt geen stap verder, maar intussen luiden er nog steeds allerlei alarmerende bellen in haar hoofd. Ze is ervan overtuigd dat de onrust van Johan niets met zijn suikerziekte te maken heeft. Ze weet hoe stipt hij is met zijn insulinegebruik en met zijn dieet. Hij zal juist in een hectische periode goed opletten op wat hij eet en hij zal zijn bloedsuikers waarschijnlijk veel vaker prikken.

Johan staat op. Hij heeft zijn gezicht weer strak in de plooi, ziet Thea. Zijn handen trillen niet meer, zijn voorhoofd is droog. 'Ik wil hier verder geen woord meer aan vuilmaken,' zegt hij. 'Sara komt hier niet meer koffiedrinken en jij vergeet wat ze je verteld heeft.' Hij begint in de richting van de deur te lopen.

Thea staat ook op. Opeens weet ze glashelder wat ze wil zeggen. 'Johan,' zegt ze bedaard, 'ik stel voor dat je een denkpauze neemt van uiterlijk vier dagen. Zaterdag zijn Sara en jij aan de beurt om op vader te passen. Als Sara mij heeft afgelost kan ik naar je toe komen. Ik wil weten wat er gaande is tussen jou en ouderling Mantje. Ik weet zeker dat jullie niet zomaar opeens samen aan het bidden slaan. Hier is meer aan de hand. Dat ga jij mij vertellen.'

'Nou ja, moet je dít eens horen,' blaast Johan. 'En als ik dat weiger? Wat gebeurt er als ik dat gewoon weiger? Ga jij soms actie ondernemen?' Het is weer de bekende superieure toon. 'Dan ga ik net zo gewoon naar Linda de Waard en vertel haar dat mijn oudste broer zich nogal opmerkelijk gedraagt sinds mijn zusje is vermoord. Wat had je anders gedacht?' 'Ik denk dat je dit idiote idee inderdaad gaat uitvoeren,' sneert Johan. 'Ik denk dat jij bereid bent te riskeren dat ik jou nooit vertel wat je het liefst weten wilt.' 'Gaan we dreigen?' informeert Thea. 'Ik vind dat jij niet in de positie zit om te dreigen. Ik weet zelfs heel zeker dat jij stevig in de nesten zit. Ik draai het om. Ik doe je een voorstel. Esther is dood, die wordt niet meer levend, wát er ook nog over de moord bekend mag worden. Ik ben niet op zoek naar wraak. Ik wil weten wat er is gebeurd en ik wil haar dood een plaats geven. Ik kan zwijgen, Johan, ik kan zwijgen. Net als jij en net als Simon en ook net als Esther. Wij zijn allemaal gespecialiseerd in zwijgen, is het niet? Anders zou er toch al veel eerder iets in onze familie aan het licht zijn gekomen?' Thea moet even slikken na haar laatste woorden. 'Ik stel voor dat jij mij zaterdag precies vertelt wat je weet over de moord en dat ik daarover zwijg als het graf, op voorwaarde dat je me tegelijk bekendmaakt waar mijn kind gebleven is. Ik ben er tegen een uur of tien. Zorg maar dat er koffie is. Het zou niet gek zijn als wij als familie eens wat vaker samen koffiedronken,' kan ze niet nalaten toe te voegen.

Johan loopt zonder iets terug te zeggen de deur uit. Thea merkt dat ze staat te trillen op haar benen. Ze gaat snel weer zitten en haalt een paar keer diep adem. Buiten is opeens van alles te horen. Ze kijkt uit het raam. Voor de oprit ziet ze een touringcar staan. De auto van Johan schiet langs de bus de weg op. Thea staat zuchtend op. Later op de avond realiseert ze zich dat ze is vergeten om Sara terug te bellen.

Achtste brief aan mijn vader

Er is goed nieuws voor u: u mag vaker mee met een busreisje. U hebt zich zó geweldig gedragen dat u direct bent uitgenodigd voor de volgende tocht, die in het voorjaar zal worden georganiseerd, tegen de tijd dat de bollen in bloei staan. Ik vind dat een uitstekend idee. Het is mij ook wel bevallen: een dag rust tussendoor en een extra gelegenheid om mijn broer het vuur aan de schenen te leggen. U moest eens weten wat zich hier tegenwoordig allemaal afspeelt. U zou uw oren en ogen niet geloven. De mens is van nature zondig, weet u nog?

Het is nog wáár ook!

Ik ben momenteel de hele dag boos. Op dit huis dat fungeert als mijn gevangenis, op dat stelletje ouderlingen die overal lopen rond te loeren, op mijn oudste broer die me in elk woord dat hij zegt en met elk gebaar dat hij maakt herinnert aan mijn jeugd en aan zaken die ik wil verdringen. Ik ben boos op u, omdat u nog steeds bestaat en omdat uw aanwezigheid me belet om het verleden achter me te laten. Sinds de moord op Esther is het verleden actueler dan ooit. Er is een kamer in mijn hoofd geopend die tot in de nok gevuld is met verdriet en woede en ik krijg de deur niet meer dicht. Overdag lukt het me nog redelijk om mijn gedachten op een donkere plek te parkeren, maar 's nachts komen de dromen. Ik heb vannacht de boze droom weer gehad. De ge-

187

vreesde boze droom. Ik was er eigenlijk van uitgegaan dat ik hem kwijt was.

U gebood me bars om de koffer die in de gang stond te pakken en mee te gaan. Het was begin november, het regende de hele dag al dat het goot. Ik was doorweekt van de regen uit school thuisgekomen en moeder had me helemaal droog gewreven met een grote badhanddoek. Ik herinner me dat ik op weg van school naar huis op mijn fiets tegen mezelf zei dat het niet erg was dat ik zo nat werd, omdat moeder thuis met thee op me zat te wachten en omdat ze me droog zou wrijven. Ik had die ochtend gemerkt dat de rits van mijn rok niet meer dichtging. Mijn taille begon uit te dijen. Maar verder was er nog niets aan me te zien.

Moeder was naar de repetitie van het zangkoor. Johan studeerde in Amsterdam. Esther zat op haar kamer huiswerk te maken en Anna lag met griep op bed.

Ik vroeg waar ik naartoe moest. Mijn maag kwam van schrik en angst achter mijn oren te zitten. Ik wilde weten waarom moeder niet met ons meeging en zei dat ik wilde wachten tot moeder thuiskwam. Uw dreigende houding maakte me bang. Ik voelde heel goed dat er iets niet klopte.

U wees met een kort gebaar naar de deur en herhaalde dat ik mee moest gaan en dat verder getreuzel geen zin had. U duwde mijn jas in mijn handen en zei dat ik hem moest aantrekken.

U liep voor me uit naar de gang en ik volgde. Onder de kapstok stond een kleine koffer. U wees ernaar en ik pakte hem. U opende de voordeur en ik zag dat er een auto voor de deur stond. Het was de bestelauto van bakkerij Mantje, van de ouderling waarmee u bevriend was. Meneer Mantje zat achter het stuur en hij keek niet op of om toen u mij op de achterbank duwde. U stapte naast mij in en de auto reed weg.

Ik vroeg waar u me naartoe bracht en keek naar het portier naast me om erachter te komen of het me zou lukken om uit te stappen. Maar u had de koffer voor de deur gezet, daar zou ik eerst overheen moeten klimmen.

U snauwde dat ik voor me moest kijken en geen rare dingen in mijn

hoofd moest halen. Volgens u wist ik heel goed dat ik voorlopig niet thuis
kon blijven.

Ik smeekte u me te vertellen waar u me heen bracht.

U zweeg. Meneer Mantje zweeg. Er hing een ijskoude stilte in de
auto. Ik begon te huilen.

U brieste dat ik daar onmiddellijk mee moest ophouden, omdat nie-
mand op zulke aanstellerij zat te wachten.

Ik probeerde me te beheersen en het lukte me om mijn snikken in te
houden. Maar de tranen bleven over mijn wangen rollen. Ik voelde me
hopeloos verlaten.

En toen gebeurde er iets.

Mijn buik leek een beetje te bewegen.

Het rommelde voorzichtig vanbinnen. Niet zoals het wel eens vaker
rommelt, als je heel veel achter elkaar gedronken hebt of als je uien hebt
gegeten. Dit was anders. Het was een heel speciaal gevoel. Ik hield mijn
adem in. Ik wachtte.

Toen voelde ik het opnieuw.

Er bewoog iets.

Ik haalde opgewonden adem.

U informeerde snauwend wat er nú weer aan de hand was. Ik ant-
woordde niet. Ik was even totaal vergeten waar ik was en wat er ge-
beurde. U bestond niet, meneer Mantje bestond niet, alleen ík bestond,
samen met mijn baby die zich voor de eerste keer had laten voelen. Breng
me voor mijn part naar het andere eind van de wereld, dacht ik. Waar
je me ook dropt, mijn kind zit veilig in me en dat laat ik me door nie-
mand afpakken.

We reden op de snelweg en u wilde dat ik mijn gezicht op mijn knieën
legde. Ik gehoorzaamde. Het maakte niet uit wat u vroeg, ik was on-
aantastbaar geworden. Ik had geen enkele neiging om te kijken waar
we heen reden, ik kon doordat ik voorovergebogen zat voor mijn gevoel
het kind in mijn buik beschermen.

Soms bromde u iets tegen meneer Mantje wat klonk als naar links
moeten, de laatste rechts, nog even rechtdoor. Ik kon het amper verstaan

maar ik luisterde ook niet echt. Al mijn zintuigen waren op het leven in mijn buik gericht.

Toen we op de plaats van bestemming arriveerden had ik totaal geen idee meer waar ik was. We stopten voor een hoge flat. U stapte het eerst uit en opende het portier aan mijn kant. U pakte mijn koffer en droeg hem, terwijl u me gebaarde dat ik achter u aan moest lopen. Meneer Mantje bleef in de auto zitten. Ik keek nog om, om hem te groeten maar hij zat strak voor zich uit te staren.

In de flat stapten we in de lift en u drukte op de knop voor de hoogste verdieping. Naast de knop was een vage negen te zien. Toen we uit de lift stapten stond er een vrouw op ons te wachten. Ze gaf u een hand en knikte tegen mij. Ze ging ons voor naar de galerij en ik zag dat bij het laatste huis aan de galerij een deur openstond. Zodra we binnen waren sloeg die deur met een klap achter ons dicht. Ik wist toen nog niet dat het bijna vijf maanden zou duren voordat ik die deur weer uit kon stappen. Ik wist nog niet dat er bijna vijf maanden nauwelijks normaal tegen me gesproken zou worden, maar dat ik alleen maar bedolven zou worden onder vermaningen om me schuldig en vies te voelen en dat er gedreigd zou worden dat ik mijn kind nooit meer zou zien als ik geen toestemming wilde geven voor een adoptieprocedure.

Vijf maanden is een lange tijd om een voornemen overeind te houden. Ik wilde dat wel, ik wilde niet zwichten voor de druk en ik probeerde me niets aan te trekken van het gezeur, het gedreig en de mooie beloftes. Ik was er de eerste tijd dat ik in dat huis gevangenzat van overtuigd dat moeder op een onverwacht moment zou aanbellen om me te bevrijden. Ik wist zeker dat het haar zou lukken om erachter te komen waar ik was. Mijn buik groeide, mijn kleine meisje spartelde erin rond, ik liet geen gelegenheid onbenut om haar voetjes met mijn handen te volgen. Maar ik werd scherp in de gaten gehouden door de vrouw die mijn cipier was en die Magda bleek te heten. Ze had als dagtaak om mij te bewaken en als zij weg moest kwam er een andere vrouw, die Maria heette.

Maria was aardig. Ze gaf me het gevoel dat ze met me te doen had. Ze suste me als ik opstandig was. Ze vertelde dat ze contact had met mijn moeder en dat die mij dringend liet vragen om me niet te verzetten tegen de situatie.

Maria sprak altijd op een fluistertoon, alsof ze bang was dat we werden afgeluisterd. Ze zei dat mijn moeder ook met deze kwestie in haar maag zat. Ze probeerde me ervan te overtuigen dat ze haar regelmatig sprak en dat mijn moeder later samen met mij actie zou gaan ondernemen om het kindje weer thuis te krijgen. Maar ik moest het eerst gewoon afstaan, dat was het beste. Maria beweerde dat mijn moeder wist waar de baby naartoe ging. Het was een tijdelijke regeling, ik tekende voor een tijdelijke adoptie.

Ik geloofde Maria. Ze adviseerde me om niet weg te lopen, omdat niemand me zou willen helpen. Ik kon beter gewoon dat kind krijgen en ervoor zorgen dat ik weer naar huis mocht, waar mijn moeder op me wachtte. Ik hield me vast aan die gedachte. Mijn moeder wachtte op me. Later zou ze ervoor zorgen dat ik mijn kind terugkreeg. Ik deed dus geen pogingen om te ontsnappen. Maar het zou me waarschijnlijk ook niet gelukt zijn. Iedereen in huis hield me nauwlettend in de gaten.

Ik mocht mijn buik niet aanraken. Het was beter om de baby te negeren, volgens Magda. Ik moest geen band met het kind krijgen, want ik moest het afstaan aan mensen die zelf geen kinderen konden krijgen en die heel erg naar een baby verlangden. Dit kind zou een geweldig leven krijgen en later, werd me beloofd, mocht ik het kind bezoeken. Ik was minderjarig, ik was ongeschikt voor het moederschap, ik was een zondaar, ik had een grote fout gemaakt. In plaats van me te verzetten tegen de gang van zaken, kon ik beter bidden om vergeving.

Ik liet deze steeds terugkerende tirades over me heen komen en dacht aan wat Maria had gezegd. Soms moest ik me tot het uiterste beheersen om Magda niet tegen te spreken.

Magda liet me gymnastiekoefeningen doen en ze was er iedere keer bij als de verloskundige me kwam bezoeken. Die verloskundige was blijkbaar ook iemand van de kerk. Ze deed niets anders dan me bestraffend aankijken en toen ik tijdens de bevalling gilde van de pijn, legde ze resoluut een hand op mijn mond en zei bot dat ik waarschijnlijk ook niet gilde toen ik me liet bevruchten.

Ze moest eens weten...

Ergens in die uren dat ik dacht dat ik zou sterven van de pijn, ergens tussen al die weeën door, ergens tijdens die eenzame uitputtingsslag heb ik de moed opgegeven en ben ik overstag gegaan. Magda zag het en ze haalde direct de adoptiepapieren tevoorschijn. Ik tekende.

Magda zei dat ik een brave meid was.

Weet u, vader, als ik ooit in mijn leven die Magda tegenkom, sta ik niet voor mezelf in.

Aan wie hebt u mijn kind gegeven? Wie hebt u allemaal bij deze illegale gang van zaken betrokken? Het is me inmiddels wel duidelijk geworden dat hier geen enkele officiële instantie aan te pas is gekomen. Dit is onderling geregeld. Christenmensen onder elkaar. Die helpen anderen als ze in de problemen raken. Mijn zwangerschap was een probleem.

Een schande.

Een grof schandaal.

Ik weet dat u de mensen kent die de baby hebben meegenomen. Dat u weet waar ze wonen. Hebt u eigenlijk wel nagevraagd of het goede ouders voor mijn baby zouden zijn? Hebt u wel gezorgd dat het kind goed terechtkwam? Dat zou toch wel het minste zijn wat u had kunnen doen, vind ik. Dat u uw eigen kind liet barsten kan ik me, vanuit uw positie en uw overtuiging, nog voorstellen. Maar het zal toch niet zo zijn dat het u totaal niet interesseerde wat er met een onschuldige baby gebeurde?

Net als alle andere keren dat ik weer droomde over wat ik het liefst nooit meer dromen zou, werd ik huilend wakker. En ik ben ieder uur van de dag boos. Ik ben verontwaardigd.

Ik wil wraak nemen. Ik wil bloed zien. Uw bloed.

Maar tegelijk wil ik vergeten. Ik wil van de uitputting verlost worden die teweeg wordt gebracht door haten en fantaseren over vergelden. Ik schiet er niets mee op. Het lost niets op. Het geeft geen goed gevoel. En toch kan ik het niet laten. Ik kan niet ophouden met herinneren, met verlangen, met wanhopen, met rouwen. Misschien zal het helpen als ik u niet meer hoef te zien. Misschien moet ik dit huis verlaten en er nooit meer terugkeren. Misschien moet ik alle foto's uit mijn jeugd verbranden, alles en iedereen achter me laten, ergens ver weg opnieuw beginnen. Afsluiten. Vergeten.

Ophouden met hopen dat ik ooit mijn kind kan zien.

Accepteren dat het leven me een kunstje heeft geflikt.

Misschien moet mijn ultieme angst nog waarheid worden: misschien moet ik vergeven.

25

Als Thea wakker wordt, voelt ze direct een misselijkmakende opwinding in haar maag. Het is zaterdag, denkt ze. Vandaag zal ik het te weten komen. Ze heeft met Simon afgesproken dat ze tegen een uur of twee vanmiddag in Amsterdam zal zijn. Dus ze heeft alle tijd om naar Johan te gaan. Ze heeft het hele scenario goed voorbereid. Als Sara komt, zal ze haar vertellen dat ze dit weekend naar Simon en Pieter gaat en dat ze nog boodschappen moet doen en ook enkele cadeautjes wil kopen. Sara moet geen enkel vermoeden krijgen van Thea's bezoek aan Johan. Het is maar afwachten hoe ze vandaag tevoorschijn komt. Thea is benieuwd of ze iets loslaat over wat Johan tegen haar gezegd heeft toen hij na zijn bezoek aan Thea thuiskwam.

Om kwart over acht hoort ze de voordeur opengaan. Ze zit nét de ochtendkrant te lezen met een kopje thee en twee beschuiten binnen handbereik. Als Sara de kamer in komt, kijkt Thea verrast op. 'Ben je uit bed gevallen?' informeert ze zo luchtig mogelijk.

Sara gaat aan de tafel zitten. 'Je belde niet terug,' zegt ze en ze kijkt Thea aan met een verwijtende blik in haar ogen.

'Dat is waar, sorry. Toen hij vertrok werd vader net thuisge-

bracht. Ik dacht er pas veel later aan dat ik je had moeten terug-
bellen.'

'Heeft hij erge ruzie gemaakt?' wil Sara weten. Haar gezicht
staat bedrukt.

'Je kent Johan,' probeert Thea een direct antwoord te omzeilen. Sara staart haar strak aan. Ze trekt haar wenkbrauwen op.
Zó gemakkelijk gaat het niet, constateert Thea. 'Hij gaf me het
bevel om te vergeten wat jij had verteld. Het was allemaal
klinkklare onzin, volgens hem.'

'*Die Gedanken sind frei,*' mompelt Sara.

Thea kijkt haar verbaasd aan. 'Hoe kom je daar zo opeens op?'
vraagt ze.

'Dat is een lied. Dat heb ik vroeger van een buurmeisje geleerd. Ik zing het vaak, als ik alleen ben.'

De stilte die na haar woorden valt, houdt haar adem in.

'Je bedoelt dat ik zelf bepaal wat ik denk en wat ik vergeet?'
oppert Thea.

Sara knikt. 'Ja natuurlijk. En ik ook.'

'En wat denk jij?' vraagt Thea. Ze hoort aan haar eigen stem
dat de vraag er op een voorzichtige manier uitkomt.

Sara zucht diep. 'Ik denk dat ik het niet lang meer volhoud.'
Thea staart haar aan. 'Wil je scheiden?' vraagt ze aarzelend.

Sara kijkt verbaasd. 'Schéiden?' klinkt het ongelovig.

'Je zou niet de eerste vrouw zijn die op die gedachte komt,'
probeert Thea luchtig te doen. Ze realiseert zich dat haar idee
waarschijnlijk een brug te ver is voor Sara.

'Scheiden... misschien ook wel. Daar durf ik niet écht aan te
denken. Maar dat zwijgen, ik hou dat zwijgen niet vol.'

'Over dat bidden en dat brieven schrijven?'

'Daarover ook.' Sara zit ineengedoken naar een punt op het
tafelkleed te staren.

'Waar heb je het over?' vraagt Thea dringend. Ze is rechtop
gaan zitten. Ze voelt haar hart in haar borstkas bonken.

Sara aarzelt. Haar blik dwaalt naar het raam.

'Sara, kijk me aan. Wáár heb je het over?' herhaalt Thea.

Sara schudt haar hoofd. 'Ik kan het je niet vertellen,' zegt ze zacht. 'Hij slaat me dood als ik erover praat. Niet verder vragen, alsjeblieft.'

Thea ziet dat er tranen in haar ogen staan. Sara is bang. Ze zit te trillen op haar stoel. Thea wil weer iets zeggen maar Sara heft haar hand op. 'Stil nu,' zegt ze. 'Laat me maar.'

'Op één voorwaarde,' antwoordt Thea. 'Op voorwaarde dat je vaker komt koffiedrinken. Of heb je Johan soms beloofd dat je dat niet meer zou doen?'

Sara glimlacht een beetje triomfantelijk. 'Er viel niets te beloven, ik kreeg ook een bevel.' Ze gniffelt. 'Ik heb een reserveautosleutel laten maken. Voor het geval dat hij mijn sleutels meeneemt als hij naar zijn werk gaat,' legt ze uit. Ze proesten het samen uit.

'We lijken wel een stel ondeugende pubers,' lacht Thea. 'Maar als ik eerlijk ben, vind ik het schrijnend. Zo kun je toch niet leven?'

Sara wordt weer ernstig. 'Ik zie wel,' zegt ze. 'Laat me nou maar.'

'Is Johan van plan om dit weekend nog hiernaartoe te komen?' wil Thea weten.

Sara trekt een bedenkelijk gezicht. Ze lijkt zichzelf weer in de hand te hebben. 'Hij was er vaag over. Hij moest nog een aantal stukken schrijven voor zijn werk, zei hij. En hij heeft beloofd om de bestellingen op te halen die ik bij de bakker en de slager heb gedaan. Ik heb nu natuurlijk geen tijd meer om boodschappen te doen.'

'Moet ik nog iets voor je meebrengen?' biedt Thea aan.

Op dat moment komt Anna de kamer in. Ze heeft dikke slaapogen, ze wrijft er met beide handen doorheen. 'Gaan we nu beginnen?' vraagt ze aan Sara.

Sara begint te lachen. 'Word je daar zo vroeg wakker van?' wil ze weten. 'Ik heb beloofd dat we vandaag een kerststuk gaan maken,' zegt ze tegen Thea. 'Met echte dennentakken en echte kaarsen, hè Anna?' Ze staat op en loopt op Anna af. 'Ik heb de spullen nog in de auto staan. Als jij je nu eerst gaat wassen en aankleden, dan haal ik alles. En als je ontbeten hebt, beginnen we.'

Anna begint te stralen. Ze draait zich om en rent de kamer uit. Thea kijkt haar peinzend na. 'Ze heeft hier te weinig leuke dingen te doen,' zegt ze. 'De vrouw die haar in het verzorgingshuis begeleidt, heeft voorgesteld om Anna een paar weken op proef te plaatsen in een gezinsvervangend tehuis. Dan kan ze in contact komen met mensen van haar eigen niveau.'

'Ik denk dat dat nog niet zo'n slecht idee is,' antwoordt Sara. 'Maar ik betwijfel of Johan akkoord gaat. Zou het niet veel beter zijn als jíj haar zaakwaarnemer wordt?' wil ze weten.

Thea staat op. 'Ik ga ervandoor,' kondigt ze aan. Ze heeft geen zin om het opnieuw over Johan te hebben. Ze wil zo snel mogelijk naar hem toe, voordat de vogel gevlogen is.

Sara loopt met haar mee in de richting van de deur. 'Ik pak meteen de spullen uit de auto,' zegt ze. Ze lijkt het idee van het zaakwaarnemerschap alweer vergeten te zijn.

Als ze in de auto zit, probeert Thea in haar gedachten terug te halen wat ze dinsdag precies tegen Johan heeft gezegd. Ze heeft laten doorschemeren dat ze Linda de Waard gaat inschakelen als Johan geen opening van zaken geeft. Maar ze moet er niet aan dénken dat hij haar daar inderdaad toe dwingt. Ze ziet in gedachten de krantenkoppen al verschijnen en ze kan de nieuwsgierige blikken van iedereen die ze tegenkomt al in haar rug voelen priemen. Als Johan iets met de moord te maken heeft en hij wordt opgepakt, breng ik vader naar een verpleeghuis, denkt ze. Ik zorg ervoor dat ik samen met Simon de volledige regie krijg over de financiën en over Anna. Dan gaan we het allemaal heel anders doen. Ergens helemaal achter in haar fantasie ligt een toekomstig aanmeldingsformulier voor de pabo te wachten om ingevuld te worden. Ze heeft al eens in een overmoedige bui zo'n formulier aangevraagd, maar ze heeft het later weer verscheurd. Het zit er nog niet in, heeft ze vastgesteld. Maar ooit vult ze zo'n formulier in, heeft ze zich voorgenomen. Thea schudt een paar keer geïrriteerd met haar hoofd. Ze kan zich op dit moment geen dagdromerij permitteren. Eerst moet het varkentje Johan worden gewassen. De zaak is wat haar betreft duidelijk. Johan gaat uitleggen wat hij te bidden heeft met ouderling Mantje en wat hij weet over de moord op Esther. Thea is ervan overtuigd dat hij hier iets over weet wat hij niet vertelt. Als iedereen in de omgeving van Esther in de gaten had dat er tussen Esther en haar collega iets ongeoorloofds gaande was, is dat ook bij Johan bekend geweest. Wat heeft hij met die wetenschap gedaan, vraagt ze zich af. Wat heeft hij met Esther gedaan of laten doen? Ze schrikt van haar eigen gedachten en ze roept zichzelf direct tot de orde. Het is ook mogelijk dat hij er zelf niets mee te maken heeft maar er wel iets over te weten is gekomen, houdt ze zichzelf voor. Hoe dan ook, hij wil erover zwijgen. En Thea wil dat hij praat. Zijn hele houding wekt achterdocht bij haar op en dat weet hij nu. Maar wil hij de prijs betalen die Thea vraagt? Opeens zit ze stijf rechtop in de auto. In haar gedachten is een totaal onverwachte nieuwe mogelijkheid komen binnensluipen. Een mogelijkheid waar ze nog nooit rekening mee heeft gehouden. Zou hij wérkelijk weten waar het kind is gebleven? Heeft vader hem dat écht verteld? Weet vader het eigenlijk zélf wel? Ze voelt alle zekerheid uit zich wegvloeien. Stel je voor dat ze geen van allen enige notie hebben wie de baby heeft geadopteerd? Waarom zouden ze dat eigenlijk willen weten? Op grond waarvan heeft zij dat altijd klakkeloos geloofd? Thea rilt bij de gedachte dat haar hele missie van vandaag gestoeld zou kunnen zijn op loze woorden. Ze voelt de paniek haar hele lijf binnendringen. Het stuur van de auto trilt in haar handen. Ze is zonder dat ze in de gaten heeft waar ze rijdt in de straat beland waar Sara en Johan wonen. Ze begint heel geconcentreerd adem te halen en krijgt haar lijf langzaam weer in bedwang. Op het klokje naast het dashboard is te zien dat het tien over halftien is. Johans auto staat niet op de parkeerplaats, ziet ze in één oogopslag. Het huis ziet er verlaten uit. Het is de laatste woning in de rij twee-onder-een-kaphuizen. Het buurhuis staat te koop. Door de half openstaande luxaflex is te zien dat er niemand meer woont. In de tuin ontdekt Thea een bord waarop met schreeuwend rode letters de naam van de makelaar is te lezen. Thea stapt uit en belt aan. Het geluid van de bel galmt dwars door het huis, hoort ze. Er gebeurt niets. Ze drukt de bel nog eens in en houdt hem nu wat nadrukkelijker vast. Het huis antwoordt met een doodse stilte. Johan is er niet. Wat zei Sara ook alweer? Hij zou bestellingen ophalen bij de bakker en de slager. Het is kwart voor tien, Thea heeft gezegd dat ze hier tegen tien uur zou zijn. Ze kan zelf alvast een paar boodschappen gaan doen. Ze loopt terug naar de auto, gespt de gordel om en rijdt weg. Opeens realiseert ze zich dat ze haar boodschappenlijstje op de keukentafel heeft laten liggen. Er zit niets anders op dan terug te rijden en het te gaan halen. Ze kijkt in de achteruitkijkspiegel nog een keer naar het huis van Johan en Sara. Er beweegt daar niets.

'Ik kom terug,' zegt ze grimmig. 'Denk maar niet dat je van me af bent. Ik kom terug.'

26

Het eerste wat Thea ziet staan als ze het erf oprijdt, is de auto van Johan. Hij staat heel nadrukkelijk naast Sara's auto geparkeerd. Thea hapt naar lucht als ze zich realiseert dat Johan niet van plan is om vandaag met haar te praten. Hij komt in het oppasweekend van Sara en hem meestal niet vóór een uur of zes 's avonds tevoorschijn, weet ze, en hij komt doorgaans niet meer terug nadat hij op zondagochtend naar de kerk is geweest. Zijn aanwezigheid in huis op dit uur van de dag spreekt boekdelen. Thea loopt naar binnen en hoort stemmen in de huiskamer. Vader en Johan zitten in de leren fauteuils in de voorkamer. Johan heeft het boek met Bijbelverhalen op zijn schoot liggen. Daar leest hij vader vaak uit voor. Sara en Anna zitten allebei aan tafel met een kerststuk voor zich. Anna begint direct uit te leggen hoe ze het stuk heeft gemaakt. Het is bijna klaar en ze gaan hierna nóg een stuk maken, vertelt ze opgewonden. Haar ogen glinsteren, haar hele gezicht lacht. Thea zorgt ervoor dat Anna niets merkt van haar woede over het feit dat Johan hier doodgemoedereerd zit uit te stralen dat hij niet te grijpen is. Ze prijst het kerststuk de hemel in en knuffelt Anna.

'Johan gaat straks ook nog met Anna naar het dorp bij de

bakker schuimkransjes kopen,' zegt Sara. Haar stem klinkt gemaakt opgewekt. 'Daar heeft Anna zo'n zin in. Johan trakteert. Hij blijft vandaag de hele dag, heeft hij beloofd. Ze gaan lopen, ze hebben zin in een lekkere wandeling, hè Anna? Waarom ben je teruggekomen? Ben je iets vergeten?' Thea knikt. 'Mijn boodschappenlijstje. Volgens mij ligt het nog op de keukentafel.' Ze loopt naar de keuken en ziet het lijstje op de tafel liggen. Ze stopt het in haar jaszak. Ze rilt. Het is vandaag koud, heeft ze buiten gemerkt, kouder dan ze had verwacht. Ze kan beter haar leren coat aandoen, die zit warmer dan de wollen jas die ze nu draagt. Ze haalt het boodschappenlijstje weer tevoorschijn en loopt naar de kapstok. Die hangt opeens vol winterjassen. Thea grist de leren coat van het haakje af en trekt hem aan.

'Ik ga er weer vandoor,' zegt ze met haar hoofd om de hoek van de kamerdeur. 'Alles zit tegen vandaag. Ik moet opschieten als ik op tijd bij Simon wil zijn.'

'Bel even op dat je later komt,' adviseert Sara vriendelijk. 'Als je je gaat haasten gebeuren er misschien ongelukken.' Ze kijkt heel nadrukkelijk niet in de richting van Johan. Thea voelt een vreemde spanning in de kamer. Zou Sara bang zijn dat Johan in de gaten heeft wat Thea weet? Is hij al zo vroeg hier om te voorkomen dat zijn vrouw haar mond voorbijpraat?

'Doe ik. Je hebt gelijk. Wat maakt het uit of ik nu om twee uur of om drie uur verschijn? Ik hoef alleen het dessert te maken.'

'Wat maak je?' wil Sara weten.

'De chocolademousse die mijn moeder vroeger altijd met de feestdagen had,' antwoordt Thea. Ze zegt het zo achteloos mogelijk en sluit de deur.

'Ik vertel nog een ander verhaal,' hoort ze Johan net nog met luide stem zeggen. 'Zal ik het verhaal van de verloren zoon nemen?' vraagt hij aan vader.

Als Thea het erf afrijdt kijkt ze even in de achteruitkijkspiegel naar het huis. Johan staat haar van achter het raam na te kijken. Ze trapt het gaspedaal zo diep mogelijk in.

Ze merkt het als ze bijna bij de afslag naar de snelweg is. De leren coat die ze heeft aangetrokken zit niet lekker. Wat is ermee aan de hand? Terwijl ze de richtingaanwijzer aanklikt, bekijkt ze zichzelf en komt tot de ontdekking dat ze de verkeerde jas heeft aangetrokken. Dit is de leren coat van Sara. Deze lijkt erg op die van Thea. Toen Sara hem een paar weken geleden voor de eerste keer aanhad zei ze nog dat ze moesten uitkijken dat ze wel de goede jas namen. Thea voelt in de rechterzak en haalt er een sleutelbos uit. Het is de sleutelbos van Sara. Ze zucht eens diep. Nu moet ze nóg een keer terug. Het zit vandaag ook niet mee. Ze laat de sleutelbos een keer door haar hand glijden. Ze houdt haar blik strak op de snelweg gevestigd. Er zit een vreemd gevoel op haar borst. De sleutels rammelen op een sinistere manier. Er schiet een mogelijkheid door haar gedachten die ze direct terugdringt.

Geen denken aan, spreekt ze zichzelf bestraffend toe. *No way!* Dat gaat toch écht te ver. Maar ze redt het niet om zichzelf te blijven overtuigen. Dit is misschien de enige kans die ze ooit zal krijgen om iets te weten te komen, weet ze. Hoe is het mogelijk dat dit gebeurt? Sara hoeft er niets van te merken. Die gaat de deur niet uit en als Thea haar morgen weer aflost, zegt ze gewoon dat ze per ongeluk de verkeerde jas heeft aangetrokken. Niets aan de hand. Zoiets kan gebeuren. De afslag Hoorn nadert. Thea zet opnieuw de richtingaanwijzer uit. Haar hart klopt bijna in haar keel.

De hele weg naar het huis van Johan en Sara neemt Thea verschillende besluiten. Ik ga niet naar binnen, denkt ze de eerste kilometers. Ik ga wél naar binnen, neemt ze zich de tweede helft van de rit voor. Het is de enige mogelijkheid om iets te weten te komen, probeert ze de tegenwerking in haar eigen hoofd te overtuigen. Ik ga niet, ik rij door, is ze van mening als ze de wijk in rijdt waar het huis staat. Het is hier allemaal eenrichtingverkeer. Ze slaat de weg die rechtstreeks naar de straat waar Johan en Sara wonen over en neemt de volgende. Daar rijdt ze de eerste mogelijkheid om af te slaan ook weer voorbij. Ze komt bij een bejaardenhuis terecht en ze zorgt dat ze die straat ook weer uitkomt. Veel te veel kans dat iemand haar ziet, ze wil niet opvallen. Terwijl ze rondrijdt in de buurt twijfelt ze nog steeds over wat ze zal gaan doen. Ze moet keren, want ze is in een doodlopende straat terechtgekomen. Een vrouw van haar eigen leeftijd loopt stijf gearmd met een jong meisje vlak langs Thea's auto. Ze zien haar niet, ze zijn veel te druk met elkaar in gesprek. Thea kijkt hen na en ze voelt een stekende pijn in haar borstkas. Die pijn kent ze. Die pijn komt altijd tevoorschijn als ze een dergelijk tafereel ziet. Opeens staat haar besluit vast. Achter haar ontdekt ze een flatgebouw en voor dat gebouw is een grote parkeerplaats. Een anonieme parkeerplaats. Hier zal een vreemde auto niet direct opvallen. Ze parkeert de auto tussen twee andere auto's en stapt uit. Zonder om zich heen te kijken wandelt ze rustig weg. Ik zoek een halfuur, neemt ze zich voor. Als ik na een halfuur niets gevonden heb ga ik weer weg. Er is een bijna ijzige kalmte over haar heen gekomen.

Als ze voor het huis van Johan en Sara staat doet ze net of ze aanbelt. Ze herhaalt de beweging en frommelt tegelijk de sleutel in het slot. De deur springt direct open. Ze stapt naar binnen. Met een snelle ruk trekt ze de sleutel weer terug en ze sluit de deur. Ze haalt diep adem. Ik moet dit niet doen, denkt ze. Het is mijn enige kans, spreekt ze zichzelf in gedachten tegen. Ze heeft het gevoel dat ze uit twee personen bestaat. De ene is vastberaden, de andere twijfelt.

'De sleutel ligt in de kast op de badkamer,' herinnert ze zich de woorden van Sara. 'In de doos waarin de insulinepennen van Johan zitten.'

Toen Thea geld kwam halen voor nieuwe kleren voor vader,

liep Johan het kantoor uit. Hij opende een deur en die deur piepte. De badkamer ligt naast het kantoor. Thea opent de badkamerdeur. Alles glimt en blinkt haar tegemoet. De witte tegels en het sanitair zijn pijnlijk schoon. De handdoeken hangen kaarsrecht naast elkaar op het rek dat naast de doucheruimte is bevestigd. De douche zit achter een muurtje. Thea kijkt snel achter het muurtje of er niemand staat. Ze voelt zich niet op haar gemak.

Boven de wastafel hangt een brede kast. Thea opent de eerste deur. De deur piept niet. Er staan een paar doosjes Hansaplast, een doos gaaskompressen, een tube handcrème en twee medicijndoosjes in de kast. In het ene zitten slaaptabletten, leest Thea, en in het andere rustgevende medicijnen. Op de etiketten staat de naam van Johan. Thea denkt aan wat Sara haar vertelde. Johan slaapt slecht, hij is rusteloos. Hij heeft blijkbaar medicijnen voorgeschreven gekregen. Ze sluit de kast en opent de tweede. De deur piept. Haar hart slaat zes slagen over.

Op de eerste plank liggen washandjes. Op de tweede plank staat een flesje aftershave, een tube tandpasta en een deodorantstick. Op de bovenste plank liggen een doosje inlegkruisjes en een pakje tampons. Thea wendt haar blik af. Het voelt niet goed om in deze kast te kijken. Maar het zal toch moeten. Helemaal in de hoek op de bovenste plank ligt een langwerpige doos. Thea schudt de doos leeg in de wastafel. Er vallen drie insulinepennen uit en een sleutel.

Beneden slaat de pendule elf keer. Het geluid galmt door het hele huis en de laatste slag trilt nog even na. In het kantoor van Johan is geen onregelmatigheid te bekennen. Zelfs de vetplanten in de vensterbank staan op exact dezelfde afstand van elkaar keurig onderhouden te zijn. De luxaflex staat open en toont het uitzicht over de uitgestrekte grasvlakte die de achterkant van het huis begrenst. Thea opent de deur van de grote kast en speurt met haar ogen de inhoud van de kast af. Op de twee bovenste planken staan ordners. De middelste plank ligt vol met pakken papier en enveloppen in diverse maten. In de hoek van de plank daaronder ziet Thea de geldkist staan. Er zit geen sleutel in. Op de onderste plank staan nog een paar ordners. Thea pakt de eerste. Ze slaat hem open. Er zitten bankafschriften in, ziet ze. Het is een spaarrekening op naam van haar vader. Haar blik dwaalt naar de datum van het afschrift. Veertien december. Ze kijkt naar het saldo. Ze heeft geen idee van de financiële positie van haar vader. Johan stort iedere maand een vast bedrag aan huishoudgeld op de rekening van Thea en als ze geld nodig heeft voor kleding of huishoudelijke spullen moet ze het komen halen. Het saldo doet haar duizelen. Wát staat daar? Honderdeenentachtigduizend euro? Ze staart naar de cijfers. Dan slaat ze de ordner met een klap dicht. Hier kwam ze niet voor, in deze ordner zal ze zeker niet vinden wat ze wil weten. Ze pakt de andere ordners een voor een en kijkt naar de inhoud. Op deze plank staat de hele financiële administratie, ontdekt ze. Ze begint aan de bovenste plank. Alle ordners zitten vol met jaargangen van het kerkblad, garantiebewijzen en belastingpapieren. Thea gaat verder met de ordners op de tweede plank. Hier staat de hele administratie rondom de koop van het huis van Sara en Johan, nóg een hele verzameling van oude jaargangen van het kerkblad en een hele lading studiemateriaal van de opleiding bedrijfskunde die Johan heeft gedaan. Er is niets te vinden wat lijkt op brieven. Alles wat hier staat is onpersoonlijk en daverend irritant correct. Opeens valt haar oog op een grote bruine envelop die achter twee ordners is geschoven. Ze vist hem erachter vandaan en opent hem. De envelop zit vol dichtbeschreven bladen papier. Thea gaat ermee in de bureaustoel van Johan zitten. Ze begint te lezen. Haar ogen vliegen over het papier.

Ik deed wat mijn vader van me verwacht zou hebben, staat boven aan het eerste vel te lezen. *Mijn vader zou nooit hebben geaccepteerd*

dat een van zijn kinderen zich op een dergelijke schandalige manier ge-
droeg. Daarom heb ik mijn zuster aangesproken en haar op haar ver-
antwoordelijkheden gewezen. Maar ze wilde niet luisteren. Ik kende
deze kant van haar niet. Het was stuitend en walgelijk. De duivel leek
in haar gevaren. Ze was onherkenbaar veranderd.

Thea bladert door de vellen papier heen. Ze probeert snel te
lezen wat er staat. Ze kan hier niet lang blijven. De tijd dringt.
Waar vindt ze iets wat relevant is om te weten? Haar oog valt
op de naam Luuk.

Luuk Mantje drong erop aan dat ik ervoor zou zorgen dat Esther de
relatie verbrak. Er werden nogal veel vragen gesteld over de verhouding
en we konden niet blijven doen of er niets aan de hand was, zei hij. Hij
bood aan om samen met Esther te gaan praten. Ik was opgelucht en ac-
cepteerde zijn aanbod.

Er belt iemand aan. Het geluid klinkt als een sirene in Thea's
oren. Ze schiet overeind. Snel doet ze de papieren weer in de envelop en zet hem terug achter de ordners. Ze sluit de kast en
loopt naar de badkamer, waar ze de sleutel op precies dezelfde
plaats teruglegt. Er wordt nog een keer gebeld. Thea loopt naar
de slaapkamer van Sara en Johan en stelt zich zo verdekt mogelijk op achter de lange vitrage. Ze gluurt naar beneden. Het is
een man, ziet ze. Waar kent ze hem van? Opeens weet ze wie hij
is. Op hetzelfde moment is ze al halverwege de trap op weg naar
de voordeur. Het lijkt wel of iemand haar naar beneden duwt.
Vastberaden stapt ze naar de deur en opent hem. 'Dag Luuk,'
zegt ze vriendelijk tegen de man die zich duidelijk een ongeluk
schrikt als hij haar ziet. 'Je hoeft niet te schrikken. Ik ben het
maar. Kom binnen.'

'Is Johan thuis?' vraagt Luuk Mantje zonder Thea te begroeten. 'Of Sara? Ik zag hun auto's niet staan,' gebaart hij in de
richting van de parkeergelegenheid die een stukje verderop ligt.

'Ze zijn bij mijn vader.'

Luuk kijkt haar afwachtend aan.

'Ik heb Sara beloofd om de bovenverdieping voor haar schoon te maken,' verzint Thea ter plekke de reden van haar aanwezigheid. 'Sara is de laatste tijd erg moe,' voegt ze eraan toe. Luuk staart haar onbewogen aan. 'O,' is het enige wat hij zegt. Thea ziet dat hij aarzelt. 'Kom gerust even binnen,' zegt ze zo ontspannen mogelijk. 'Het is veel te koud om buiten te staan.' Hij stapt met duidelijke tegenzin langs haar. Als ze de deur achter hem sluit merkt Thea dat ze staat te trillen op haar benen. Maar ze schenkt geen aandacht aan die zwabberbenen en evenmin aan haar nog voortdurend bonkende hart. Ze weet wat ze gaat doen. Ze gaat Luuk Mantje laten vertellen wat er met Esther gebeurd is.

27

Luuk is Thea zwijgend naar de woonkamer gevolgd. Als ze tegenover elkaar zitten kijkt hij haar aan met een vorsende blik in zijn ogen.

'Ik heb geen afspraak met Johan,' begint hij direct uit te leggen. 'Ik kwam zomaar even langs om te kijken hoe het met hem gaat.'

Thea knikt vriendelijk. 'Wat attent. Johan kan wel wat extra aandacht gebruiken.'

'Wat bedoel je daarmee?' Luuk klinkt opeens vijandig.

'Hij heeft het moeilijk,' stelt Thea vast, zonder aandacht te schenken aan de toon die Luuk aanslaat. 'Het valt voor ons allemaal niet mee om te accepteren dat Esther dood is, dat begrijp je zeker wel?'

Luuk reageert niet. Hij blijft haar op een dreigende manier aankijken. Thea merkt dat ze haar handen stijf ineen geklemd heeft. Ze opent ze snel en legt ze zo nonchalant mogelijk op haar knieën. 'Sara en ik maken ons zorgen om Johan. Hij is zichzelf niet, de laatste tijd. Heb jij daar niets van gemerkt? Sara vertelde me dat jullie veel met elkaar omgaan.'

Thea ziet dat Luuk haar opmerkzaam aankijkt. Ze denkt een

ogenblik na over wat ze verder zal zeggen. Een directe aanval zou wel eens averechts kunnen werken. Ze moet hem aan de praat zien te krijgen. Johan schreef dat Luuk had aangeboden om samen met Esther te gaan praten. Betekent dit dat ze samen bij Esther zijn geweest? En wanneer dan precies? 'Johan is niet erg mededeelzaam over zijn gevoelens,' gaat ze verder. 'Dat is bij ons ook nooit de gewoonte geweest.'

Het is een ogenblik stil na haar woorden. Thea zucht diep. 'Ik heb eerder deze week geprobeerd om hem eens aan het praten te krijgen,' zegt ze. De laatdunkende blik in de ogen van Luuk spreekt boekdelen. 'Hij weerde alles af, hij werd zelfs een beetje boos. Hij voelde zich aangevallen. Dat vind ik vreemd,' besluit ze peinzend.

'Hoezo, vreemd?' vraagt Luuk.

Thea zwijgt en kijkt nadenkend voor zich uit. 'Jij vindt dat niet vreemd, begrijp ik het goed?'

Luuk zwijgt nukkig.

'Ik vertrouw het niet,' zegt Thea plompverloren.

Luuk schiet overeind. 'Wat vertrouw jij niet?'

'Hoe hij doet. Hij is onrustig,' vertelde Sara. 'Hij slaapt slecht. Hij wordt kwaad om niets. Hij schrijft hele blocnotes vol brieven. En hij schijnt steeds met jou samen te moeten bidden.' Thea trekt haar schouders op. 'Ik weet het niet...' doet ze aarzelend.

'Wat schrijft hij op?' wil Luuk weten.

'Ja zeg, denk je dat hij het aan iemand laat lezen? Dat gaat allemaal achter slot en grendel. Heb jij geen idee waarover het gaat?'

Luuk kijkt betrapt. Hij heeft me dóór, denkt Thea. Opletten, nu.

'Ik kan me niet voorstellen dat jij er werkelijk niet méér vanaf weet,' is de volgende pijl die ze afschiet. Ze kijkt op de klok. Ze moet hier niet te lang blijven zitten. Straks komt Johan onverwachts thuis. De schrik zit opeens in haar benen. 'Verbergen jullie iets? Heeft Johan iets met de moord op Esther te maken?' gokt ze.

Luuk vliegt overeind. 'Hoe dúrf je zoiets hardop te zeggen?' valt hij uit. 'Je eigen broer beschuldigen! Het is een schande!'

Thea kijkt Luuk recht aan. 'Als jij meer weet dan je zegt, zou je als medeplichtig gezien kunnen worden,' antwoordt ze onverstoorbaar. Ze heeft het gevoel dat ze precies op de goede weg zit. Luuk staat op en gaat weer zitten. Hij is nerveus.

'Ik blijf maar met de vraag zitten wie Esther zou willen vermoorden,' zegt Thea. 'Zeg nu zelf: wie zou dat in zijn hoofd halen? Haar minnaar? Iemand van de kerk? Haar eigen broer? Kom nou toch! Esther had geen vijanden. Maar toch is ze dood. Ik hou het op een ongeluk. Maar Johan doet er vreemd geheimzinnig over. Dat wekt achterdocht bij de politie. Ik vind dat eerlijk gezegd heel onverstandig van hem.'

'Praat hij met de politie?' hijgt Luuk. 'We hebben anders afgesproken dat hij dat niet zou doen.'

'Waarom niet?' informeert Thea losjes. 'Jullie hebben toch niets te verbergen?'

Er valt een diepe stilte. Luuk zit aan zijn nagels plukkend voor zich uit te staren. Thea slaat hem koeltjes gade. Ze voelt zich rustiger worden. Ze let scherp op de man die tegenover haar zit te draaien op zijn stoel.

'Die minnaar blijft stenisch ontkennen dat hij er iets mee te maken heeft,' doet Thea er nog een schepje bovenop. 'Maar toch moet iemand Esther die fatale klap tegen haar slaap hebben gegeven. Iemand heeft haar willens en wetens om zeep willen helpen.' Thea hoort het treitertoontje in haar eigen stem.

'Het was een ongeluk,' stoot Luuk uit.

Thea knikt. Ze zorgt ervoor dat ze op geen enkele manier laat merken dat ze zijn opmerking als een bekentenis zou kunnen opvatten. 'Dat vertelde Johan ook al.'

'Wat heeft hij verteld?' Luuk is weer op zijn hoede, zo te horen.

'Dat het een ongeluk was. Dat jullie haar niet wilden vermoorden.'

'Net zei je nog dat hij niet wilde praten,' zegt Luuk sluw.

'Dat heeft hij ook niet tegen mij gezegd. Dat heeft Sara uit zijn woorden begrepen. Maar Sara moet het ook kwijt.'

Luuk blijft op zijn hoede. 'Ik heb er niets mee te maken,' beweert hij.

'Dus jullie zijn niet samen bij Esther geweest?'

'Nee.'

'Dan was Johan er waarschijnlijk alleen. Dat zal toch niet betekenen dat...' Thea maakt haar zin niet af.

'Jij moet je met je eigen zaken bemoeien,' sneert Luuk. 'Daar zul je het al druk genoeg mee hebben.' Hij staat op. 'Ik zou maar weer eens gaan schoonmaken, als ik jou was. Dat heb je toch beloofd?' Hij loopt in de richting van de deur.

'Ik denk toch dat de politie dit verder moet uitzoeken,' mompelt Thea in zichzelf, terwijl ze vanuit haar ooghoeken het gezicht van Luuk in de gaten houdt. Hij kijkt nu een beetje verwilderd uit zijn ogen. 'Ik kan natuurlijk niet zomaar mijn broer van doodslag beschuldigen en zijn vriend van medeplichtigheid. Maar ik vind toch ook dat het er allemaal een beetje vreemd aan toegaat,' zucht ze.

Luuk staart haar aan. 'Ik zou mijn mond houden,' zegt hij kil. 'Ik zou nooit mijn familie verraden.'

'Als er iets te verraden valt,' houdt Thea halsstarrig vol. 'Wie zegt dat er iets te verraden valt?'

'Ik zou mijn mond houden,' herhaalt Luuk. 'Het lost niets op. Je zuster wordt er niet meer levend door.'

'Maar misschien zit er wél een onschuldige man vast voor een daad die hij niet heeft begaan,' suggereert Thea. 'Dat is nog een andere kant van de zaak. Als we allemaal de zaak laten rusten, laten we misschien ook iemand anders in zijn sop gaarkoken. Dat voelt voor mij niet goed. Voor jou toch ook niet, denk ik?'

'Die man heeft ernstig gezondigd,' antwoordt Luuk.

Thea voelt zichzelf verstarren. De woede die ze tot nu toe heel goed wist te onderdrukken, begint bezit van haar te nemen. 'Gezondigd,' herhaalt ze. 'Juist, ja. Je bedoelt dat hij een overspelige relatie had met Esther?'

Luuk knikt met samengeknepen lippen.

'Sinds wanneer staat daar gevangenisstraf op?'

Luuk geeft geen antwoord.

Thea gaat staan. 'Johan komt morgenmiddag pas weer thuis,' zegt ze kil. 'Het lijkt mij verstandig om dit gesprek onder ons te houden.'

Luuk geeft geen antwoord. Hij staat ook op.

'Ik ga verder met mijn werk. Ik moet ook nog boodschappen doen en straks zijn de winkels dicht. Je komt er zelf wel uit, denk ik?'

'Wat ga je nu eigenlijk doen?' wil Luuk weten. 'Ben je écht van plan om iets tegen de politie te gaan zeggen? En denk je dat ze je zullen geloven?'

'Reken maar,' antwoordt Thea en ze hoort aan haar eigen lage stem dat het niet zal lukken om het hierbij te houden. 'Als ik jou was zou ik nog even extra hard bidden. Ik denk dat je stevig in de nesten zit.'

Luuk loopt zonder om te kijken de kamer uit en het volgende moment hoort Thea de voordeur met een klap dichtslaan. Buiten wordt een halve minuut later een auto gestart. De motor giert. Ze slaat een hand voor haar mond. 'Johan heeft haar vermoord,' zegt ze tegen zichzelf. 'En ze hebben afgesproken dat ze elkaar dekken.' Er schieten allerlei gedachten door haar hoofd. Ze moet hier weg. Het hele huis voelt dreigend aan. Ze grist de leren coat van de kapstok.

28

De chocolademousse is verrukkelijk, vindt iedereen die aan tafel zit. De gasten van Simon en Pieter zijn aardige mensen, heeft Thea gemerkt. Twee studievriendinnen van Pieter, die ook tandarts zijn en een vriend van Simon, die een halfjaar geleden is gescheiden. Hij heet Geoffrey en hij zegt gewoon wat hij denkt. 'Volgens mij is het de bedoeling dat wij aan elkaar gekoppeld gaan worden,' merkte hij opgewekt op toen Simon hem aan Thea voorstelde. Ze wist een ogenblik niet waar ze moest kijken. Haar hoofd zat nog stampvol woede en ze moest moeite doen om de gezellige sfeer in het huis van Simon en Pieter op te pikken. Maar dat schrok hem niet af. Hij pakte haar uitgestoken hand met twee handen vast en vertelde haar lachend dat hij daar op het eerste gezicht niet onwelwillend tegenover stond. Naarmate de maaltijd vordert en de wijnglazen rijkelijker gevuld worden, is haar stemming losser geworden. Ze heeft besloten om van de avond te genieten en om even niet verder na te denken over Johan en Luuk. Geoffrey is leuk gezelschap. Hij geeft gevatte antwoorden op Simons plagerijen, die steeds uitdagender worden.

'Nog een gaatje overhouden voor de laatste culinaire uitsmijter,' raadt Pieter aan. Iedereen begint te kreunen en te roepen dat er niets meer bij kan.

'Let maar op,' zegt Simon. 'Hier gaan jullie je allemaal tóch nog aan bezondigen.' Ze verdwijnen samen naar de keuken en ze komen een kwartiertje later weer tevoorschijn. Pieter draagt een blad met kleine koffiekopjes.

'We hebben het nieuwe espressoapparaat uitgetest,' glundert hij. 'Het ruikt in ieder geval verrukkelijk.'

Achter hem draagt Simon een glazen schaal die helemaal gevuld is met bonbons die er prachtig uitzien. 'Toch zonde om op te eten?' vraagt hij in het rond. 'Laat maar rustig staan, hoor. Wij zitten er niet mee.' Iedereen valt aan.

Thea is een beetje rozig van de wijn en het lekkere eten. Johan spookt nu en dan even door haar hoofd, maar ze zet hem er direct weer uit. Ze wil vanavond vooral niet aan Johan denken. Ze heeft haar hele familie even uit haar gedachten gezet, omdat ze die Geoffrey wel beter zou willen leren kennen. Hij is zevenendertig, heeft hij haar verteld. Veertien jaar getrouwd geweest met zijn eerste meisje. Heel monogaam ingesteld, sorry. Dat schijnt tegenwoordig eerder tégen dan vóór je te werken. Maar zo zit hij in elkaar. Hij werkt in de automatisering en heeft een leidinggevende functie. Veel zorgen aan zijn hoofd. Maar het inspireert hem wél.

Hij is zonder ruzie gescheiden. De koek was op. Zo gaan die dingen. Nee, geen kinderen. Hij zou ze graag gehad hebben maar zijn ex wilde niet. Waar heb ik dit meer gehoord, wilde Thea vragen, maar ze heeft toch maar haar mond gehouden. Ze heeft hem over haar leven verteld en hem toevertrouwd dat ze zo langzamerhand wel is uitgezorgd voor haar vader. Toen ze hem vertelde dat ze nog steeds graag de pabo zou willen doen zei hij opeens dat het nooit te laat is om voor jezelf te kiezen. En daarbij keek hij haar aan op een manier die haar helemaal warm maakte vanbinnen.

Ze zijn in de zitkamer beland en Pieter heeft sfeervolle muziek opgezet. Thea voelt aan haar zware benen dat ze moe is. Haar ogen beginnen ook steeds meer te prikken. Maar ze wil nog lang niet naar bed. Ze heeft het gevoel dat ze na deze dag een onrustige nacht gaat beleven. Ergens in haar achterhoofd dringt zich een dreiging op. Is ze hier wel veilig? Zou die Luuk... Ze moet geen gekke dingen in haar hoofd halen. Maar voor de zekerheid doet ze straks wél de deur van haar slaapkamer op slot. Als er tenminste een slot op zit. Ze vraagt het aan Simon. Die kijkt haar verwonderd aan. 'Ben je bang dat je wordt aangerand?' fluistert hij. 'Ik had anders de indruk, dat er wel iets vonkte tussen jullie.'

'Hou op, gek,' fluistert Thea terug. 'Er gaat vandaag niets gebeuren. Ik slaap alleen. Ik heb mijn rust veel te hard nodig.'

'We pakken nog een afzakkertje als de anderen naar huis zijn,' belooft Simon. 'Ze zullen zo wel vertrekken.'

Geoffrey heeft Thea voor hij vertrok gevraagd of hij haar mag bellen. Hij noteerde haar mobiele nummer direct in zijn organizer.

'Ik bel binnen vierentwintig uur,' kondigde hij aan. 'Dat je het maar weet.' Daarna heeft hij haar omarmd en gekust. Zijn lippen voelden goed. Zijn armen voelden vertrouwd. Ze heeft het gevoel dat ze hem al jaren kent.

'Wil je al naar bed?' vraagt Simon. Hij lijkt een beetje onrustig. Hij schuift op zijn stoel en trommelt met zijn vingers op tafel.

Pieter strijkt hem met een geruststellend gebaar over zijn haren. 'Zou je niet beter eerst kunnen gaan slapen en het er morgen over hebben?' dringt hij aan. 'We hebben behoorlijk ingenomen, we zijn allemaal moe.'

Simon schudt zijn hoofd. 'Ik heb juist drank nodig om het te durven zeggen,' weerlegt hij.

Thea kijkt hem verwonderd aan. 'Ben je ergens boos over? Heb ik iets verkeerds gedaan?' vraagt ze. Ze krijgt een dikke keel van schrik.

'Welnee, lieverd. Jij hebt het vanavond heel goed gedaan. Je hebt braaf je telefoonnummer gegeven aan de man die broertje voor je heeft uitgekozen.'

Ze beginnen alle drie te grinniken.

'Hij is leuk,' constateert Thea tevreden. 'Dank je, merci.' Ze ziet dat Simon tranen in zijn ogen heeft en legt een hand op zijn arm. 'Wat is er, Siem? Is er iets met je aan de hand? Je maakt me bang.'

Hij heeft een ziekte, flitst het door haar heen. O god, hij gaat me vertellen dat hij een dodelijke ziekte heeft.

'Ik hou het niet langer vol om te doen of er niets aan de hand is,' barst Simon los. 'Het is allemaal weer boven komen drijven toen Esther werd vermoord. En toen die rechercheur met me kwam praten. Het raast maar door mijn hoofd.

Ik wil niet langer zwijgen over moeder.'

Thea staart hem aan. 'Moeder,' herhaalt ze. Ze realiseert zich dat Simon wil praten over iets wat ze zelf zorgvuldig heeft verdrongen. Ze staart hem aan. Dan knikt ze zuchtend. 'Wat ben je van plan?' wil ze weten.

Hij brandt los. Hij struikelt bijna over zijn eigen woorden. Pieter heeft een nieuwe fles wijn opengetrokken. Die kan er nog wel bij, volgens hem. Simon vertelt dat hij al jaren bezig is om te besluiten wat hij aan de verdwijning van hun moeder wil doen en dat hij het zichzelf al net zo lang kwalijk neemt dat hij tot nu toe geen poot heeft uitgestoken om de waarheid boven tafel te krijgen. 'Wat ben ik voor een angsthaas?' valt hij zichzelf aan. 'Hoe kán ik in hemelsnaam al die jaren gewoon doen of het de normaalste zaak van de wereld is dat mijn moeder zogenaamd met de noorderzon is vertrokken? Waar was ik bang voor? Voor mijn vader soms? Voor die godsdienstwaanzinnige tiran die mijn hele jeugd heeft verpest?' Hij spuugt de woorden bijna uit. Zijn ogen schieten vuur. 'O, wat háát ik die man. Ik begrijp niet dat jij met hem onder een dak wilt wonen. Nee, dat is geen verwijt, zo moet je het niet opvatten,' weert hij Thea af, als ze haar mond wil opendoen. 'Het is geen verwijt, ik heb juist respect voor je. Dat je hem niet aan zijn lot overlaat. Je zou mij geen vierentwintig uur achter elkaar met hem in hetzelfde huis moeten laten; hij zou het niet overleven. Geloof jij nog in God?' verandert hij plotseling van onderwerp.

Thea deinst een moment terug van deze vraag. Ze kan hem even niet volgen. Ze knikt en haalt tegelijk haar schouders op. 'Nou ja, God,' aarzelt ze. 'Ik geloof wel in een hogere macht die alles bestuurt... Ik denk dat ieder mens deel uitmaakt van die macht.'

'Een collectieve oerkracht, bedoel je dat?' mengt Pieter zich in het gesprek. 'Daar geloof ik namelijk sterk in. Je komt er vandaan en je keert ernaar terug, volgens mij.'

Thea knikt bedachtzaam. 'Ja, zoiets. Maar ik geloof toch ook in een bestuurder van die kracht. Ja, ik geloof in iets als God. Maar niet in een God die onze kerk van hem maakt. Een God van zonde en schuld. De God die door de mensen geschapen is.'

Pieter buigt zich diep naar haar toe. 'Begrijp ik het nu goed? Zeg jij nu dat de mensen God hebben geschapen?'

'Ja. De God waar wij mee zijn opgegroeid, dat is voor mij een Opperwezen dat door de mensen is gecreëerd. Daar heb ik niets mee. Ik geloof meer in een oerkracht die ons bestuurt. Onze eigen oerkracht. Waar zowel goed als kwaad in vertegenwoordigd is. Allemachtig, wat een gesprek is dit op de late avond!'

'Ik geloof helemaal nergens meer in, tegenwoordig,' antwoordt Simon. 'Niet in een bovennatuurlijke kracht, niet meer in een collectieve kracht, voor mij is het allemaal shit. Krampachtig gelul om je eigen vergankelijkheid niet onder ogen te hoeven zien. Ik hield altijd nog een achterdeurtje in mijn ongeloof open voor betere meningen, maar de dood van Esther heeft voor mij de deur helemaal dichtgedaan. Die afwijzing met haar crematie. *Zum kotzen!* Als ik daaraan denk, komt mijn maag achter mijn oren te zitten. De herinneringen aan onze jeugd zitten me voortdurend op de hielen. En ik kan niet meer ophouden met denken aan moeder. Wat er met haar gebeurd kan zijn. Ik wil het weten. Ik wil weten wat hij met haar heeft gedaan. Vader,' verduidelijkt hij.

'Ik begrijp het,' zegt Thea. 'Hoe had je gedacht erachter te kunnen komen? Vader is zo dement als een deur en wie zou ervan kunnen weten? Johan?'

Simon schudt zijn hoofd. 'Nee, Johan niet. Maar de mensen van de kerk die van vaders leeftijd zijn, zouden er toch op zijn minst iets over kunnen dénken? Ik zou de zaak willen aankaarten bij Linda de Waard. Haar vragen om een onderzoek te starten. Dan moeten we denk ik aangifte doen van vermissing. Dat is nooit gedaan, weet je dat? Hij heeft haar niet eens als vermist opgegeven! Hij heeft gewoon genegeerd dat ze ooit heeft bestaan! Haar doodgezwegen. En ik voel al jaren dat het niet klopt. Ik kan er niet mee leven dat het niet wordt uitgezocht. Maar ik doe het alleen als jij daarmee akkoord gaat. Ik wil Johan erbuiten houden. Wat vind je ervan?'

Thea denkt na. Wil ik het weten, vraagt ze zich af. Wil ik die beerput openmaken? 'Wat zou het oplossen?' vraagt ze. 'Worden we er wijzer van?'

'Het zou betekenen dat we in ieder geval iets hebben gedáán, ook al is het jaren na dato. Ik verwacht niet dat we erachter komen wat er is gebeurd. Ik verwacht hoogstens dat ik mijn geweten een beetje kan sussen.' Simon begint te huilen. Hij veegt geërgerd de tranen uit zijn ogen. 'Sorry. Ik wil het niet dramatisch maken.'

'Het ís dramatisch,' zegt Thea zacht. 'Ik vind het goed. Maak maar een afspraak met Linda de Waard. Ik wil graag bij het gesprek zijn.'

Ze kan met moeite een geeuw onderdrukken. 'Maar eerst moeten we slapen,' besluit ze. 'Ik tenminste wél. Als ik nog even wacht, val ik hier ter plekke in coma. We hebben morgen nog de hele dag de tijd om te beslissen hoe we het gaan aanpakken.' Thea legt een hand op Simons arm en kijkt hem nadruk-kelijk aan. 'We gaan praten,' belooft ze. 'We pakken het samen aan.'

Simon staat op en slaat zijn armen om haar heen.

29

De eerste ogenblikken weet Thea even niet waar ze is. Ze moet uit een bodemloze diepte tevoorschijn komen en alles om haar heen is vaag, behalve de strakke band om haar hoofd. Ze kent dit gevoel. Dit betekent dat ze heel diep heeft geslapen en dat ze de hele dag last zal hebben van een bonkende hoofdpijn, die pas tegen de avond minder zal worden. Ze blijft stil liggen en ordent om te beginnen haar gedachten.

Wat is het vandaag? Zondag.

Waar is ze? Bij Simon.

Wat moet er gedaan worden? De kamer begint om haar heen te draaien. Ze ademt een paar keer diep in door haar neus en uit door haar mond. Haar keel voelt aan als een verschrompelde zandvlakte. Haar ogen schieten vol tranen.

Help, denkt ze. O God, help. Ik kan dit niet. Het is allemaal te heftig. Wat moet ik toch doen? Help me, alstublieft.

Ze hoort haar eigen gedachten. Het lijkt wel of ik lig te bidden, denkt ze. Ze voelt de paniek weer wegglijden. Heel langzaam komt ze overeind. Ze houdt met beide handen haar voorhoofd vast. Het is te hopen dat Simon Saridon in huis heeft. Saridon is de enige pijnstiller die nog een béétje helpt als ze met dit soort hoofdpijn opstaat. Ze trekt de kamerjas aan die ze heeft meegenomen en schiet in haar pantoffels. Hoe laat is het eigenlijk? De wijzers van haar horloge geven aan dat het kwart voor elf is. Het huis is doodstil. Zouden Simon en Pieter nog slapen? Thea loopt stapje voor stapje de trap af. Ze zorgt ervoor dat ze haar voeten heel voorzichtig neerzet. Iedere schok zal de bonkende pijn in haar hoofd extra benadrukken. Ze hoort iemand in de keuken. Het is Pieter. 'Jij ziet eruit als een geest,' constateert hij.

Thea legt een hand op haar voorhoofd.

'Kater?' informeert Pieter.

Ze schudt voorzichtig haar hoofd. 'Veel te diep geslapen. Heb je misschien Saridon in huis?'

Pieter knikt. 'Ja, in het medicijnkastje. Ik haal wel even een tablet.'

'Twee, alsjeblieft,' zegt Thea. 'Ik moet beginnen met twee en over een uur nog een derde nemen.'

Pieter loopt langs haar heen de trap op. 'Ga lekker aan de tafel zitten,' zegt hij hartelijk. 'Ik zet een kopje thee voor je. Koffie zal wel *too much* zijn, denk ik?'

Thea pakt een stoel. Ze houdt haar hoofd zo veel mogelijk rechtop. Dit gaat een zware dag worden.

Dit soort hoofdpijn geeft Thea altijd een weerloos gevoel, vertelt ze tegen Pieter. Een gevoel dat ze volkomen onbeschermd is en dat er rampen op de loer liggen die haar kunnen treffen.

'Heb je dit vaak?' wil Pieter weten.

'De laatste jaren minder dan vroeger. Maar toen ik jonger was gebeurde het wél regelmatig dat ik ermee wakker werd en ik me geen hemelse raad wist. Het gebeurt als ik heel diep en droomloos heb geslapen. Alsof ik in coma heb gelegen.'

'Simon heeft er ook met een bepaalde regelmaat last van,' merkt Pieter op. 'Vooral de laatste tijd is het raak, sinds hij zo piekert. Hij slikt dan ook Saridon, vandaar dat we het in huis hebben.'

'Het heeft inderdaad met spanning te maken,' beaamt Thea. 'Ik denk dat dat diepe droomloze slapen een soort vlucht is. Heel ver wegduiken om te voorkomen dat je gaat dromen.'

Pieter kijkt haar ernstig aan. Hij schudt bedachtzaam zijn hoofd. 'Iedere keer als ik met Simon over zijn jeugd praat, verwonder ik me erover dat het met zowel hem als jou niet faliekant verkeerd is afgelopen.'

'Volgens onze familieleden is het juist wél verkeerd afgelopen met Simon en mij,' lacht Thea een beetje schamper. 'Hij is een getrouwde homo en ik ben een illegale moeder. Kan het nog erger?'

Pieter wrijft een ogenblik met zijn hand over Thea's arm. 'Jij weet wel beter. En jij niet alleen. Ik sta achter jullie,' zegt hij ernstig.

Thea slikt de emotie die in haar opkomt weg. 'Heb jij enig idee hoe lang die broer van mij nog blijft slapen?' probeert ze luchtig te doen.

'Ik ga hem wakker maken,' besluit Pieter. Hij staat op en strijkt in het voorbijgaan even voorzichtig over haar hoofd. Thea blijft doodstil zitten.

Boven hun hoofd horen ze wat gerommel.

'Daar zul je hem hebben,' stelt Pieter vast. 'Die heeft vast en zeker sterke koffie nodig.' Hij zet het koffiezetapparaat aan. 'Wil je iets eten? Een beschuitje met jam? Eet maar iets, dan werken die pijnstillers beter.' Terwijl hij praat, is hij het beschuitje al aan het smeren.

Thea moet niet aan eten dénken maar ze vindt het tegelijkertijd heerlijk dat er zo lief voor haar wordt gezorgd. 'Eéntje dan. Proberen of ik het wegkrijg.'

Ze horen Simon de trap afkomen. Met een verwarde haardos en met nog halfdichte ogen verschijnt hij in de deuropening van de keuken.

'De vergadering is al begonnen?' informeert hij. Hij slaat zijn armen stevig om Pieter heen en werpt een kushand in de richting van Thea.

'Alle mensen van wie ik hou zijn aanwezig. We kunnen beginnen,' zegt hij.

Thea heeft de tranen alweer hoog zitten. Ze probeert een hap te nemen van het beschuitje met jam, maar als ze de zoete bosbessengeur ruikt, doet haar maag de deur dicht.

Simon kijkt haar opmerkzaam aan.

'Hoofdpijn,' legt ze uit. 'Veel te diep geslapen. In coma gelegen.'

Simon knikt. 'Dat kennen we. Heb je al iets ingenomen? Saridon?' Hij loopt naar het raam en kijkt naar buiten. 'Helder en droog, zo te zien een lekkere vrieskou. Ik neem je als ik een paar bakken koffie achter mijn kiezen heb, mee voor een frisse wandeling. Niet zo moeilijk kijken, daar ga je van opknappen.'

Thea besluit om vandaag maar gewoon te laten gebeuren wat blijkbaar gebeuren moet.

Het is een vreemde dag, denkt Thea. Ze laat zich door Simon meenemen naar het park en ze lopen daar stevig gearmd over de bevroren grond, die kraakt onder hun voeten. De kale bomen zijn bijna doorschijnend wit, ze staan onbeweeglijk stijf, koud en stil te zijn. Maar toch zijn ze bijna mooier dan als ze bladeren hebben.

'In deze tijd van het jaar zie je de bomen in hun volle naaktheid,' lijkt Simon haar gedachten te raden. 'Geen blad om achter te verschuilen. Puur boom. Ik kan er uren naar kijken.'

Er staan genoeg banken om op uit te rusten maar ze besluiten om te blijven lopen.

'We zouden anders ter plekke vastvriezen,' waarschuwt Simon. 'Wat is het allemachtig koud, zeg. Volgens mij vriest het minstens tien graden.'

Thea duikt zo diep mogelijk weg in de grote wollen shawl, die ze gelukkig heeft meegenomen. Ze is ook blij dat ze de leren coat draagt, ook al is het die van Sara. Simon heeft niet in de gaten dat Thea niet haar eigen jas aanheeft en zij zegt er niets over. Ze denkt aan Geoffrey en opnieuw raadt Simon haar gedachten. 'Ga je hem nog een keer zien?' wil hij weten.

'Hij heeft mijn mobiele nummer genoteerd,' zegt ze schouderophalend. 'Laat ik maar afwachten wat er gebeurt. Ik vond hem erg leuk. Maar we hadden natuurlijk wel behoorlijk veel drank op. Hoe is hij eigenlijk naar huis gegaan? Hij is toch niet achter het stuur gekropen?'

'Welnee, hij woont hier drie straten vandaan. Die is gewoon gaan lopen.'

De frisse lucht doet Thea goed. De hoofdpijn verdwijnt naar de achtergrond, merkt ze. Ze is niet meer misselijk en haar hoofd voelt minder zwaar aan. 'Het helpt inderdaad, buiten lopen,' meldt ze. Ze vraagt zich af wanneer Simon over de kwestie van hun moeder gaat beginnen.

'Vind je het nog steeds goed dat ik Linda de Waard uitnodig om over moeder te praten?' vraagt hij en Thea hoort een voorzichtige klank in zijn stem. 'Ik doe het alleen als jij het ermee eens bent. Het gaat natuurlijk veel bij ons oprakelen. Ik heb Pieter om op terug te vallen, maar jij bent alleen. We laten je niet in de steek, hoor. We doen het samen. Goed?'

Thea knikt. Ze heeft het gevoel dat de wereld na vandaag nooit meer hetzelfde zal zijn. Ze rilt. Simon drukt haar stevig tegen zich aan. 'Zeg ik eigenlijk wel vaak genoeg tegen je dat ik je een dijk van een wijf vind?' informeert hij met een trotse blik in zijn ogen. 'Niet, hè? Ik vind je een kanjer. Omdat je je staande houdt, ondanks dat je het anders zou willen. Omdat je de familie trotseert. Omdat ze je nooit onderuit hebben gekregen. Ik vraag me vaak af hoe je het opbrengt om nog aardig voor ze te zijn.'

Thea staat stil. 'Ik wil weten waar mijn kind is gebleven,' antwoordt ze. 'Dat is de enige reden van mijn zogenaamde kracht. Zodra ik weet aan wie ze mijn baby hebben gegeven, laat ik vader in zijn sop gaarkoken en breek ik definitief met Johan.' Ze spuugt de woorden bijna uit.

Simon knikt bedachtzaam. 'Ik ken het verhaal eigenlijk niet verder dan tot het moment dat vader je wegbracht. Wil je me de rest ook vertellen?'

Thea begint onmiddellijk.

30

Ze hebben het park al drie keer gehad en daarna zijn ze de hele Sarphatistraat uit gelopen totdat ze bij de Nederlandse Bank kwamen, daar zijn ze omgekeerd. Stijf gearmd en zonder op hun omgeving te letten stappen ze door, terwijl Thea niet meer kan ophouden met praten. Ze is begonnen bij de avond dat vader haar meenam in de auto van ouderling Mantje en ze heeft tot in detail de eenzaamheid beschreven die ze voelde in de maanden dat ze opgesloten zat in een flat in een onbekende stad. Ze heeft verteld over de mensen bij wie ze in huis was, die voortdurend op haar inpraatten dat het kindje in haar buik het beste geadopteerd kon worden door een echtpaar dat zij kenden. Geen woord van begrip voor haar situatie, geen vraag over haar gevoelens, geen aandacht voor de lichamelijke mankementen die een zwangerschap met zich meebrengt. Verplichte loopoefeningen door het huis, twee keer per dag gymnastiekoefeningen en bidden, bidden, bidden om vergeving en om wijsheid. Ze kan de verloskundige die regelmatig kwam zó exact beschrijven dat je haar bijna voor je ziet. Het was iemand van de kerk, ze deed alle bevallingen van de gemeenteleden. Maar niemand versprak zich ooit over de plaats waar Thea was. De voordeur was altijd op slot, net als de deur van het balkon dat aan de woonkamer grensde. Vanuit haar slaapkamer keek Thea uit op een enorm sportterrein. Daar werden door de week voetbaltrainingen, honkbaltrainingen en hockeytrainingen gehouden en op zondag waren er wedstrijden. Maar daar mocht ze niet naar kijken. Hoe sneller ze meewerkte aan de adoptie, hoe gemakkelijker haar verblijf voor haar zou zijn, werd haar voorgehouden.

Ze twijfelde de hele dag aan alles wat er tegen haar gezegd werd. Ze bedacht manieren om te ontsnappen, maar ze kwam niet verder dan denken. Denken en bang zijn. Ze was bang voor de bevalling. Ze was bang om dood te gaan. Ze verlangde naar haar moeder. Dat verlangen sprak ze alleen uit tegen Maria, de enige vrouw die aardig tegen haar deed. Maria drong erop aan om mee te werken. Ze beweerde vaak dat ze Thea's moeder regelmatig sprak en dat die erop aandrong dat Thea het kindje zou afstaan. Het was maar voor tijdelijk, zei Maria. Later kon ze het kind misschien terugkrijgen. Maar dat was zeer geheime informatie, daar mocht Thea het niet met de anderen over hebben.

Thea schreef briefjes aan haar moeder, die door Maria naar buiten werden gesmokkeld. Maar er kwamen nooit briefjes terug. Dat moest ze ook niet verwachten, volgens Maria. Het was al een hele toer om de briefjes van Thea bij haar moeder te bezorgen.

De baby diende zich twee weken te vroeg aan en de bevalling duurde bijna achtenveertig uur. Toen ze het kind uiteindelijk toch niet meer kon binnenhouden, brak haar weerstand. Ze tekende nog voordat de placenta eruit kwam de papieren die onder haar neus werden gehouden.

Het kindje huilde. Thea hoorde het en ze hoorde ook een sussende stem, die bleef praten totdat het huilen ophield. Daarna waren er in de gang opeens andere stemmen, onbekende stemmen. Thea wilde weten wie er in huis waren. Ze hoopte vurig dat haar moeder was gekomen. Ze kreeg geen antwoord. Ze werd gewassen, iemand stopte een soort luier tussen haar benen en reikte haar een schoon nachthemd aan. Er sloeg een deur dicht en de stemmen in de gang waren verdwenen. Thea viel van uitputting in slaap. Toen ze een uur later wakker werd, was de stilte in huis zó angstaanjagend voelbaar dat ze begon te gillen. Iemand hield een glas water tegen haar lippen en beval haar te drinken. Het was bitter, herinnert ze zich. Ze viel daarna weer in slaap.

Haar borsten liepen vol en de melk werd afgekolfd. Soms meende ze in de verte een baby te horen huilen. Ze liet het kolven apathisch toe. Ze bewoog gehoorzaam haar armen en benen als iemand haar daartoe de opdracht gaf, ze strompelde aan de arm van de vrouw waar ze in huis was door de gang naar het toilet. Na zes dagen werd er niet meer gekolfd en werden haar borsten strak ingepakt tegen de stuwing. Het deed pijn. Maar ze liet dat aan niemand merken. Ze sprak niet, ze keek niet om zich heen, ze reageerde nergens op. De mensen om haar heen deden niets anders dan fluisteren. En op een avond stond opeens haar vader in de gang. Hij wenkte haar met zijn wijsvinger, zonder haar aan te kijken. Haar koffer bleek al gepakt te zijn. Wankelend liep ze achter haar vader aan de trap af. Niemand zei haar gedag. Voor de deur van de flat stond de auto van ouderling Mantje weer te wachten. Thea ging zonder hem te groeten achterin zitten en legde meteen haar neus op haar knieën.

'Goed zo,' bromde haar vader.

De auto reed weg. Na een hele tijd zei haar vader dat ze wel weer rechtop kon gaan zitten. Ze merkte dat ze een beetje duizelig was. Ze knipperde een aantal keren met haar ogen en zag in de verte een verkeersbord naderen. PURMEREND, stond erop. Haar hele lijf voelde beurs aan. Maar ze sloeg er geen acht op. Ze realiseerde zich dat ze bijna thuis waren. Thuis wachtte moeder. Moeder zou begrijpen wat Thea had meegemaakt. Moeder zou erachter komen waar het kind was gebleven en de adoptie ongedaan maken. Ze verlangde zó sterk naar moeder dat haar hart er pijn van deed. Toen ze de straat in reden, keek Thea reikhalzend naar de voordeur van hun huis. Ze verwachtte moeder in de deuropening te zien staan. Maar de deur was dicht. De straat was donker en stil. Zelfs de lantarenpalen leken nauwelijks licht te geven. Thea keek haar vader vragend aan.

'Direct naar binnen,' bromde hij. De voordeur werd geopend en Thea wilde zich in de armen van haar moeder storten. Maar er verscheen iemand anders in de deuropening. Thea kneep haar ogen dicht, ze kon niet geloven wat ze zag. Mevrouw Mantje, de echtgenote van ouderling Mantje, stond met haar jas al aan te wachten. Ze negeerde Thea en gaf vader een hand. 'Anna slaapt,' zei ze. 'Esther is een halfuur geleden thuisgekomen en zit huiswerk te maken. Wat zijn dat een aardige kinderen.'

Vader bedankte haar voor het oppassen en sloot de deur achter hen. Thea liep snel naar de woonkamer. Er was niemand. 'Waar is moeder?' hijgde ze van schrik.

Vader snoof diep. 'Je moeder is weg,' zei hij bot. 'Ze heeft geen belangstelling meer voor jullie.' De kamer begon te draaien. De vloer kwam op Thea's hoofd af en raakte haar met een doffe klap op haar neus.

'Wat doe je?' riep vader ergens in de verte. Het leek of hij in de gang stond in plaats van vlak bij haar. Alles werd donker.

Er werden natte doeken tegen haar gezicht gehouden, ze wilde ze wegduwen. Ze waren onaangenaam koud.

'Nee, hou deze maar even tegen je neus,' zei iemand vriendelijk. Moeder? Was ze er tóch? Maar het bleek Esther te zijn, die haar bezorgd aankeek. 'Je bent flauwgevallen,' legde Esther uit.

'Ik wil dood,' antwoordde Thea vlak.

'Ssst, dat mag je nooit zeggen. Dat weet je toch wel? Het leven is een godsgeschenk. Ik ga thee zetten. Het is goed om iets warms te drinken. Ik maak ook een boterham voor je. Wat wil je erop?'

'Ik wil dood,' herhaalde Thea.

Esther deed of ze het niet hoorde. 'Laat me even naar je neus kijken,' redderde ze. 'Je viel precies op je neus. Hij staat nog recht. Ik denk dat je geluk hebt gehad. Volgens mij is hij niet gebroken.'

Thea volgde Esther met haar ogen zonder bewust te kijken. Haar borsten klopten, haar buikwand trok. 'Ik heb een baby gekregen,' zei ze.

Esther keek langs haar heen. 'Niet meer over praten,' antwoordde ze. 'Daar kunnen we het beste niet meer over praten, heeft vader gezegd.'

'Waar is moeder?' wilde Thea weten.

'Daar kunnen we ook het beste niet meer over praten,' was het stellige antwoord.

'Ik herinner me weinig van de zes maanden die daarna volgden,' vertelt Thea. Ze zijn intussen weer bij de voordeur van Simons huis beland en lopen achter elkaar aan naar binnen. Thea praat gewoon door. Simon heeft tot nu toe geen enkele vraag gesteld. 'Ik deed vrijwel niets anders dan slapen en in de kamer zitten. Er kwamen regelmatig vrouwen van de kerk om te koken en schoon te maken. Ze probeerden me aan het werk te zetten maar ik was te lam om het ene been voor het andere te krijgen. Ik at muizenhapjes en werd broodmager. Niemand vroeg aan me hoe ik me voelde. Alleen Esther liet wel eens blijken dat ze met me te doen had. Soms streek ze even met een hand over mijn haar als er niemand in de buurt was. En ze voerde me eten als ik het liet staan. Ik zat de eerste weken alleen maar te wachten op moeder. Ik weigerde te geloven dat ze voorgoed verdwenen was. Pas maanden later ging ik op mijn omgeving letten. Ik begon te luisteren naar gesprekken die om mij heen gevoerd werden en ik concentreerde me vooral op woorden die betrekking konden hebben op wat er met mij was gebeurd. Ik hoopte erachter te komen waar ze de baby naartoe hadden gebracht.'

Ze zijn in de woonkamer aangekomen en gaan zitten. Simon staart Thea onophoudelijk aan. Hij bijt op zijn lip. 'Heb je het rechtstreeks gevraagd?' vraagt hij. 'Heb je gevraagd waar het kind is gebleven?'

Thea knikt. 'Achtentachtigduizend keer, schat ik. Vader verbood me op een dag om die vraag nog te stellen. Als ik het tóch deed, kreeg ik een klap in mijn gezicht. En de karwats kwam er natuurlijk ook aan te pas. Maar ik bleef het vragen. Tot hij op een dag beloofde dat ik het zou horen als ik dertig was. Daar hield ik me aan vast. Het lukte me om er niet de hele dag aan te denken. Ik deed het laatste jaar van de middelbare school over. Niemand op school schonk aandacht aan mij. Iedereen ging mij uit de weg, alsof ik melaats was. Daarna ging ik de opleiding voor ziekenverzorgster in. Ik hield mijn blik op oneindig en speelde de gehoorzame dochter.'

'Je durfde niet tegen te spreken, omdat hij een wapen in handen had. Hij kon weigeren je te vertellen wat je het liefst wilde weten,' stelt Simon vast. Zijn stem klinkt boos. 'Ik zou hem alsnog zijn strot willen dichtknijpen,' verklaart hij heftig. 'Dit klopt voor geen meter. Volgens mij is het volslagen illegaal wat hier gebeurd is. Dat kán toch niet, zelf regelen waar een kind naartoe gaat? Dat kan alleen maar via de officiële instanties. Als je hier achteraan gaat, heb je een zaak.'

'Wat heb ik aan een zaak als niemand zijn mond wil opendoen?' weert Thea af.

'En nu?' wil Simon weten. 'Wat nu dan? Toen jij dertig werd, was hij al dement. Betekent dat soms dat niemand er verder iets over kan vertellen?'

'Toch wel. Vader schijnt al jaren geleden aan Johan en Esther verteld te hebben waar de baby is gebleven. Die hebben hem moeten beloven dat ze er pas iets tegen mij over zullen zeggen als hij dood is.'

'Esther kan al niets meer verraden,' constateert Simon. 'Je bent dus afhankelijk van Johan. Dus dáárom hou je hem zo veel mogelijk te vriend.' Hij zucht diep. 'Als we nu proberen om een onderzoek te starten naar de verdwijning van moeder, zou dat wel eens kunnen betekenen dat Johan jou straft en je nooit meer vertelt wat hij weet.'

'Daar ben ik wel bang voor,' beaamt Thea aarzelend.

'Dan doen we het niet,' beslist Simon. 'Hoe graag ik ook zou willen weten wat er wérkelijk is gebeurd, ik zou mezelf niet recht meer in de ogen kunnen kijken als ik jou daardoor schade berokken. *Never* nooit, dan moeten we het misschien maar afsluiten. We weten immers toch allang dat moeder dood is?'

Thea voelt tranen langs haar wangen stromen. Ze huilt zonder geluid. Simon staat op en pakt haar stevig vast. Ze voelt zijn lichaam schokken.

31

Thea heeft Sara beloofd om op tijd terug te zijn. Ze weet dat Sara vanavond nog een kerststol moet bakken, omdat haar ouders op eerste kerstdag op bezoek komen en van haar verwachten dat ze dan een zelfgebakken stol presenteert. Zulke verplichtingen maken Sara nogal nerveus en daarom heeft Thea afgesproken dat ze uiterlijk om vijf uur terug zou zijn. Sara staat al op haar te wachten. Ze loopt voor Thea uit de kamer in en Thea trekt snel Sara's jas uit. Haar hart klopt bijna in haar keel. Sara heeft blijkbaar niets in de gaten. Anna is vanmiddag door mensen van de kerk opgehaald, vertelt ze, om mee te gaan naar een speciale kerstviering. Ze komt tegen een uur of zeven thuis en dan hoeft ze niet meer te eten, want na de viering is er een uitgebreide koffietafel. Vader is heel erg slaperig. Dat vertrouwt ze niet. Hij zakt steeds erg ver weg, ze kan hem met moeite wakker krijgen. Misschien is het goed om de dokter te laten komen na de kerstdagen. Sara loopt bedrijvig heen en weer terwijl ze praat. Ze pakt het breiwerk in waar ze mee bezig is en legt het tijdschrift waarin ze heeft zitten lezen weer netjes in de lade van de salontafel.

'Laat maar,' gebaart Thea. 'Dat doe ik wel. Ga maar gauw naar huis. Is Johan al weg?'

'Die is gistermiddag al vertrokken en heeft zich verder niet meer vertoond,' is het verongelijkte antwoord.

'Is er iets gebeurd?' wil Thea weten.

Sara lijkt niet bepaald goed gestemd te zijn. 'We hebben alwéér woorden gehad over jou,' zucht ze. 'Ik deed te vriendelijk tegen jou, toen je terugkwam om je boodschappenbriefje te halen. En ik werd weer helemaal opstandig van dat bevelende toontje in zijn stem. Doe dit, doe dat, doe dit níet, láát dat; hij lijkt steeds meer een vader dan een echtgenoot. En ik kan er steeds slechter tegen.'

Thea gaat aan de tafel zitten en wijst naar een stoel voor Sara. 'Ga nog even zitten. Je bent zo opgewonden. Word eerst rustig, anders krijg je nog een ongeluk als je de weg op gaat.'

'Hij had Anna beloofd om met haar naar het dorp te gaan,' klaagt Sara. 'Ze had zich er zó op verheugd. Leg maar eens aan haar uit waarom haar broer opeens van gedachten verandert. Hij liep zomaar de deur uit. Hij zou nog wel zien of hij terugkwam, zei hij. Ik heb hem niet meer gebeld. Daar zal hij nu wel weer boos over zijn. Hij is altijd wel ergens boos over,' zucht ze.

Sara gaat zitten en Thea ziet dat er tranen in haar ogen staan. 'Ik wil niet klagen,' zegt ze. 'Ik kan er ook verder met niemand over praten. Iedereen heeft Johan zó hoog zitten. Iedereen komt raad aan hem vragen, op de meest ongelegen tijden staan ze voor de deur. Je wilt niet weten hoe vaak mensen mij erop attenderen dat ik het toch maar goed heb getroffen met zo'n man.'

'Maar dat vind jij zelf niet?' stelt Thea vast. Het is een ogenblik nadrukkelijk stil tussen hen. Sara haalt haar schouders op. Ze kijkt tersluiks in de richting van het raam, waar vader in zijn grote fauteuil zit te dutten.

'Die vertelt niets door,' stelt Thea haar gerust.

'Ik wil niet als een sloof behandeld worden,' antwoordt Sara. 'Ik wil eerlijke antwoorden als ik vragen stel.'

'Vragen over...,' polst Thea. Sara wil iets kwijt, vermoedt ze.

'Vragen over de dood van Esther.' Sara slaat verschrikt haar handen tegen haar mond. 'O, hij heeft me absoluut verboden om het daar met iemand over te hebben. Maar ik zit er zó mee in mijn maag.'

'Wat bedoel je precies?' vraagt Thea. Ze voelt haar hart opeens drie keer zo snel kloppen.

'Hij is die avond een paar uur weg geweest,' fluistert Sara. 'Die avond toen Esther werd vermoord. Hij ging op bed liggen, omdat hij hoofdpijn had. En hij beweert dat hij daar de hele avond heeft gelegen. Maar dat is niet waar. Ik heb hem tegen een uur of acht zien wegrijden en hij kwam om halfelf terug. Ik zat in de kamer en hij ging rechtstreeks naar boven. Later zei hij dat hij de hele avond op bed had gelegen.'

'Heb je dat tegengesproken?' wil Thea weten.

'Ja, maar hij werd zo woedend dat ik er bang van was. Hij kan heel erg tekeergaan. De mensen moesten eens weten...'

'Slaat hij je?'

Sara duikt in elkaar bij deze vraag. 'Nee, nee,' schudt ze haastig haar hoofd. 'De laatste tijd niet meer.'

'Maar voorheen wel?'

'Ik wil er niet over praten,' zegt Sara strak.

Ze schaamt zich, denkt Thea. Ze laat het onderwerp rusten. 'Ik denk dat hij iets met die moord te maken heeft,' stelt Thea vast. 'En die Luuk Mantje kon er ook wel eens iets over weten, denk je niet?'

Sara knikt snel. 'Luuk Mantje vertrouw ik nog minder. Maar ik weet niet wat ik moet doen. Moet ik mijn eigen man verdacht gaan maken? Lost dat iets op? We krijgen er Esther niet mee terug. En die schande, ik zou de mensen niet meer durven aankijken.'

'Nu dan wel?' informeert Thea koel. Ze voelt zich kwaad worden. 'Hoe zit het met je eigen geweten?' gaat ze verder. 'Kun je jezélf wel recht in de ogen blijven kijken?'

Sara schudt haar hoofd. 'Dat dus niet. Ik weet eigenlijk heel goed wat ik wil gaan doen,' zegt ze, terwijl ze Thea opeens fier aankijkt. 'Ik weet het al een hele tijd. Ik wil dat de waarheid over Esthers dood boven tafel komt.' Na deze woorden duikt ze weer in elkaar. 'Maar hoe moet ik dat aanpakken?' piept ze bijna.

'Niet door te zwijgen,' vult Thea aan. 'Zwijgen lost niets op. Als je je kop in het zand steekt, gebeurt er niets. En wat denk je van het dilemma waarmee je mij nu opzadelt. Wat moet ík nu? Ook doen alsof ik gekke Eppie ben? De man die nog steeds vastzit gewoon in zijn sop laten gaarkoken? Dat kun je toch niet menen?'

'Ik weet dat ik een lafaard ben,' geeft Sara ernstig toe. 'Ik durf gewoon niets te zeggen. Ik hoop dat jij wél durft te praten.' Ze staat op. 'Ik moet nu echt weg. Na de feestdagen gaan we actie ondernemen. Goed?' Ze zucht. 'Als jij durft te praten, beloof ik dat ik zal getuigen. Maar ik weet niet of ik dan in de buurt van Johan kan zijn. Hij zal nooit toestaan dat ik iets vertel. Ik kan niet tegen hem op. Begrijp je dat?'

Thea knikt. 'Ik begrijp het. Ga maar, we hebben het er nog wel over.'

Vader begint hard te snurken. Het geluid irriteert Thea opeens mateloos. Ze loopt naar hem toe en schudt hem door elkaar. Hij schrikt wakker. Zijn ogen staan angstig. 'Hou op met dat gesnurk,' beveelt Thea nors. Ze slikt nog net een scheldwoord in.

'Ik heb een spaghettischotel gemaakt,' zegt Sara zacht. 'Je hoeft het alleen maar even warm te maken. Dat lust hij graag. Als hij gegeten heeft, kan hij direct naar bed.'

Thea staat met een machteloos gevoel tegenover haar. Ze schaamt zich een beetje voor haar geïrriteerde uitval tegen haar vader. Hij kan er tenslotte niets aan doen dat hij snurkt. 'Bedankt, dat is lief van je. Ga nu maar. Als er iets is, kun je hier altijd terecht.'

Sara pakt haar spullen en loopt naar de deur.

'De Heer is mijn Herder,' prevelt vader. Thea draait zich om.

'Het ontbreekt mij aan niets,' vult ze aan. 'Hij zal mij geleiden naar grazige weiden. Hij geeft rust aan mijn ziel.' Vader staart haar aan. Zijn mond gaat open en dicht, alsof hij probeert iets te zeggen.

'Dat zou in onze familie beslist geen overbodige luxe zijn,' voegt Thea aan de laatste zin toe. Vaders ogen vallen dicht. Hij begint weer te snurken.

32

Ze is rusteloos. Vader heeft maar een half bord warm eten gegeten, hij viel voortdurend in slaap. Thea heeft hem om halfzeven
naar bed gebracht. Ze loopt van de ene kamer naar de andere.
Ze bedenkt dat ze even kan gaan chatten, misschien is er iemand online die iets leuks te vertellen heeft. Maar Anna kan elk
moment thuiskomen, dus toch maar niet. Sara heeft gewassen,
de schone was lag op de droger. Thea vouwt gedachteloos de
keukendoeken en de vaatdoeken op. In de lengte in drieën,
daarna in tweeën. Zo heeft ze het van haar moeder geleerd. Moeder. Ze denkt aan wat ze met Simon heeft besproken. Ze wachten nog een tijdje met de start van een onderzoek. Het is een gevoelig punt in de familie. Moeder is geen onderwerp van
gesprek. Nergens in huis is nog een foto van haar te bekennen.
In het familiealbum zit een hele serie lege plekken. Daar zaten
foto's van moeder of waar moeder op stond. Vader heeft ze allemaal verwijderd. Maar ook zonder een foto kan Thea zich haar
moeder nog goed voor de geest halen. Ze droomt nog regelmatig over haar en in die dromen draagt ze altijd de klaprozenjurk.
Er zijn momenten dat Thea zomaar opeens heftig naar haar
moeder verlangt. Daar krijgt ze het altijd te kwaad door. Zoals

nu, terwijl ze de was staat te vouwen. Ze pakt snel de stapel wasgoed op en loopt naar de linnenkast, die op de overloop staat. Er klinken allerlei geluiden buiten. Er stopt een auto, er slaat een portier dicht. Anna wordt thuisgebracht. Het geluid van de voordeurbel klinkt oorverdovend hard, iemand drukt de bel met enorme kracht in. Waar is dat nu weer voor nodig? Thea haast zich naar beneden. Ze moet zien te voorkomen dat er nóg een keer wordt gebeld en vader wakker wordt. Ze doet de deur open en verwacht dat Anna zich enthousiast in haar armen stort. Maar het is Anna niet. Thea moet even goed kijken wie de man is die met een ernstig gezicht voor de deur staat. 'Dag Thea,' zegt hij.

'Wat is er aan de hand?' vraagt Thea zonder zijn groet te beantwoorden. Het is de vader van Sara, dringt het tot haar door.

'Is er iets met Sara gebeurd?' Thea kijkt de man verschrikt aan.

Hij schudt zijn hoofd. 'Nee, het gaat om Johan. Sara heeft hem gevonden toen ze thuiskwam.'

'Is hij dood?' Thea doet een stap achteruit om de man binnen te laten. Hij sluit rustig de deur.

'Laten we even gaan zitten.' Hij neemt haar bij de arm en duwt haar de kamer in. 'Is je vader al naar bed? Dat is misschien maar goed ook.'

Ze gaan aan de eettafel zitten. 'Mag ik roken?' vraagt Sara's vader. Hij heeft al een sigaret in zijn hand. Hij trilt, ziet Thea. Ze zegt dat het goed is. Johan wil niet dat er gerookt wordt in huis. Maar Johan is hier nu niet. Als Thea de man die tegenover haar zit goed begrijpt, is het mis met Johan. 'Is hij dood? Zeg het maar gewoon.'

'Ja, hij is dood. Ze zijn nog aan het uitzoeken wat er is gebeurd. Sara vond hem onder aan de trap. Ze dacht eerst dat hij nog leefde. Ik denk dat ze wílde dat hij nog leefde. Dat ze het niet direct kon begrijpen. Of aanvaarden. Het zal wel iets met aanvaarden te maken hebben. Ze vertelde ons dat ze dacht dat hij nog heel zwak ademde. Ze heeft snel het alarmnummer gebeld en binnen tien minuten stond er een ambulance voor de deur. Maar de broeders van die ambulance zagen al snel dat hij dood was. Sara vraagt of je naar haar huis zou willen komen.'

Thea denkt koortsachtig na. Hoe regelt ze dat met Anna? En met haar vader? Ze hoort weer een auto op het erf. Dat zal Anna zijn. Ze loopt de gang in en opent de deur. Anna komt met een blij gezicht op haar toe gelopen. Bij de auto staat een jonge vrouw. Thea kent haar ergens van. De vrouw steekt haar hand op. 'Ken je me nog?' vraagt ze. 'We zaten samen op de zondagsschool. Maar het is wel erg lang geleden. Trees. Trees Kuiper.' Ze wil weer in de auto stappen.

'Kun je even binnenkomen?' nodigt Thea haar uit. 'Ik heb een probleem en ik hoop dat jij me kunt helpen.'

Ze loopt weer naar de woonkamer. 'Ik moet mijn andere broer bellen,' zegt ze tegen de vader van Sara. Trees Kuiper komt met een verwonderd gezicht de kamer in. Sara's vader knikt haar geruststellend toe. Anna begint zwaar te ademen.

'Goed ademhalen,' adviseert Thea. 'Niet zo snel, daar krijg je het benauwd van. Rustig maar, het komt allemaal wel goed.' Terwijl ze tegen Anna praat en een uitnodigend gebaar maakt naar Trees om te gaan zitten, toetst ze het nummer van Simon in. Hij neemt direct op.

'Kun je naar het huis van Johan en Sara komen?' vraagt Thea aan Simon. 'Er is iets met Johan gebeurd. Het is ernstig. Ik kan nu niet veel zeggen,' fluistert ze. 'Anna is hier in de kamer. De vader van Sara is hierheen gekomen om het te vertellen. Ik probeer ook zo snel mogelijk te komen.'

'Is hij dood?' Simon stelt de vraag bijna zakelijk.

'Ja.'

'We gaan erheen. Ik zie je daar.'

'Ik begrijp het al,' zegt Trees Kuiper. 'Je hebt iemand nodig om hier op te passen. Ga maar, ik blijf wel.'

Thea maant Anna om rustig te blijven en om vroeg naar bed te gaan. Als ze achter Sara's vader aan rijdt, realiseert ze zich dat ze tegen Trees met geen woord heeft gerept over de aanwezigheid van haar vader in huis. Ze hoopt dat hij voorlopig niet wakker wordt. Als ik bij Sara ben, bel ik wel even, neemt ze zich voor. Er zit een dreigend gevoel van onheil in de lucht. Niet op letten, denkt ze. Snel dóórrijden. Sara heeft haar nodig. Ze probeert niet aan Johan te denken.

Als ze op de parkeerplaats aan het begin van de straat uit haar auto stapt, ziet ze de auto van Simon en Pieter al staan. Ze vraagt zich af hoe die hier zo snel konden zijn.

'We zaten bij vrienden in Julianadorp,' legt Simon uit, als hij haar omarmt. Hij heeft de voordeur opengedaan. Achter hem staan mensen, ziet Thea. Twee mannen in ambulance-uniformen. 'Loop maar snel naar de kamer,' raadt Simon haar aan. 'Hij ligt nog in de gang. Er komt dadelijk politie.'

Thea wil eigenlijk niet kijken maar ze doet het tóch. Snel en kort. Er ligt iets onder een groot wit laken. Ze haast zich achter Simon aan de woonkamer in.

Sara komt direct op haar af. Ze klemt zich aan Thea vast. 'Dit heb ik nooit gewild,' zegt ze met een verstikte stem.

'Natuurlijk niet,' fluistert Thea. 'Dat wéét ik toch? Wat is er aan de hand?'

In de hoek van de kamer blijkt de moeder van Sara te zitten. Ze geeft Thea een hand en kondigt aan dat ze koffie gaat zetten. Sara blijft Thea vasthouden.

'Wat is er precies gebeurd?' wil Thea weten. 'Is dat al duidelijk?'

Sara schudt langzaam haar hoofd. 'Ze denken dat hij gevallen is. Ik vond hem onder aan de trap. Ik heb direct 112 gebeld en ben naar boven gerend. Idioot, hè? Ik dacht: er moeten pyjama's mee en schoon ondergoed. Je doet de gekste dingen als je in paniek bent. In de badkamer lag een lege insulinepen. Ik denk dat hij vlak voordat hij van de trap viel nog gespoten heeft. En dat hij daarna beneden iets wilde gaan eten. Hij spuit de laatste tijd soms tussendoor, hij is nogal vaak ontregeld. Dat zal wel van alle stress komen, denk je niet?'

Thea staart Sara aan. 'Wat bedoel je? Heeft het insuline spuiten iets met die val te maken?'

'Nee, dat bedoel ik niet. Of misschien ook wel. Hij wacht soms nogal lang met spuiten, als hij een lage bloedsuiker heeft. Daar word ík dan zenuwachtig van. Die schommelende bloedsuikers hebben een vervelend effect op zijn humeur.' Ze zwijgt abrupt. 'Ik moet zulke dingen niet zeggen,' gaat ze verder. 'Het heeft helemaal geen zin meer om me er nog druk over te maken. Hij is dood.'

'Maar wanneer is dat dan gebeurd? Hoe lang heeft hij hier gelegen?'

Sara gaat verder met haar eigen verhaal. 'Ik denk dat ze een sectie zullen willen uitvoeren. Zoiets zei een van die broeders. Hij heeft behoorlijk lang onder aan de trap gelegen. Misschien is hij in een diabetisch coma geraakt. Als hij niet gegeten heeft nadat hij de insuline spoot, kan dat het geval zijn. Maar die broeder zei tegen me dat hij ook zijn nek gebroken kan hebben door de val.' Ze laat Thea weer los en maakt een uitnodigend gebaar naar de grote bank.

Thea gaat zitten. Ze luistert naar de geluiden in de gang. De vader van Sara praat blijkbaar met de broeders en met Pieter en Simon. Maar hun gesprek is niet te volgen in de kamer. Ze realiseert zich dat ze iets zoekt. Ze zoekt naar het geluid van Johans stem. Maar hij is hier niet meer, constateert ze. Hier ligt alleen nog zijn lichaam. Zijn dode lichaam. Ik voel niets, denkt ze. Geen verdriet, geen schrik, geen medelijden. Maar dat zegt ze niet hardop.

'Ik ben hem kwijt,' fluistert Sara. 'Ik denk dat hij er een eind aan heeft gemaakt. Dat hij zich gewoon van de trap heeft laten vallen. Het heeft met de dood van Esther te maken. Ik weet het zeker.'

Thea slaat haar hand voor haar mond. 'Wat zeg je nú?'

Sara kijkt haar strak aan. 'Wil je hem zien?' De vraag klinkt kil. Thea deinst ervan terug. Maar Sara merkt het niet. Ze staat weer op. 'Kom,' zegt ze. Thea wil weigeren maar ze durft niet. Er is iets dwingends in Sara's houding. Ze lopen de gang in. 'Mijn zus wil hem even zien,' zegt Sara tegen een van de broeders. Thea kijkt langs hem heen. Haar ogen zoeken houvast maar ze kan er niets aan doen, ze moét naar de grond kijken, naar de plek waar Johan onder het laken ligt. De broeder slaat het laken terug.

Aan de figuur die op de grond ligt is niets te herkennen van zijn starre persoonlijkheid en van zijn negatieve uitstraling. Hij ligt volkomen weerloos te zijn, hij lijkt wel een groot kind. Thea wendt haar blik van Johan af. Ze pakt Sara's hand en wrijft er troostend over.

Sara begint te huilen. Thea neemt haar bij de arm en loopt met haar terug naar de kamer.

Ze zitten allemaal in de woonkamer terwijl de twee ambulance-broeders in de gang op de trap zitten te wachten op de politie. Er schijnt weinig personeel beschikbaar te zijn op dit moment; het kan wel even duren voordat er iemand arriveert, heeft een van de broeders verteld. Thea legt aan Simon en Pieter uit welk vermoeden Sara heeft. Simon begrijpt er niets van. 'Wat is hier in hemelsnaam gaande?' vraagt hij. Hij kan zich niet voorstellen dat Johan de hand aan zichzelf zou slaan. De ouders van Sara zijn even naar de keuken gegaan om een broodje te eten. Sara vertelt in het kort hoe Johan zich sinds de moord op Esther heeft gedragen. Daarbij beperkt ze zich tot de mededeling over het samen bidden met Luuk Mantje. Ze zegt niets over de brieven die hij schreef.

Simon zit haar met grote ogen aan te kijken. 'Het bestaat niet,' is hij van mening. 'Daar kan hij toch niets mee te maken hebben?' Hij zit voortdurend zijn hoofd te schudden. 'Hoe denk jij erover?' wil hij van Pieter weten.

'Ik ken hem niet goed genoeg om een oordeel te hebben,' weert Pieter af.

'Heeft hij een bericht achtergelaten?' vraagt Simon aan Sara. Die haalt haar schouders op. 'Ik heb alleen die lege spuit gezien. Verder heb ik nergens op gelet.'

'Ik denk dat het een ongeluk was,' komt Thea tussenbeide. 'Ik vind zelfmoord niet bij Johan passen. Nee, dat geloof ik niet.'

'Zelfmoord? Nee. Zich van de trap laten vallen: ja. Daar zie ik hem wel voor aan, daar is hij hysterisch genoeg voor,' spreekt Simon haar tegen. Pieter maakt een afwerend gebaar in Simons richting. Simon haalt zijn schouders op. 'Oké, jij je zin. Van de doden niets dan goeds.'

'Maakt het wat uit?' vraagt Thea.

Sara knikt. Ze is heel rustig. 'Ik denk het wel. Het ligt voor de hand dat hij gevallen is. Maar toch... Ik weet het niet. Ik wil in ieder geval dat de politie te weten komt dat Johan zich de laatste tijd verdacht gedroeg.'

Er valt een stilte na haar woorden.

'Maar misschien is het beter als we het voor de buitenwereld op een ongeluk houden,' gaat Sara verder. 'Anders wordt er maar weer onnodig gekletst.'

'Onnodig?' flapt Simon eruit. Hij zwijgt direct weer. *I'm sorry*,' mompelt hij.

'Ik wil graag dat de dominee eerst nog komt om te bidden, voordat ze Johan weghalen' zegt Sara zacht. 'Dat vind je toch wel goed?' vraagt ze aan Thea.

'Natuurlijk,' reageert die verwonderd. 'Daar kan ík toch niets op tegen hebben? Zal ik je vader vragen om hem te bellen?'

'Graag,' antwoordt Sara.

Thea staat op.

'Wacht even,' zegt Sara, als Thea de deurknop al in haar hand heeft. 'Laat mijn vader ook Luuk Mantje bellen.'

'Weet je dat zeker?'

'Ja. Ik denk dat Johan dat zelf zou willen. Ze waren heel close met elkaar. Ik denk dat Johan dat zou willen,' herhaalt ze.

33

Terwijl de vader van Sara staat te bellen, loopt Thea via de keukendeur de tuin in. Ze heeft behoefte aan frisse lucht. Ze trekt de kraag van haar trui hoger op in haar nek en ademt de koude avondlucht diep in. Het is niet verstandig om hier lang zonder jas te blijven staan, weet ze. Maar ze wil de frisse lucht diep inademen. Achter haar ligt haar broer in de gang te wachten tot hij wordt weggehaald. Er gaat eerst nog voor hem gebeden worden. Wie weet helpt het, denkt ze cynisch.

Het is kerstavond, realiseert ze zich. Hij zal nooit meer een kerstavond meemaken. Hij zal nooit meer om tien uur naar de avondviering gaan, die altijd in zijn kerk op deze avond gehouden wordt. Hij zal daar nooit meer op zijn vaste plaats zitten. Hij zal nooit meer Bijbelverhalen voorlezen aan zijn vader. Hij zal al die mensen die om raad komen vragen en die hem vertrouwen nooit meer van dienst kunnen zijn. Hij zal nooit meer driftig uitvallen. Niet tegen Sara, niet tegen Anna, niet tegen mij. Hij zal nooit meer uithalen naar Simon. De ijzige sfeer die altijd om hem heen hangt zal nooit meer te voelen zijn. Hij zal nooit vertellen wat hij weet over mijn baby. Nooit.

'Hé, meissie, sta jij daar niet verschrikkelijk kou te vatten?'
hoort ze een stem naast zich zeggen. Het is Simon.

Thea glimlacht. 'Valt wel mee. Ik stikte bijna daarbinnen.'

'Wie is er eigenlijk bij Anna?' informeert Simon.

'Trees Kuiper. Die bracht Anna thuis. Ze heeft nog bij mij op
zondagsschool gezeten. Ze bood aan om bij Anna te blijven. Ik
moet haar gaan bellen om te vragen hoeveel tijd ze heeft. Ze
weet volgens mij niet eens dat vader ook in huis is. Straks wordt
hij wakker en begint hij te schreeuwen.'

'Ik bel wel even,' belooft Simon. 'Ik zal haar wel het een en
ander uitleggen. En als zij eventueel weg moet, ga ik haar af-
lossen. Ik denk dat jij beter bij Sara kunt blijven.'

Ze lopen samen naar binnen. Simon gebaart dat Thea vast
naar de kamer moet gaan. Hij pakt zijn mobiele telefoon uit
zijn zak. Op hetzelfde moment ziet Thea de dominee binnenkomen, direct gevolgd door Luuk Mantje. Luuk ziet eruit alsof
hij de dood net zelf tegen het lijf is gelopen. Hij is lijkbleek en
zijn ogen staan wijd open. Hij is bang, constateert Thea.

Hij is bang dat iemand verder vraagt dan hem lief is.

Ze loopt op de dominee toe, die meteen zijn hand uitsteekt.

'Wat een verschrikkelijk bericht,' zegt de dominee. 'Wat
worden jullie bezocht. Laten we naar binnen gaan.' Hij negeert
de stille figuur onder het witte laken waar hij pal naast staat.
Hij heeft een grote bijbel bij zich, ziet Thea. Luuk Mantje geeft
haar ook een hand. Hij knikt maar zegt niets. Thea knikt terug.
Ze gaat hun voor naar de kamer. Als ze binnenkomen, staan Sara
en haar moeder op om hen te begroeten. Sara wenkt Thea. 'Wil
je er alsjeblieft bij blijven?' vraagt ze dringend. 'Ik wil graag dat
u Korinthiërs 1, vers 13 leest,' wendt ze zich tot de dominee. 'Ik
wil dat het laatste wat hij eventueel opvangt over de liefde gaat.'

'Dat is niet gebruikelijk,' werpt de dominee op zachte toon
tegen.

'Niets wat hier gebeurt is gebruikelijk,' sist Sara bijna. Haar
ogen staan boos, ziet Thea.

De dominee haalt zijn schouders op. 'Zoals je wilt,' geeft hij toe. Hij slaat de bijbel open.

Simon en Pieter komen binnen en Thea ziet Simon terugdeinzen als hij naar de dominee kijkt die in de bijbel bladert. 'Wij wachten buiten,' zegt Simon kort. Hij pakt Pieter bij de arm en trekt hem mee de gang op. Een paar seconden later horen ze de deur van de keuken dichtslaan.

Na de Bijbellezing bidt de dominee hardop voor Johan, zijn vrouw en zijn familie. Zijn woorden klinken oprecht en het lukt Thea om er aandachtig naar te luisteren. Na het gebed wordt het stil. De stilte zwelt aan en veroorzaakt een verstikkend gevoel bij Thea. Ze wil iets zeggen.

Sara kijkt naar haar ouders. 'Laten we maar weer in de kamer gaan zitten,' zegt ze. Ze knikt ook naar de dominee en naar Luuk Mantje. 'Komen jullie ook mee?'

Ze zitten in de woonkamer. De dominee praat met de ouders van Sara. Hij heeft het over Gods wegen die wonderbaarlijk zijn, vangt Thea op. Ze zou willen zeggen dat wonderbaarlijk niet het juiste woord is. Maar ze zegt natuurlijk niets.

Simon en Pieter schenken koffie en thee in. Een van de ambulancebroeders komt melden dat de politie elk moment kan arriveren. Sara's vader legt aan de dominee en Luuk Mantje uit dat het verplicht is om de politie te bellen als het niet duidelijk is op welke manier iemand is overleden.

We worden al oude bekenden van de politie, denkt Thea. Maar dat zegt ze ook niet hardop. Ze ziet aan de blik waarmee Simon haar aankijkt dat hij hetzelfde denkt. Ze hoopt dat Linda de Waard dienst heeft. Ze voelt zich op haar gemak bij die vrouw. Als Linda komt zal er minder uit te leggen zijn, omdat Linda al het een en ander van de familie weet. Thea piekert erover wat er zal gaan gebeuren als Sara gaat vertellen dat Johan op de avond van de moord op Esther geruime tijd is weg geweest. Dit zal toch een ander licht op de zaak werpen. Maar ze denkt ook koortsachtig na over hoe ze zal kunnen vermijden dat er iets bekend wordt over haar insluiping in het huis van Johan en Sara. Ze moet zien te voorkomen dat Luuk daar iets over gaat zeggen, maar hoe pakt ze dat aan?

Er komt een ambulancebroeder binnen om aan te kondigen dat de recherche is gearriveerd.

'Ik ga er wel naartoe,' biedt Thea aan. Ze staat op en volgt de broeder. Zodra ze op de gang komt, ziet ze Linda de Waard staan. Ze haalt opgelucht adem. 'Ik hoopte dat jij dienst zou hebben,' begroet ze Linda.

'Het lijkt er anders op dat ik geabonneerd ben op de familie Van Dalen,' antwoordt Linda een beetje droog. 'Sorry, dit is geen gelegenheid voor grapjes.'

Thea maakt een gebaar van: het geeft niet.

'Ik dacht in eerste instantie: dit zou wel érg toevallig zijn. Maar het klopt. Het gaat om een van je broers?'

'Het is Johan, de oudste.' Thea meent een ogenblik een zweem van opluchting in Linda's ogen te zien. Maar die herstelt zich onmiddellijk. 'Johan,' knikt ze. 'Gecondoleerd. Ik kreeg te horen dat het mogelijk om een zelfdoding gaat. Klopt dat volgens jou?'

'Ik heb geen idee. Sara, zijn vrouw, heeft hem gevonden. Ik denk dat ze je zelf het beste meer kan vertellen.'

'Is er meer?' vraagt Linda scherp.

'Volgens mij wel.' Thea voelt alle spanning uit haar lijf verdwijnen. Dit is goed, denkt ze. Sara gaat opening van zaken geven. En zij zal haar daarbij helpen.

Ze zitten met hun drieën in de woonkamer. Simon en Pieter zijn naar huis gegaan om Trees Kuiper af te lossen. 'Maar hou er rekening mee dat vader tegen een uur of tien even naar het toilet geholpen moet worden,' heeft ze Simon gewaarschuwd.

'Dat overleef ik misschien wel,' was het gelaten antwoord.

De ouders van Sara zijn naar huis gegaan om de logeerkamer in orde te maken. Sara wil vannacht niet in haar eigen huis slapen. Morgenochtend komt ze naar Thea. Ze gaan de uitvaart samen bespreken, hebben ze afgesproken.

Sara is nog steeds heel kalm. Dat kan door de schok komen, vermoedt Thea. Ze beseft misschien nog niet helemaal wat er is gebeurd. Ze wil wel even met Linda praten, heeft ze gezegd. Er valt het een en ander uit te leggen. Ze vertelt hoe ze Johan heeft gevonden. Hij lag onder aan de trap en hij leek nauwelijks te ademen. Zijn hoofd lag scheef. Hij was duidelijk gevallen. Ze heeft direct het alarmnummer gebeld en is naar boven gerend. Ze heeft een paar pyjama's bij elkaar gegraaid en schoon ondergoed. Daarna rende ze de badkamer in om een paar toiletspullen te pakken. Daar zag ze op de wastafel de lege insulinepen liggen. Die zal er nog steeds liggen, ze heeft hem niet aangeraakt. Johan spoot twee keer per dag insuline, vóór het ontbijt en vóór het avondeten. Hij was daarin heel punctueel. Sara heeft vrijdagmorgen nog met de assistente van de huisarts gebeld om vijf nieuwe pennen te bestellen. Ze moet van Johan altijd bellen als hij nog drie volle pennen over heeft. Om te voorkomen dat hij tekort komt. Maar de laatste tijd zag ze hem wel eens tussendoor een beetje insuline spuiten. Daar maakte ze zich zorgen over, maar hij wilde niet dat ze er iets over zei.

Ze vertelt haar verhaal met een strak gezicht en het valt Thea op dat ze de tegenwoordige tijd gebruikt. Zou Sara eigenlijk wel in de gaten hebben dat Johan dood is? Alsof Sara Thea's gedachten raadt, begint ze daar zelf over. 'Ik praat alsof hij er nog is,' zegt ze peinzend tegen Linda.

'Dat is niet zo vreemd,' beweert Linda. 'Heb je een idee hoe het gebeurd kan zijn? Denk je dat het een ongeluk was? Of is er iets anders aan de hand?' De vraag klinkt als een vast onderdeel van een onderzoek. Thea kijkt oplettend naar Sara. Die zoekt met een aarzelende blik in haar ogen contact met Thea.

Thea knippert zo onopvallend mogelijk geruststellend met

haar oogleden. Sara haalt heel diep adem, alsof ze zich gereed maakt voor de start.

'Ja,' zegt ze stil. 'Ik denk dat er iets anders aan de hand was. Het zat helemaal fout.'

Terwijl Sara vertelt, zit Thea in elkaar gedoken te luisteren. Ze zou hier niet bij willen zijn. Ze wil dit allemaal niet horen. Maar ze kan Sara hiermee niet alleen laten. Dus blijft ze zitten waar ze zit.

Linda stelt geen vragen maar ze noteert wel van alles in een boekje dat ze tevoorschijn heeft gehaald. Sara slaat daar geen acht op. Ze gaat steeds sneller praten, alsof de tijd dringt. Ze beschrijft exact hoe lang Johan op de avond van de moord op Esther weg is geweest en dat hij haar daarna dwong om te verklaren dat hij de hele avond op bed had gelegen. En ze vertelt over de vele bezoeken van Luuk Mantje die daarna volgden, waar zij niet bij mocht zijn. De verklaring van Johan dat ze samen moesten bidden. Het gedrag van Johan. Zijn geïrriteerde reacties op alles wat hem niet zinde. Zijn agressieve houding die opeens weer de kop opstak. Ze zegt weer niets over de brieven die Johan schreef. 'Ik heb het aan Thea verteld,' besluit Sara.

Linda kijkt verwonderd op.

'We waren bijna zover dat we ermee naar buiten zouden komen,' zegt Sara snel. 'Als dit niet gebeurd was, zou Thea volgens mij zijn gaan praten.' Thea knikt.

'Ik denk dat de man die vastzit er niets mee te maken had,' gaat Sara verder. 'Ik denk dat Johan zich weer eens niet heeft kunnen beheersen. Hij wist ervan. Van de relatie tussen Esther en die man. Dat heb ik later begrepen.'

Linda knikt. 'Dat klopt. Maar hij heeft beweerd dat hij zich daar niet mee wilde bemoeien.'

Thea kan een schampere lach niet onderdrukken. 'Johan die zich niet bemoeit met het in zijn ogen immorele gedrag van zijn zuster? Dat gelooft toch niemand?' Ze schrikt van haar eigen woorden. 'Sorry,' zegt ze tegen Sara.

Geeft niet, antwoordt die met een handgebaar.

'Maar niemand trok aan de bel,' constateert Linda. 'Ik herinner me zelfs dat jij nogal gepikeerd was toen we jullie wilden verhoren,' richt ze zich tot Sara.

'Dat klopt,' geeft Sara toe. 'Ik was in paniek. Dat duurde een tijdje, ik kon er geen kant mee op. Maar we zouden wel gepraat hebben, binnenkort.' Ze kijkt naar Thea.

'Ja, we zouden zeker gepraat hebben,' beaamt die. 'Maar je praat toch niet zo gemakkelijk als het om je eigen familie gaat,' richt ze zich tot Linda. Ze zucht diep. 'Dat is moeilijk, begrijp je wel?'

Linda gaat er niet op in. 'Ik wil zo snel mogelijk met die andere man praten. Luuk Mantje, is het niet? Juist. Was hij hier net nog? Waar woont hij?'

Sara noemt het adres.

'Ga je er nu naartoe?' wil Thea weten.

'Ja. Ik neem aan dat Johan hem in vertrouwen heeft genomen. Hoe eerder hij opening van zaken geeft, des te sneller kunnen we Samuel Galensloot misschien op vrije voeten stellen.'

'Zou die Samuel anders veroordeeld worden?' vraagt Sara.

Linda haalt haar schouders op. 'Dat weet ik niet zeker. Hij was vlak voor de moord bij Esther en dat heeft hij steeds toegegeven. Maar hij is blijven ontkennen dat hij haar heeft vermoord. Een rechtbank wil harde bewijzen. Die zijn hier niet te vinden. Ik vraag me af of hij veroordeeld zou kunnen worden. Maar er zou altijd wel iets aan hem blijven kleven, denk ik. Het kan maar beter duidelijk zijn wie de dodelijke klap heeft uitgedeeld.'

Linda staat op. 'Gaan jullie ook naar huis? Als het niet te laat wordt, bel ik nog wel op.'

'Bel Thea dan maar,' stelt Sara voor. 'Ik hoor het morgen wel. Als je dat goedvindt,' vraagt ze aan Thea.

'Je mag ook langskomen,' zegt Thea tegen Linda. 'Ik denk dat er vannacht van slapen weinig terechtkomt. Ik vraag Simon en Pieter of ze willen blijven. Simon en ik willen je binnenkort ook graag over nog een andere kwestie spreken.'

'Waarover dan?' vraagt Sara met een hoge stem. 'Is er dan nóg meer aan de hand? Dat kán toch niet?'

Linda knikt bedachtzaam. 'Ik denk dat ik wel weet waar het over zal gaan,' zegt ze.

34

Als Thea thuiskomt, zitten Simon en Pieter aan de rode wijn. 'Gelukkig dat ik weet waar jij je geheime voorraad alcohol hebt opgeslagen,' grinnikt Simon. 'Wij hadden écht drank nodig toen we hier aankwamen.' Hij schenkt ook een glas voor Thea in.

'Linda de Waard is naar Luuk Mantje gegaan,' begint Thea te vertellen. 'Ik hoop dat hij nog niet naar bed is.'

'Is er op kerstavond niet een late kerkdienst?' vraagt Simon.

'Dat is waar,' knikt Thea. 'Maar ik denk niet dat hij daar zal zijn. Hij was behoorlijk aangedaan.'

'We hebben er de hele tijd over zitten praten,' zegt Simon. 'We hebben zitten bedenken wat er gebeurd zou kunnen zijn. Esther was natuurlijk wel een eigengereide tante, al leek ze volgzaam. Ze kon als kind al op een heel subtiele manier haar zin doordrijven. Ook al zal Johan haar verboden hebben om met die getrouwde minnaar door te gaan, daar heeft ze blijkbaar niet naar geluisterd. En we weten hoe Johan kan reageren als je niet naar hem luistert. Hij heeft een kort lontje, net als zijn vader.'

'Maar móórd? Hij zal toch niet zomaar een moord plegen?' oppert Pieter.

'Het zou wel eens een ongeluk kunnen zijn geweest. Esther kreeg een harde klap tegen haar slaap. Daar ga je normaliter niet direct dood van. De klap kan verkeerd aangekomen zijn,' meent Simon.

'Zou hij aan Luuk verteld hebben wat er is gebeurd?' vraagt hij aan Thea. 'En zouden ze daarom zo vaak samen hebben zitten bidden?'

'Ik kan me er alles bij voorstellen,' mompelt Thea. Ze voelt opeens dat haar ogen bijna dichtvallen. 'Slaapt iedereen hier?' wil ze weten.

'Anna is tegen een uur of negen gaan slapen en vader is er een kwartier geleden uit geweest om te plassen.' Simon trekt een vies gezicht bij die laatste woorden.

'Heb jij...?' Thea kijkt bedenkelijk.

'Nee, Pieter is naar hem toe gegaan. Ik kreeg het niet voor elkaar.'

'Hij heeft zijn ogen niet eens open gehad,' glimlacht Pieter. 'Iedereen had hem kunnen helpen, hij zag tóch niet wie er voor hem stond.'

'Blijven jullie slapen?' vraagt Thea. Ze ziet dat Simon aarzelt. 'Ik zou het prettig vinden als jullie blijven. Morgenvroeg komt Sara om de uitvaart te bespreken. Ze wil dat alles in kannen en kruiken is als het lichaam van Johan wordt vrijgegeven. Als het goed is, heeft haar vader vanavond nog met de begrafenisonderneming gebeld. Ik weet niet hoe ik alles tegelijk in de hand moet houden,' voegt ze toe en ze hoort de wanhoop in haar eigen stem.

'Laten we maar blijven,' stelt Pieter voor. 'Als Thea ons nodig heeft...'

'Ik had me voorgenomen om nooit meer in dit huis te slapen,' zucht Simon. 'Maar zeg nooit nooit. Natuurlijk laten we jou niet in de steek, zussie.' Hij staat op en knuffelt Thea stevig.

'Wat ruik jij lekker,' snuift ze de tranen die tevoorschijn dreigen te komen weg. Op dat moment gaat haar mobiele telefoon.

Ze kijkt op de display. 'Dat zal Linda de Waard zijn, die zou nog bellen of langskomen.' Ze noemt haar naam. 'Hé, Geóffrey,' roept ze verrast. En vervolgens barst ze in snikken uit.

Ze had Geoffrey ergens naar de achtergrond van haar gedachten verdreven. Op de een of andere manier is het te veel. De omstandigheden in de familie vergen alle energie die Thea op kan brengen en een eventuele nieuwe liefde kan er eigenlijk niet bij. Maar als hij haar rustig en aandachtig vraagt om hem te vertellen wat er aan de hand is, barst ze los. Terwijl ze in grote lijnen de gebeurtenissen van de afgelopen uren vertelt, ruimen Simon en Pieter de kamer op. Ze hebben elkaar in gebarentaal duidelijk gemaakt dat ze niet nóg een fles gaan openmaken maar dat het tijd wordt om te gaan slapen.

Het voelt goed om met Geoffrey te praten, merkt Thea. Ze is blij dat hij belt. Hij luistert geïnteresseerd en stelt weinig vragen. Het hele verhaal moet hem koud op het dak komen vallen, maar hij laat op geen enkele manier merken dat hij iets vreemd vindt of het niet begrijpt. Hij troost Thea als ze tijdens haar verhaal opnieuw begint te huilen en hij zegt dat hij haar zou willen vasthouden.

'Zal ik morgen naar je toe komen?' vraagt hij.

Het is volkomen vanzelfsprekend dat Thea toestemt. Het maakt niet uit dat hij in een onbekende familie terechtkomt, waar iedereen volslagen in de war is doordat binnen drie maanden het tweede lid van het gezin is overleden en waar nog steeds een onopgelost gevoel van wantrouwen heerst ten aanzien van de verdwijning van de moeder. Geoffrey móét komen, denkt Thea. Ze heeft hem nodig.

'Dat is heel goed,' zegt Simon tevreden als Thea hem vertelt wat ze met Geoffrey heeft afgesproken. Hij kijkt haar een beetje schalks aan. 'Is het geoorloofd om een grapje te maken in deze barre omstandigheden?' vraagt hij.

'Graag zelfs,' antwoorden Thea en Pieter tegelijk.

'Ik wil getuige zijn,' plaagt Simon.

Thea stompt hem in zijn zij. 'Zeg idioot, niemand heeft het hier al over trouwen.'

'Ik wél,' houdt Simon vol.

'Ik wil naar bed,' zucht Thea. 'Linda zal wel niet meer komen en als ze belt, spreekt ze de voicemail maar in.'

Boven hun hoofd rommelt er iets.

'Vader,' stelt Thea vast.

'Ik ga wel,' biedt Pieter aan. 'Ik zal me de komende vierentwintig uur wel over je vader ontfermen.'

35

Beneden klinkt de pendule en Thea telt negen slagen. Ze heeft aan één stuk door geslapen en ze moet diep nadenken om erachter te komen welke dag het is, wat er aan de hand is en wat er gebeuren gaat.

Het is eerste kerstdag, weet ze. Een vreemde eerste kerstdag. Johan is dood, Simon en Pieter zijn in huis, Sara wil samen met haar de begrafenis van Johan regelen en Geoffrey komt. Thea slaat het dekbed terug en schiet snel haar peignoir aan. Het is koud, merkt ze. Aan de tuin te zien heeft het stevig gevroren. Maar er is geen sneeuw. Geen witte kerst, dit jaar. Dat zou ook niet passen bij de situatie waar de familie in terecht is gekomen. Beneden zijn allerlei geluiden. Als ze de woonkamer inkomt, ziet ze dat Anna met Simon en Pieter de tafel aan het dekken is.

'Het is Kerstmis,' glundert Anna. 'We hebben krentenbrood met spijs, hè?'

Thea knikt glimlachend. Anna richt zich zoals gewoonlijk op lekker eten. Thea vraagt zich af of ze al weet wat er is gebeurd.

'We hebben nog niets gezegd,' fluistert Simon. 'We wisten niet of je het liever zelf zou willen vertellen.'

Thea knikt. 'Laat haar eerst maar lekker eten. Is vader nog niet wakker?'

'De zuster van de thuiszorg heeft net gebeld dat ze wat later komt. Ze zou hier tegen een uur of halftien zijn. We hebben hem nog niet gehoord, dus het leek ons verstandig om niet te gaan kijken. Of hadden we dat wél moeten doen?'

'Nee, dat zit wel goed. Hij wordt om kwart voor elf opgehaald voor de kerkdienst. Anna zou ook meegaan. Ik hoop wel dat de thuiszorg op tijd komt.'

Thea ziet een auto aankomen. 'Volgens mij is dat de auto van Linda de Waard,' stelt ze vast. 'Zouden die lui van de recherche nooit slapen?'

Linda laat zich graag uitnodigen voor het ontbijt. 'Ik ben wel een beetje vroeg, geloof ik,' verontschuldigt ze zich. 'Ik heb gisteravond laat nog de officier van justitie gebeld en hem de verklaring van Luuk Mantje voorgelegd. Als het een beetje meezit, kan Samuel Galensloot thuis Kerstmis vieren,' stelt ze met een tevreden stem vast.

'Heeft Luuk... was Luuk de dader?' wil Simon weten.

Linda schudt haar hoofd. 'Het ziet ernaar uit dat het Johan was,' is haar voorzichtige antwoord.

'We gaan eerst ontbijten en straks praten we verder,' beslist Thea, met een waarschuwend gebaar in de richting van Anna. Die zit hen met grote ogen aan te staren. 'Jij lust wel een grote snee krentenbrood met spijs en met dik roomboter, toch?' vraagt ze aan Anna.

'Met suiker, ook met dik suiker,' is het antwoord.

Thea heeft in de keuken met Simon overlegd en besloten om Anna en vader pas in te lichten over wat er is gebeurd als ze naar de kerk zijn geweest. Na de kerkdienst is er nog een lunch in het gebouw naast de kerk, dus ze zullen pas tegen een uur of twee terug zijn. Thea hoopt dat ze tegen die tijd met Sara de uitvaart hebben geregeld.

Ze heeft ook de dominee opgebeld om te vertellen dat vader en Anna nog niet op de hoogte zijn van Johans dood en ze heeft hem gevraagd om daarover in de dienst en bij de lunch geen uitspraken te doen. Op tweede kerstdag is er nog een dienst in de namiddag en daar zal het worden aangekondigd. De dominee heeft voorgesteld om het als een ongeluk te melden. Het maakt Thea niet veel uit. Misschien is het ook maar beter om het woord zelfmoord niet in de mond te nemen. Er komen onnodige praatjes van. Maar ze weet heel goed dat mogelijke praatjes niet de reden zijn van het voorstel van de dominee. Het is natuurlijk niet te verkopen dat een gerespecteerde ouderling uit de gemeente de hand aan zichzelf slaat. Er staat vast wel ergens in de Bijbel dat dit niet mag. Straks hebben we weer een lege aula bij de begrafenis, denkt ze venijnig.

Anna wil graag televisiekijken, terwijl ze haar krentenbrood eet. Thea zegt dat het goed is. Nu hebben ze nog even tijd om te horen wat Linda te vertellen heeft.

Luuk Mantje leek opgelucht te zijn toen Linda verscheen, is het verhaal. Hij begon direct te vertellen wat er was gebeurd; ze had nauwelijks tijd om haar notitieblok tevoorschijn te halen.

Johan heeft verschillende keren met Esther gesproken over haar relatie met de getrouwde collega en hij was daar des duivels over. Hij blijkt vooral woedend te zijn geworden omdat Esther weigerde om met die man te breken. Ze beloofde het wél, maar ze deed het niet. Iedereen in de gemeente wist ervan, doordat een collega van Esther het op school bekend had gemaakt. Esther was zichtbaar verliefd, ze stak het niet onder stoelen of banken. Het was walgelijk, volgens Johan.

Johan heeft Luuk gevraagd om samen met hem met Esther te gaan praten. Op de bewuste avond zijn ze naar de flat van Esther gegaan, maar toen ze daar aankwamen zei Johan opeens dat hij eerst zelf nog een keer wilde proberen haar tot rede te brengen. Hij verzocht Luuk in de auto te wachten. Ze zagen Esthers minnaar naar buiten komen op het moment dat Johan uit de auto wilde stappen. Luuk heeft Johan nog tot rust gemaand, hij ging namelijk bijna uit zijn dak.

Johan liep de flat in en nam de lift naar boven. Hij gebruikte zijn sleutel en belde niet aan. Hij vertelde later dat hij Esther naakt in de slaapkamer aantrof en dat ze dacht dat Samuel was teruggekomen. Hij kreeg een black-out van woede, toen hij zijn zuster in de slaapkamer lokkende geluiden hoorde maken in de richting van de minnaar die zij verwachtte te zien.

De man was nota bene nét vertrokken, heeft Johan later tegen Luuk gezegd. Hij was nét weg en ze wilde alwéér. Hij haalde uit en trof haar recht op haar slaap. Ze viel op het bed. Hij zag direct dat ze dood was. Hij heeft haar daarna in bed gelegd, op haar linkerzijde, zodat het leek of ze gewoon was gaan slapen. En hij is er als een haas vandoor gegaan. Toen hij weer in de auto stapte, startte hij direct de motor en scheurde de straat uit. Ze zijn naar een parkeerplaats gereden en daar heeft Johan verteld wat er was gebeurd. Ze hebben afgesproken dat het een geheim tussen hen beiden zou zijn. En ze zijn gaan bidden om vergeving te krijgen.

Maar Luuk merkte de laatste weken aan Johan dat hij er toch erg mee in zijn maag zat. Hij sliep slecht, vertelde hij iedere keer als ze elkaar spraken. Hij droomde van Esther. Ze viel hem in zijn dromen lastig. Naakt en wellustig. Hij walgde ervan. Hij vergat van alles, zijn hersenen zaten steeds op slot. Het geheim over Esthers dood zat hem dwars. En hij wist niet hoe hij hiermee verder moest leven.

Als Linda haar verhaal gedaan heeft, is het even stil in de kamer.

Luuk heeft blijkbaar niet verteld dat hij met haar gesproken heeft, stelt Thea vast. Dat komt goed uit. Daardoor kan niemand twijfel zaaien over zijn versie van het verhaal. Maar tegelijk hoeft Thea zich niet te verantwoorden voor haar insluiping.

Wie had ooit gedacht dat zij nog eens een onderonsje met een ouderling zou hebben?

'Is Luuk nu medeplichtig?' informeert Simon.

'Nee,' is het antwoord van Linda. 'Niet aan de moord. Hij heeft alleen informatie achtergehouden en door zijn schuld is de verkeerde opgepakt. Dat kan hem een voorwaardelijke straf opleveren.' Ze zwijgt en ze lijkt na te denken over een vraag.

'Zeg het maar,' nodigt Thea haar uit.

'Jullie kijken niet vreemd op van de agressie die er blijkbaar in Johan zat?' oppert Linda.

'Allemachtig, nee. Totaal niet,' antwoordt Simon voor hen beiden. 'Ik heb nog niet zo lang geleden tegen hem gezegd dat hij met de dag meer op zijn vader ging lijken. Volgens mij was jij daarbij. Ja, toch? Dat zei ik tegen hem toen jij met die schotwond in het ziekenhuis lag,' legt hij aan Thea uit. Hij richt zich weer tot Linda. 'Agressie is ons heel bekend. Mijn vader haalde om het minste of geringste uit. Hij sloeg mij met een karwats. Thea heeft ook haar portie gehad. Maar daar heb ik je ook al het een en ander over verteld. Ik ben ervan overtuigd dat Johan heel losse handjes had, net als zijn vader. Als je hem niet kende zou het niet in je opkomen. Hij presenteerde zich als een heer. Altijd netjes in het pak, superbeleefd, correct tot op het bot. Maar als je hem tegensprak en vooral als je iets van het geloof ter discussie stelde, kon je de échte Johan zien. Dan verscheen er een flikkerlichtje in zijn ogen. Moet je míj horen,' lacht Simon om zijn eigen woorden. 'Ik heb het over een flíkkerlichtje. En dat in relatie tot Johan. Hij moest eens weten.'

Ze kunnen geen van allen een lach onderdrukken.

'Maar om op je vraag terug te komen,' neemt Thea het van Simon over, 'als je je afvraagt of wij vreemd opkijken van de agressie in Johan, is het antwoord denk ik duidelijk. Johan zat vol agressie. Niet alleen fysiek. Ik weet dat Sara geslagen is. Dat heeft ze me zelf verteld. En ik denk dat ze nog niet een fractie heeft verteld van wat er wérkelijk gebeurde. Maar hij was vooral verbaal agressief. Hij treiterde. Hij oefende macht uit, hij moest altijd winnen. Hij dácht niet alleen dogmatisch, hij was een dogma op zichzelf.'

'Dus hij was volgens jou in staat om zo'n dodelijke klap uit te delen?' vraagt Linda.

'Reken maar,' antwoordt Thea grimmig. 'Al geloof ik niet dat hij van plan was om haar te vermoorden. Ze moest gehoorzamen. Johan wilde altijd gehoorzaamd worden. Esther heeft hem blijkbaar getrotseerd. Dat zal voor hem onverteerbaar zijn geweest. Hij was gewend aan succes als hij klappen uitdeelde. Dat is hem met de paplepel ingegoten. Sla ze verrot en ze zwijgen weer een tijdje.' Ze staat op. 'Ik ga me aankleden,' kondigt ze aan. Ze moet even alleen zijn en haar zelfbeheersing weer terugkrijgen, voelt ze. En de woede die plotseling in haar opkomt terugdringen.

'En ik ga de verklaring van Luuk Mantje uitwerken, zodat hij die kan tekenen,' besluit Linda. 'Ik bel jullie nog voor een nieuwe afspraak.'

Negende brief aan mijn vader

Midden in alle ellende die in uw huis heerst, zit u even onverstoorbaar als altijd dement te zijn. Dat hebt u eigenlijk mooi bekeken. Verstand op nul en blik op oneindig. Wie doet u wat?

Het komt goed uit dat Pieter bereid is om zich over u te ontfermen. Ik wil u deze dagen het liefst zo weinig mogelijk zien en vooral niet aanraken. Nu Johan dood is, kan niemand mij meer beletten om u te laten opnemen in een verpleeghuis. Het zal nergens meer toe dienen als ik me blijf opofferen.

Ik kan met geen mogelijkheid begrijpen waarom u ons met zoveel haat hebt opgezadeld. Waarom u toch uw hele leven koos voor beperkingen in plaats van voor mogelijkheden. Wat u heeft bezield om kommer en kwel als leidraad te kiezen, terwijl u net zo gemakkelijk de zon in het water had kunnen laten schijnen? Is dat iets wat genetisch is bepaald? Heeft uw eigen vader dat op u overgedragen en gaf u het zelf weer door aan Johan? Bent u er daardoor zelf niet helemaal verantwoordelijk voor? Dat zou een verklaring uit uw mond kunnen zijn. U hebt altijd geschuild achter het woord van de Bijbel, u hebt zich verscholen achter een onzichtbare macht. U maakte van God iets wat niet klopt. God staat voor liefde, vader. Voor vertrouwen. Voor ontwikkeling. Voor groei. Voor rechtvaardigheid. U sprak en handelde namens een God die ik niet ken en die ik nergens kan vinden, hoe goed ik ook zoek. En kijk wat ervan is gekomen. Uw twee lievelingen zijn dood. Ze hebben het leven onder trieste omstandigheden verlaten. Ze zijn overleden op een manier die u niet wilt weten. Als u al niet dement was gewéést, zou u nu zeker de totale vergeetachtigheid in zijn gevlucht. Maar u hebt al eerder besloten dat land binnen te stappen. U hebt al eerder de pijp aan Maarten gegeven. Voelde u het soms aankomen? En voorzag u nog meer? Voorzag u eventueel dat u uiteindelijk niet langer weg zou kunnen komen met uw kulverhaal over moeder?

Over een kwartiertje wordt u opgehaald voor de kerstviering. Ook al doet u niets anders dan schaapachtig glimlachend laten zien dat u niets en niemand herkent, uw oude geloofsgenoten blijven u onverstoorbaar bij de gemeente betrekken. Ze komen u de laatste tijd regelmatig ophalen. Dat doen ze goed, want op die manier bent u hier ook eens even weg. Als u weg bent, kan ik beter ademhalen. Als u weg bent, kan ik naar Sky Radio luisteren en dan zet ik de radio loeihard. Nu Johan dood is, ga ik dat ook doen als u thuis bent. En ik haal de televisie naar beneden. Ik ga de kleren dragen die ik tot nu toe alleen aantrek als ik mijn vrije weekend heb. Alle lange rokken en tuttige bloezen gaan in de zak voor de armen. U zult niet weten wat u ziet. Ik laat mijn haren afknippen. Als na Kerstmis de winkels weer opengaan maak ik direct een afspraak bij de kapper.

Ik ga me een nieuwe minnaar aanschaffen en als het een beetje meezit, bevrucht hij me in uw huis. Doe er maar eens iets tegen.

De wereld ligt opeens voor me open. Ik zal gepast verdrietig moeten doen, omdat mijn broer een ongeluk heeft gehad. Een ongeluk waar een verdacht luchtje aan zit. Geeft niet, dat gaat wel lukken. Ik vraag me af óf en hóé u reageert als het u verteld wordt vanmiddag. Soms lijkt het of u iets begrijpt van wat er om u heen gebeurt. Maar dat zijn incidenten. Het zijn flarden van herkenning en begrip, ze openen korte momenten de deuren in uw ogen. En ook al zou het tot u doordringen dat uw favoriete kind niet meer leeft, dan zal dat toch niet langer dan een paar minuten duren en vervaagt de mist in uw hoofd daarna de informatie die binnen is gekomen. Daardoor zult u niet kunnen lijden onder dit fragmentarische verdriet, u bent het immers binnen de kortste tijd weer vergeten?

Dit worden de meest ongewone kerstdagen die we ooit hebben meegemaakt. In plaats van kerstliederen te zingen zullen we ons moeten bezighouden met de voorbereidingen voor een uitvaart. En Simon en ik willen daarna een openhartig gesprek voeren met de rechercheur die al bijna een lid van de familie Van Dalen is geworden. We gaan de verdwijning van moeder analyseren. Ja, ik bedoel precies wat ik zeg. Dat kan er ook nog wel bij, vindt u niet? Nu Johan de zaak niet langer kan traineren en mij niet meer kan bedreigen is het mogelijk om eindelijk onder ogen te zien waar we ons al jaren blind voor houden. Onze moeder is niet weggelopen. Onze moeder is verdwenen. Ik weet diep in mijn hart zeker dat haar iets verschrikkelijks is overkomen. En het kan bijna niet missen dat de waarheid boven tafel komt, als de rechercheur een serieus onderzoek gaat starten. Ik vermoed dat ze mensen gaat ondervragen. En ik hoop dat ze behalve over moeder nog meer te weten kan komen. Nu Johan dood is, moeten er andere bronnen ontdekt worden die iets kunnen melden over mijn kind. Ik geef het nog niet op. Ik zál erachter komen. Iets in mij zegt me dat er nog een kans is. Dat Johan en Esther niet de enige personen waren die iets wisten.

Ik weiger me nog langer te onderwerpen aan uw duistere spelletjes. De rollen zijn omgedraaid. Ik ben niet meer afhankelijk van uw besluiten, u bent nu afhankelijk van mij. Er wordt niets meer verbloemd, alle lijken die nog in de kast zitten gaan tevoorschijn komen. Ik raad u aan om niet al te veel heldere buien te krijgen, het kon wel eens een tikje pijnlijk voor u worden. Het zou verstandig zijn als u het minimale deel van uw geheugen dat nog wel eens werkt, zo snel mogelijk voorgoed uitschakelt.

De finale is in zicht, vader. Ik zou er niet naar uitkijken, als ik u was.

36

Op het moment dat Thea weer beneden komt, hoort ze stemmen op het erf. Ze ziet dat Simon Sara omhelst en daarna de vader van Sara stevig de hand drukt. Thea heeft even voor haar kledingkast staan aarzelen wat ze vandaag zou aantrekken. Nog één dag het verplichte uniform van de lange rok en de hooggesloten blouse, om vooral niemand te choqueren? Ze was al bijna aangekleed toen ze opeens haar kleren weer uitdeed en ze in een hoek smeet. Daarna heeft ze de zwarte rok aangetrokken die ze voor het dineetje bij Simon en Pieter heeft gekocht met daarop een kort rood satijnen jasje. De rode voile sjaal met een print van zwarte en witte bloemen die bij het jasje hoort heeft ze een paar keer om haar hals geslagen. Haar lange haren heeft ze hoog op haar achterhoofd in een paardenstaart gebonden. En ze draagt de zwarte laarzen met de hoge hakken. Ze wil vandaag rechtop staan en zo groot mogelijk lijken. Sara reageert direct op de kleding die Thea draagt. 'Wat zie je er mooi uit,' roept ze, zodra ze Thea ziet. Simon, die achter Sara aan loopt, knikt goedkeurend. 'Je wordt met de dag mooier, zus,' stelt hij vast. 'Verwacht je soms iemand?'

Thea voelt meteen een blos op haar wangen komen en ze

kijkt Simon met een verwijtende blik aan. Maar die doet of hij niets in de gaten heeft.

Sara is heel rustig, ziet Thea. Ze heeft redelijk geslapen, vertelt ze. Haar moeder heeft haar een slaaptablet gegeven. Ze heeft de hele nacht van Johan gedroomd. Het ging goed met hem, ze zag prachtige bloemen om hem heen. Hij leek intens gelukkig. Ze vertelt het met een strak gezicht maar haar stem trilt verdacht.

Ze gaan allemaal om de eettafel zitten en Pieter schenkt koffie in. Hij heeft de tweede kerststol aangesneden en er dik roomboter op gesmeerd, ziet Thea. Ze moet erom glimlachen.

'Is vader al naar de kerk?' wil Sara weten.

'Met een snee kerstbrood in het vuistje,' grinnikt Simon. 'Het liep vandaag allemaal een beetje anders dan gewoonlijk, geloof ik. Maar ze zijn wel op tijd.'

Sara zucht diep. 'Hoe laat is het nu?' vraagt ze. Ze zit recht tegenover de klok en draagt ook een horloge. Ze is toch erger aangeslagen dan ze wil toegeven, concludeert Thea.

'Het is vijf over elf,' antwoordt ze. 'Hoe laat heb je afgesproken met de uitvaartondernemer?'

'Kwart over elf,' zegt de vader van Sara. 'We hebben al een tekst gemaakt voor op de rouwkaart. Sara wilde zelf een tekst verzinnen. We hebben besloten om over een noodlottig ongeval te spreken. Om niemand in verlegenheid te brengen.'

Er valt een voorzichtige stilte na zijn woorden. Sara kijkt Thea aan met een smekende blik in haar ogen. Ze is bang dat ik ga protesteren, schiet het door Thea heen. 'Dat is een verstandig besluit,' zegt ze nadrukkelijk. 'Niemand heeft iets aan een uitgebreide uitleg over het hoe en wat. En ik vind het ook een privézaak.'

'Ik ook,' knikt Sara opgelucht. 'Ik zou niet kunnen verdragen dat de mensen Johan gaan veroordelen. Je weet hoe dat met Esther ging,' voegt ze er zacht aan toe.

Thea herinnert zich het gesprek tussen Simon en haar na de

uitvaart van Esther, toen ze allebei hevig verontwaardigd waren omdat er geen enkel lid van de kerk kwam opdagen. Simon heeft op dat moment besloten om de eventuele uitvaart van Johan te mijden. Maar wie had kunnen voorzien dat die toen al zo dichtbij was? Ze kijkt naar Simon en ziet dat hij ook oogcontact zoekt met haar. Hij knikt geruststellend. Het zal zo'n vaart niet lopen, lijkt hij te willen zeggen.

De uitvaartondernemer heeft een laptop bij zich, die hij gebruikt om de tekst voor de rouwkaart en de advertentie op te stellen. In zijn koffertje blijkt zelfs een miniprinter te zitten, waarmee hij de tekst uitprint en die hij hun ter beoordeling voorlegt. Hij haalt ook verschillende boeken tevoorschijn die een heel scala van grafkransen bevatten. Hij heeft ook boeken van grafstenen, vertelt hij, maar meestal denkt de familie daar pas na de begrafenis over na. Op dit moment is het vooral belangrijk dat Sara een keuze maakt voor een kist. Hij heeft ze in allerlei soorten en prijzen, zien ze. Als je beslist voor een begrafenis is het aan te raden om een solide kist te nemen, adviseert hij.

Hij lijk wel een vertegenwoordiger, die zo veel mogelijk wil verkopen, denkt Thea. Dat ging er bij het regelen van Esthers uitvaart wel anders aan toe. Deze onderneming is duidelijk veel commerciëler en vooral veel moderner opgezet dan de particuliere christelijke onderneming waarbij Esther was verzekerd. De vertegenwoordiger praat maar door. Thea krijgt het koud van die man en staat op om nog eens koffie in te schenken.

Sara hoort alles wat de uitvaartondernemer voorstelt schijnbaar onbewogen aan. Ze zijn ruim voldoende verzekerd, volgens haar vader. Het hoeft niet goedkoop.

'Het is geen probleem als we moeten bijbetalen,' stelt Sara rustig vast. 'Er is geld genoeg.' Ze keert zich naar Thea. 'Ik denk dat jij nu het beste de zaakwaarnemer van vader kunt worden,' oppert ze. 'Jij zorgt voor hem. Johan had de administratie van je vader heel netjes geordend.'

Dat weet ik, denkt Thea. Daar weet ik toevallig alles van. Maar ze vertrekt geen spier. 'We hebben het er nog wel over,' zegt ze. Ze vindt Sara onwaarschijnlijk zakelijk. Straks barst ze opeens los, verwacht ze. Straks zegt iemand iets wat een gevoelige snaar raakt en dan weet je niet wat je meemaakt, waarschijnlijk. Maar voorlopig zit Sara als een standbeeld met een kaarsrechte rug op haar stoel en lijkt ze de situatie helemaal onder controle te hebben.

'Ik wil liever zelf bloemen gaan uitzoeken bij de bloemist,' kondigt ze aan. 'Dit zijn mooie kransen maar ik vind ze zo statisch.'

'De bloemenzaken zijn pas overmorgen weer open,' merkt de uitvaartondernemer fijntjes op. 'Dat betekent dat uw man nog bijna twee dagen zonder bloemen ligt. Wij hebben een overeenkomst met een bedrijf dat altijd levert, het maakt niet uit welke dag het is.'

'Het afscheid nemen is toch pas na de kerstdagen?' informeert Sara.

'Dat beslist ú,' is het antwoord. 'Ik stel voor om de begrafenis te laten plaatsvinden op negenentwintig december, dan zal het lichaam van de overledene wel zijn vrijgegeven. En dan heeft iedereen zeker de kaarten ontvangen en is er voldoende gelegenheid om afscheid te nemen. Hoeveel dagen wilt u daar gelegenheid voor geven?'

'De avond voor de begrafenis,' is het resolute antwoord van Sara.

'Dan kunnen de mensen uw man nog maar één keer zien. En u ook. Weet u dat zeker?' De uitvaartondernemer begrijpt er duidelijk niet veel van. Hij praat tegen Sara alsof hij het tegen een onwillig kind heeft.

'De kist blijft gesloten,' beslist Sara. 'We gaan geen aapjes kijken. Ik weet zeker dat Johan dat niet gewild zou hebben.'

Thea vangt een kort ogenblik Sara's blik op. Er zit een triomfantelijke glans in.

Ze is opgelucht, vermoedt Thea. Ze lijkt onaangedaan maar in werkelijkheid heeft ze besloten om de touwtjes definitief in eigen handen te nemen. Het deksel op de kist heeft waarschijnlijk niets te maken met wat Johan zou willen. Het heeft te maken met wat Sara wil. Ze sluit haar leven met deze man af. Het is genoeg geweest.

37

De uitvaartondernemer is om kwart over een vertrokken en Sara en haar vader zijn om halftwee naar huis gegaan. Sara gaat kleding uitzoeken voor Johan en ze zal met haar ouders een lijst opstellen van namen en adressen. De rouwkaarten zullen direct als duidelijk is wanneer de uitvaart kan plaatsvinden worden aangeleverd op het adres van Sara's ouders.

Een paar minuten nadat de auto van Sara's vader het erf is afgereden, komt er een onbekende auto aanrijden. Thea hoeft niet te raden wie dat is. Ze loopt naar de voordeur en ziet Geoffrey uitstappen. Hun ogen treffen elkaar en Thea ziet direct dat het goed is. Ze spreidt haar armen naar hem uit. 'Welkom,' zegt ze. Op vrijwel hetzelfde moment voelt ze zijn lippen op die van haar en voelt ze zijn armen om haar heen knellen.

'Ondanks alles: gelukkig kerstfeest,' zegt hij ernstig. 'Vooral gelukkig, omdat wij elkaar hebben ontmoet.'

Thea glimlacht. 'Je valt wél met je neus in de boter,' antwoordt ze.

Simon en Pieter zijn naar huis gegaan en ze hebben afgesproken dat ze omstreeks een uur of vijf terug zullen zijn. Ze gaan het eten dat ze hebben ingeslagen voor Kerstmis ophalen en ze zullen vanavond koken.

'We maken gewoon een kerstdiner,' heeft Simon besloten. 'Al is het maar voor Anna. Die moet een beetje plezier hebben, vind ik.'

Thea vertelt aan Geoffrey wat er allemaal is gebeurd, sinds ze hem door de telefoon gesproken heeft. Terwijl hij luistert, smikkelt hij van het dik met roomboter besmeerde krentenbrood dat ze voor hem heeft neergezet. 'Een man alleen zou nog verkommeren met Kerstmis,' mompelt hij tussen twee happen door.

'O, is dát de reden dat je hier bent? Je moet gewoon ergens onder de pannen zien te komen?' plaagt Thea. Het antwoord bestaat uit twee stevige armen om haar heen en een intense kus.

'Als iemand mij een paar weken geleden had verteld dat ik op eerste kerstdag krentenbrood zou zitten eten bij de liefde van mijn leven en onder welke omstandigheden, had ik hem regelrecht naar een psychiatrische instelling gebracht,' beweert Geoffrey.

'De liefde van je leven,' herhaalt Thea peinzend.

Geoffrey kust haar opnieuw. 'Zo voelt het. Ik ga altijd af op wat ik voel. Ik ben van het sterrenbeeld Vissen. En jij?'

'Ik ben een Kreeft. Maar ik weet daar niet veel van. Behalve dat een Kreeft blijkbaar vasthoudt wat ze heeft. Dus je loopt het risico dat ik je niet meer loslaat.'

'Afgesproken. Volgens mij is dat een goede combinatie: Vissen met Kreeft. Ik ga het uitzoeken.'

'Vader en Anna zullen zo wel worden thuisgebracht,' vertelt Thea. 'Ik weet niet hoe Anna op je reageert. Ze is meestal terughoudend naar mensen die ze niet kent.'

'Het komt goed. Ik laat haar gewoon aan me wennen. Waar doe ik haar een plezier mee?'

'Met een spelletje ganzenbord,' grinnikt Thea. 'En mens-er-ger-je-niet is ook favoriet. Ze kan nog wel eens terughoudend reageren op mensen die ze niet kent, maar je scoort zeker als je spelletjes met haar doet.'

Thea wordt een beetje verlegen van de blik in Geoffreys ogen. Hij kijkt haar heel intens aan en daarmee veroorzaakt hij een prikkelende beweging in haar buik. 'Kan dit wel?' vraagt ze zich hardop af. 'Is het wel normaal dat je elkaar op deze manier zit te bekijken terwijl er een sterfgeval in de familie is en je nog nauwelijks iets van elkaar weet?'

Geoffrey strekt zijn armen naar haar uit en ze kruipt erin. 'Laten we ons nu maar niet druk maken over wat er wel of niet zou kunnen,' stelt hij voor. 'Laten we maar gewoon blij zijn om wat we voelen. Dát we voelen. Ik heb allerlei oneerbare voorstellen in gedachten,' fluistert hij in haar oor. 'Hoe laat verwacht je je vader en Anna weer thuis?'

'Over een kwartiertje,' fluistert ze terug.

'Mm. Kwartiertje kussen dan?'

Heel in de verte heeft de torenklok vier keer geslagen. Het geluid dreunt kilometers ver door in de doodstille nacht. Thea is er wakker van geworden en ze merkt dat ze de slaap niet meer te pakken krijgt. Naast haar ligt Geoffrey en aan zijn ademhaling hoort ze dat hij diep in slaap is. Ze glipt uit bed en schiet in haar pantoffels. Ze trekt het T-shirt dat ze altijd draagt op koude nachten maar dat nu werkeloos naast het bed ligt over haar hoofd en pakt haar kamerjas. Ik ga een poosje beneden zitten, denkt ze. Even alleen zijn en een beetje nadenken. Dan krijg ik vanzelf wel weer slaap.

In de woonkamer is het kil en Thea zet de verwarming hoger. Ze kruipt met een kop hete thee in een hoek van de bank en trekt haar knieën onder zich. Haar blik valt op het licht van de lantarenpaal die voor het huis staat. Er beweegt iets in de lichtstraal, ontdekt ze. Het sneeuwt. Ze rekt zich uit om de straat te kunnen bekijken. De grond is bedekt met een egaal wit tapijt. Toch nog een witte kerst, denkt ze tevreden. Zo'n sneeuwtapijt brengt iets teweeg. De ongereptheid heeft een rustgevende serene uitstraling. Thea voelt de onrust die in haar zat langzaam wegvloeien. Ze denkt na over de dag die achter haar ligt.

Het is bijna niet te bevatten dat ze hier in de kamer zit en boven in haar bed een man ligt te slapen die ze nog geen drie dagen kent. Hij heeft haar zonder enige gêne bemind op een adembenemende manier. Als ze eraan terugdenkt, krijgt ze het er nog warm van. Toen ze na het uitgebreide kerstdiner dat Simon en Pieter hun hadden voorgeschoteld voorstelde dat Geoffrey en zij zouden opruimen, pakte hij haar vast zodra ze in de keuken stonden.

'Ik heb het gevoel dat ik hier al weken ben,' zei hij.

'Ik ook,' antwoordde Thea.

'Mag ik blijven, vannacht?' Het klonk een beetje aarzelend.

'Je moet blijven,' was Thea's resolute antwoord. 'Het zou niet kloppen als je wegging.'

Hij nam haar hoofd tussen zijn handen en drukte een zachte kus op haar lippen.

'Wéét wat je beslist,' grinnikte hij. Thea hoopte dat Simon en Pieter het niet laat zouden maken.

Tegen een uur of negen zat vader te knikkebollen en Pieter bood aan hem naar bed te brengen. Thea accepteerde het aanbod opgelucht. Ze had haar vader de hele dag al zo veel mogelijk genegeerd. En hij leek op zijn beurt ook geen enkele notie te hebben van wie er om hem heen waren. Anna ging om halftien naar bed en om tien uur stapten Simon en Pieter op. Toen Thea Simon gedag kuste, fluisterde hij dat hij er volgens hem niet ver naast zat toen hij beweerde dat hij getuige kon zijn. Ze duwde haar hand tegen zijn mond. 'Stil jij, niet zo voor je beurt spreken,' deed ze mopperig.

'Heb jij vanavond nog aan Johan gedacht?' werd hij opeens ernstiger. Thea schrok van zijn vraag. 'Nee, eerlijk gezegd niet. Ik had Sara nog willen bellen. Maar het is me helemaal ontschoten. Heb jij eraan gedacht?'

'Ik realiseer me nu dat het zelfs niet in me is ópgekomen om aan hem te denken,' bekende Simon. 'En ik weet niet goed wat ik daar dan weer van moet vinden. Misschien is het een soort zelfbescherming, zou dat het zijn? Zou het even genoeg zijn geweest?'

'Ik denk het, ik wil er eerlijk gezegd op dit moment ook niet mee bezig zijn.'

'Gelijk heb je,' gaf Simon toe. 'Jij hebt nu heel andere dingen aan je hoofd. Zoals...'

Thea hield opnieuw haar hand tegen zijn mond. 'En nu naar huis,' zei ze streng. 'Dank je, broer. Dat je er was. Dat je er bent. Het is nog niet voorbij.'

'Ik weet het,' knikte Simon. 'Maar we doen het samen.'

Toen Thea in de woonkamer terugkwam, was Geoffrey nergens te bekennen. Ze liep naar de keuken maar die was leeg. Toen hoorde ze gestommel op de trap.

'Ik laat het bad vollopen,' zei Geoffrey. 'Vind je dat goed?'

Hij kleedde haar uit en liet haar in het bad stappen. Snel volgde hij haar. Hij had een prachtig lijf, zag Thea. Niet alleen groot maar ook in de juiste verhoudingen. Brede schouders en smalle heupen. Lange, stevige benen. Normale beharing. Thea houdt niet van sterk behaarde lijven. Dit was goed. Helemaal goed. Ze sponsden elkaars rug af en kusten elkaar voortdurend. Daarna wreef Geoffrey haar stevig droog met een grote bandhanddoek en daarna droogde hij zichzelf af. Ze hoorden luid gesnurk uit zowel de kamer van Anna als die van vader komen. Ze moesten er een beetje ondeugend om grinniken.

Eerst was hij heel teder, heel voorzichtig. Daarna wisselden zijn handen en zijn mond elkaar voortdurend af op alle plaatsen van haar lijf. Hij was overal in haar, op haar, naast haar, achter haar. Ze klemde zich aan hem vast. Ze heeft de torenklok nog twee keer horen slaan voordat ze vrijwel tegelijk in slaap vielen.

De diepe stilte in huis voelt bijna weldadig aan. Ik zou moeten gaan slapen, denkt Thea. Maar ze is nog steeds klaarwakker en ergens in haar achterhoofd zit iets ondefinieerbaars te wroeten.

Thea gaat nog een beker thee zetten en ze loopt naar de keuken. Als ze de waterkoker aanzet, staat ze opeens kaarsrecht. Ze weet wat ze gaat doen. Ze gaat het dagboek van Esther lezen.

Het ligt nu al een paar maanden in haar linnenkast, diep weggestopt onder de stapel slopen. Thea heeft al een aantal keren op het punt gestaan om het te pakken en het te vernietigen. Al snel nadat ze het dagboek had meegenomen bedacht ze dat ze het indiscreet vond om te gaan lezen wat Esther heeft geschreven. Het is privé. Het meenemen op zich voelde tot nu toe al een beetje als grafschennis. Maar het ligt er nog steeds. Thea heeft het nog niet voor elkaar gekregen om het weg te doen. Ze heeft daar geen sluitende verklaring voor. Iets weerhoudt haar. Maar wat? Ze sluipt de trap op en let zorgvuldig op dat ze de tree die kraakt overslaat. De linnenkast staat in de logeerkamer. De deur van haar eigen slaapkamer staat op een kier. Thea luistert. De ademhaling van Geoffrey is nog even diep en gelijkmatig. Ze pakt het dagboek en loopt snel naar beneden. Ik lees alleen de eerste bladzijden, besluit ze. En als het niet goed voelt, stop ik meteen.

38

De uitvaart kan op de geplande datum plaatsvinden, omdat het lichaam van Johan op tijd is vrijgegeven. Sara werd nerveus van de aanvankelijke onzekerheid over de begrafenisdag, maar gelukkig kwam al in de loop van tweede kerstdag het bericht dat de sectie was afgerond en er geen reden leek te zijn om het lichaam van Johan langer in bewaring te houden. De uitslag van het onderzoek is duidelijk. De dood is veroorzaakt door een val van de trap, waarbij Johan zijn nek heeft gebroken. Er is vastgesteld dat het om een ongeluk gaat.

De kerk zit helemaal vol. Vanuit haar ooghoeken ontwaart Thea één grote donkere massa. Iedereen is in het zwart gekleed. De meeste vrouwen dragen een hoed. Ze hebben allemaal hetzelfde soort model, correct klein, strak van vorm. Nadrukkelijk aanwezig. Het onbedekte kortgeknipte haar van Thea steekt er even nadrukkelijk bij af. Ze weet dat erover wordt gefluisterd achter haar rug. Toen ze als familie de kerk in kwamen heeft ze de afkeurende blikken in vele ogen gezien. Ze heeft alle blikken zo veel mogelijk op dezelfde laatdunkende manier beantwoord.

Geoffrey heeft tot na Nieuwjaar vrij en hij is nog steeds bij haar. Hij heeft de afgelopen dagen de zorg voor vader op zich genomen en het lukt hem goed. Vader verzet zich niet tegen deze vreemdeling, hij laat zich zonder enige tegenwerking door hem helpen.

Toen Thea op tweede kerstdag aankondigde dat ze de volgende dag naar de kapper wilde om haar haren kort te laten knippen, heeft Geoffrey wel even verbaasd opgekeken. 'Je hebt prachtig haar, vind ik,' merkte hij op.

'Moet je eens opletten hoe prachtig kort dat kan zijn,' antwoordde Thea. 'Hoe prachtig vrij. Hoe prachtig bevrijd.' Ze hoorde de grimmigheid in haar eigen stem. Hij zei dat hij later nog graag eens van haar wilde horen wat ze daar precies mee bedoelde.

Thea heeft een tijdje geleden in een tijdschrift een interview met een journaliste gelezen. Die journaliste heeft een boek geschreven over het dementeringsproces van haar vader om duidelijk te maken hoe ernstig het is gesteld met de zorgverlening voor mensen met dementie. In het interview sprak ze met heel veel liefde over haar vader en ze beschreef hem als een erudiete, nuancerende man met veel gevoel voor humor. Thea raakte erdoor geëmotioneerd. Ze realiseerde zich dat ze jaloers was. Ze miste de vader die in het artikel beschreven werd. Bij het interview waren enkele foto's afgedrukt van de journaliste en Thea heeft een van die foto's meegenomen naar de kapper.

'Dit kapsel wil ik,' heeft ze beslist. 'Bovenop korte pieken die je overeind houdt met een beetje gel en in een punt weglopend in mijn nek.'

'Wilt u uw haren meenemen?' vroeg de kapster. 'De meeste vrouwen willen het nog even houden, als aandenken.'

'Ik niet,' heeft Thea geantwoord. 'Doe ermee wat je wilt. Ik ben er klaar mee.'

Iedere keer als ze langs een spiegel loopt kijkt ze naar haar eigen hoofd. Ze ziet een heel ander mens. Ze vindt dat ze jonger lijkt en anders. Gewoon anders.

'Je ogen staan heel tevreden,' heeft Geoffrey gezegd. 'En je haren stralen.'

Het was de spijker op zijn kop. Zo voelt ze zich ook.

Terwijl ze de blikken van de mensen die achter haar zitten in haar rug voelt prikken zorgt Thea ervoor dat Anna niet overstuur raakt. Ze heeft haar arm om Anna's schouder geslagen en ze fluistert geruststellende woorden in haar oor. Ze heeft pas op de ochtend van tweede kerstdag aan Anna verteld dat Johan dood is. Johan heeft een ongeluk gehad, was de strekking van haar verhaal, dat is het beste voor haar zusje te bevatten. Anna reageerde geschrokken maar ze liet zich toch alweer snel met een spelletje door Geoffrey afleiden. Thea denkt dat de schrik van Anna voornamelijk te maken heeft met het begrip 'dood' en minder met het feit dat het om Johan gaat. Johan schonk nauwelijks aandacht aan haar. Als Anna een boer liet na het eten of iets onhandig vastpakte, kon hij zijn afgrijzen nauwelijks beheersen. Hij bekeek haar vaak alsof ze een ongewenst insect was. Maar de volle kerk en de doodssfeer waar je bijna tegenaan kunt leunen zijn niet bepaald ingrediënten waar Anna zich lekker bij voelt. Daarom probeert Thea haar met lieve woordjes en beloftes om later leuke dingen te gaan doen een beetje af te leiden. Anna wil ook naar de kapper, heeft ze gisteren opeens geroepen. Ze wil ook korter haar. Thea fluistert dat ze na nieuwjaarsdag een ander kapsel voor Anna gaan verzinnen. Het helpt. Anna is rustig en Thea hoort nauwelijks wat er allemaal gebeden en gezongen wordt. Ze wil deze bezoeking zo snel mogelijk achter de rug hebben. Dat geldt ook voor Simon, ziet ze. Hij trekt regelmatig zijn mondhoeken naar beneden, de afkeer straalt van hem af. Ze hebben samen afgesproken dat Simon gewoon bij de kerkdienst aanwezig zou zijn, ook al was hij dat niet van plan. Hij doet het voor Sara. Thea weet dat Sara het verschrikkelijk zou vinden als een deel van de familie ontbrak en ze heeft tegen Simon gezegd dat Sara al genoeg voor haar kiezen heeft gekregen. Daar hoeven zij niet nog een schepje bovenop te doen.

Simon deed er gelukkig niet moeilijk over. Zelfs Pieter zit in de kerk; hij flankeert samen met Geoffrey haar vader. Toen Thea aan haar vader vertelde dat Johan dood is, staarde hij haar alleen maar aan.

'O,' was alles wat hij zei. De rest van de dag heeft hij zitten slapen. Nu doet hij hetzelfde. Zijn hoofd valt steeds voorover en Geoffrey en Pieter proberen hem beurtelings zo onopvallend mogelijk wakker te houden. Laat maar, gebaart Thea. Als hij maar niet gaat zitten snurken, denkt ze. Maar wat dan nog, eigenlijk?

Thea kijkt op haar horloge. De dienst duurt al bijna een uur. Hoe lang nog? Haar knieën zijn stijf van de kou. Haar rug doet pijn van het in één houding zitten. Haar maag rammelt. Ze heeft zin in een lekkere uitsmijter met ham en kaas. Ik zou er een moord voor doen, denkt ze. Ze deinst terug van haar eigen gedachte. Een beetje luguber is het wel, om dit op deze plaats en onder deze omstandigheden te denken, maant ze zichzelf. Maar toch...

De zegen. Ze zijn aan de zegen toe. Dat betekent dat het bijna voorbij is. De dominee houdt zijn armen gespreid en roept genade af over de gelovigen. Hij dreunt nog meer wensen op. Aandacht voor elkaar, begrip, medemenselijkheid. Daar zou ik allemaal zelf eens mee beginnen, kan Thea niet nalaten te denken. Ze wil hier weg. De zwarte massa om haar heen begint haar ongelooflijk te irriteren. De kist van glanzend donkerbruin hout heeft er onderhand wel lang genoeg gestaan. Achter de kerk ligt een diep gat in de grond uitnodigend te wachten. Ga er maar in liggen, seint Thea tegen de zwijgende kist. Je mag als eerste in het familiegraf. Wacht maar op je vader, die komt vanzelf. Misschien wil je vrouw er later ook nog in, maar daar zou ik niet op rekenen. Verga tot stof en ga ergens in de kosmos je geest een stevige opfrisbeurt geven. Kom na een tijdje terug en zorg ervoor dat je dan een leuker mens wordt dan je nu was.

Opeens voelt ze tranen langs haar wangen rollen. Ze veegt ze driftig weg en snuit snel haar neus. 'Ik huil om alles, behalve om Johan,' fluistert ze tegen Simon, die haar verwonderd aankijkt.

Er komen zes mannen in begrafenispakken naar voren. Ze tillen de kist op hun schouders en dragen Johan de kerk uit. Sara wordt door haar ouders ondersteund. Ze is aangeslagen, ziet Thea. Vader snurkt. Hij gaat er gewoon mee door als Geoffrey hem in zijn rolstoel de kerk uit rijdt. Thea heeft moeite om haar lachen in te houden. Het helpt, merkt ze, als ze om zich heen kijkt en haar kortgeknipte hoofd aan iedereen toont. De weerstand die van de gemeenteleden afstraalt maakt haar onaantastbaar en versterkt het gevoel dat zij hier niet bij hoort.

Thea en Simon hebben direct bij binnenkomst in de zaal waar de condoleancebijeenkomst wordt gehouden een plaats gezocht waar zij met rust gelaten kunnen worden. Ze zitten samen met Pieter en Anna aan een tafel achter in de zaal nadrukkelijk uit te stralen dat het niet nodig is om hun de hand te drukken. Geoffrey heeft zonder een woord te zeggen vader naast Sara en haar ouders geparkeerd en is een stukje naar achteren gaan staan, zodat het ook niet direct nodig is om hem bij de condoleance te betrekken. Hij houdt vader, die weer wakker is, in de gaten en werpt tussendoor steelse blikken in de richting van Thea. Ze krijgt het helemaal warm van de dingen die zijn ogen zeggen.

Simon zit ongeduldig met zijn vingers op de tafel te trommelen. Pieter strijkt liefdevol met zijn hand over de onrustige vingers van Simon. Thea vangt de blik op van een man die vlak naast Simon zit en die het gebaar van Pieter opmerkt. Uit de blik spreekt walging. De man trekt zijn zoontje, dat naast hem zit, naar zich toe alsof het kind ergens voor beschermd moet worden. Thea kijkt hem zo vernietigend mogelijk aan. Ze hoopt dat Simon de actie van de man niet heeft opgemerkt. Maar dat is ijdele hoop, merkt ze. Simon gaat rechtop zitten.

'Het zou sommige christenen verboden moeten worden om zich voort te planten,' zegt hij hardop. Pieter buigt zich naar Simon toe en fluistert hem iets in zijn oor. Simon haalt onwillig zijn schouders op. Hij ziet eruit of hij nog meer wil zeggen. Dit is niet verstandig, denkt Thea. We hadden hier niet mee naartoe moeten gaan. We hebben hier niets te zoeken.

Er wordt koffie geserveerd en er komen schalen met belegde broodjes langs. Thea ziet dat Geoffrey een broodje van een schaal afneemt en het aan vader geeft. Die zet er gretig zijn tanden in en reageert niet op de uitgestoken hand van een bezoeker. De hand trekt zich terug. Vader kauwt en kauwt.

'Ik wil hier weg,' sist Simon tussen zijn tanden door. 'Dit is net even *too much*. Ik heb zin om iemand op zijn bek te timmeren.' Hij kijkt naar de man met het kind.

'Gaan jullie maar vast,' stelt Thea voor. 'Neem Anna mee. Ik ga bij Geoffrey staan en wij volgen zo snel mogelijk met vader.'

Ze heeft opeens een onbedwingbare lust om aan iedereen te laten zien dat Geoffrey bij háár hoort.

39

Geoffrey heeft Thea ervoor gewaarschuwd dat een onderzoek naar de verdwijning van haar moeder misschien wel eens meer bij haar naar boven zou kunnen halen dan ze wil. Thea heeft hem in de dagen dat ze samen zijn veel verteld over haar jeugd en hij weet ook wat er met haar gebeurd is toen ze zestien was. Hij huilde toen ze dat vertelde en daardoor moest zij ook weer huilen. Ze hebben samen een tijdje zitten snikken, totdat ze er opeens om moesten lachen.

'Moet je ons nu zien,' giechelde Thea. 'Jut en Jul uit Tranendal.' Terwijl ze dat zei besefte ze hoe goed dat voelde en de tranen begonnen meteen weer te stromen.

Ze vertelt hem alles met een vanzelfsprekendheid waaraan niet te ontkomen valt. Ze is niet te stuiten. En hij luistert. Hij stelt soms een vraag en hij reageert op een pure, eerlijke manier. Zijn waarschuwing voor de gevolgen van een onderzoek naar de verdwijning van haar moeder heeft haar aan het denken gezet en ze heeft er met Simon over gepraat. Geoffrey ziet dat goed, hebben ze beiden bedacht.

'Als ik eraan denk dat bevestigd wordt wat al jaren ergens in mijn achterhoofd rondspookt, krijg ik acuut hartkloppingen,' heeft Simon aan Thea bekend.

'Wat spookt er precies al jaren in jouw hoofd rond?' wilde ze weten en terwijl ze dat vroeg, hoopte ze dat hij geen antwoord zou geven.

'Laat maar,' was het enige wat Simon daarop te zeggen had.

Maar toch hebben ze de dag na de begrafenis van Johan een afspraak gemaakt met Linda de Waard en haar duidelijk gemaakt wat ze te weten willen komen. Ze hebben de feiten genoemd die zij kennen, maar dat zijn er niet veel. Moeder verdween in de periode dat zowel Thea als Simon niet thuis was. Wanneer gingen vader en moeder zogenaamd naar dat vakantiehuisje? Waar bleven Esther en Anna? Waren er afspraken met Johan? De twee kinderen die hier iets zinnigs over zouden kunnen zeggen zijn dood. Toen ze nog leefden blonken ze niet uit in mededeelzaamheid over dit onderwerp. Anna is geen partij om iets van te weten te komen. Met welke familie hadden vader en moeder contact? Thea en Simon kunnen zich niet herinneren dat er veel mensen over de vloer kwamen. Vader had geen broers of zussen en over een eventuele familie van moeder heeft nooit iemand iets gezegd. Simon meent wel eens iets te hebben opgevangen over verschillende geloven. Moeder was niet van oorsprong streng gereformeerd, staat hem bij. Hij denkt dat ze hervormd was. Ze kunnen zich voorstellen dat moeder heeft moeten beloven om dezelfde leer te gaan volgen. Daar zal contact met mindere geesten wel niet bij gehoord hebben.

Een mogelijk aanknopingspunt zou de familie Mantje kunnen zijn. Meneer Mantje was een vooraanstaande ouderling, die kwam nog wel eens met zijn vrouw op bezoek. En hij was degene die Thea naar het geheime adres bracht waar ze het kind moest krijgen. Maar de man is al een paar jaar dood, evenals zijn vrouw. Ze hadden twee kinderen: Luuk en Lena. Lena woont in Berlijn. Luuk is in de voetsporen van zijn vader getreden. Hij is een gerespecteerde ouderling die het bedrijf van zijn vader voortzet.

'Ik wil met Luuk beginnen,' heeft Linda voorgesteld. 'Het

lijkt me voor de hand liggen dat áls zijn vader iets heeft geweten en het daar met iemand over heeft gehad, Luuk de meest logische figuur zou zijn.'

Thea kreeg het koud toen Linda over Luuk begon. Ze is het met haar eens dat Luuk de eerste is die gehoord zou kunnen worden, maar ze weet niet wat hij van plan is eruit te flappen. Linda heeft verteld dat ze op 2 januari naar hem toe zal gaan, als de feestdagen achter de rug zijn en het normale leven weer begint. Ze heeft hem gevraagd of hij met haar wil praten en hij heeft toegestemd.

Geoffrey dringt erop aan dat Thea er vandaag eens even uit gaat.

'Haal goede champagne voor morgenavond, ik trakteer. Is er ergens in de buurt een mogelijkheid om even onder de zonnebank te kruipen? Je ziet zo wit. Pak een lekker kleurtje.'

Thea vindt dat wel een goed idee, maar daarvoor zal ze naar Schagen of naar Den Helder moeten. Dat kost tijd en zoveel tijd heeft ze niet. Ze wil eerst eens proberen of ze Luuk Mantje kan spreken. Zou hij van plan zijn om iets over zijn ontmoeting met haar in het huis van Johan te vertellen? Ze is er niet helemaal gerust op.

Ze moet eerst nog een vel decemberzegels kopen op het postkantoor. Er zijn weer een heleboel wenskaarten gekomen, die allemaal nadrukkelijk zijn geadresseerd aan vader. Thea en Anna worden nergens genoemd. Ze heeft even de neiging gehad om geen enkele kaart te beantwoorden, maar ze heeft toch besloten om net als de vorige jaren iedereen keurig een kaart terug te sturen. Namens vader, maar met nadrukkelijke vermelding van haar eigen naam en van Anna. Dit is het laatste jaar dat ze aan die poppenkast mee hoeft te doen, heeft ze vastgesteld. Volgend jaar zal alles anders zijn. Volgend jaar woont vader in een verpleeghuis, dat staat voor haar als een paal boven water. Ze gaat na de jaarwisseling met de huisarts praten en die moet de indicatieaanvraag in werking zetten. Ze heeft het er uitgebreid met

Simon over gehad. Ze zijn het er roerend over eens dat vader naar een verpleeghuis moet. Simon heeft Thea er ook van overtuigd dat er iets met Anna moet gebeuren. De begeleidster van Anna heeft Thea een tijdje geleden al eens aangesproken over de mogelijkheid om Anna in een gezinsvervangend tehuis te plaatsen. Het zal goed zijn voor Anna om samen te wonen met mensen van haar eigen niveau. Er wordt in zo'n woongroep veel meer een appel gedaan op wat ze kan en ze zal er ook nog dingen kunnen leren, was de boodschap. Die vrouw heeft gelijk, vindt Simon. Thea kan niet eeuwig voor haar zusje blijven zorgen. Het wordt tijd om dat onder ogen te zien. Helemaal nu Geoffrey op het toneel is verschenen.

Thea heeft Anna's begeleidster gebeld en een afspraak met haar gemaakt om samen met Anna te praten over een proefplaatsing in een gezinsvervangend tehuis. Ze komt op 2 januari.

Het leven schudt Thea momenteel behoorlijk door elkaar. Soms kan ze haar gedachten nauwelijks op een rij houden. De ene emotie buitelt over de andere heen. Ze snakt naar rust. Maar er moeten nu eenmaal nog zaken geregeld worden, heeft ze vastgesteld, dus het heeft weinig nut om in de stress te schieten.

In het postkantoor staat een lange rij mensen te wachten. Er is maar één loket open. Er wordt gemopperd. 'Geen stijl, waar zit hun verstand, de drukste dagen van het jaar nota bene,' hoort Thea mompelen. Toen ze binnenkwam draaiden alle hoofden in de rij zich om, om te kijken wie ze was. Er werd door sommige hoofden vriendelijk geknikt, maar toch zijn enkele misprijzende blikken in de richting van haar korte kapsel haar niet ontgaan. Ik had stekeltjes moeten laten knippen, denkt ze cynisch. Dan waren ze er ter plekke in gebléven.

Achter haar gaat de deur weer open. Ze blijft recht voor zich uit kijken. Er naderen voetstappen die aansluiten in de rij. Thea kijkt om. Achter haar staat Luuk Mantje. Hij schrikt zichtbaar als hij haar ziet en hij draait zich direct om en loopt in de richting van de deur. Thea volgt hem. Ze kan nog nét verhinderen dat hij de deur voor haar neus dichtslaat, door een snelle stap naar voren te maken en de klink op te vangen. Luuk beent met lange passen in de richting van de parkeerplaats. Thea haalt hem hijgend in. 'Volgens mij moeten wij even praten,' weet ze uit te brengen.

Hij staat stil. 'Waarover?' is zijn norse vraag. 'Heb je niet al genoeg ellende aangericht? Je hebt die rechercheur weer op mijn dak gestuurd.'

'Dat gaat niet over Esther,' zegt Thea.

'O nee? Waar gaat het dán over?'

'Niet over Esther,' herhaalt Thea. 'Ook niet over Johan.'

Luuk staart haar met samengeknepen lippen aan. 'Schande, zoals je eruitziet. Iedereen heeft het erover. Zo provocerend tevoorschijn komen op de begrafenis van je broer. Je hebt ook werkelijk geen greintje respect voor anderen in je lijf, is het wel?'

Zijn woorden komen als een mokerslag binnen, vooral de laatste zin.

'Geen respect, Luuk? Denk je dat? Denk je echt dat respect in iemands haardracht zit? Of in de kleren die hij draagt? Is dat niet gewoon mijn persoonlijke vrijheid?'

Luuk geeft geen antwoord maar blijft haar op een grimmige manier aankijken. Thea zucht diep. 'Ik heb het met niemand over ons gesprek gehad,' probeert ze hem aan de praat te krijgen.

'Die rechercheur wist anders behoorlijk goed te vertellen hoe vaak Johan en ik met elkaar spraken,' sneert Luuk.

Thea knikt. 'Dat klopt. Maar dat heeft Sara verteld. Het is haar natuurlijk wél opgevallen dat jullie steeds zaten te bidden. En zij heeft Johan een alibi verschaft voor de avond dat Esther...' Het lukt even niet om verder te praten. 'Sara heeft gemerkt dat Johan die avond een paar uur weg was,' herstelt ze zich weer. 'Ze kon niet tegen Johan op. Hij heeft haar gewoon de opdracht gegeven om te verklaren dat hij samen met haar bij vader was.'

'En dat heeft ze dus later teruggedraaid?' wil Luuk weten.

'Ja. Toen er niet meer aan te ontkomen viel.'

288

Luuk kijkt om zich heen. 'Ik vertrouw jou niet,' zegt hij terwijl hij naar een punt achter haar staart. 'Volgens mij probeer je me erin te luizen.'

'Ben jij dan ergens in te luizen?' vraagt Thea scherp. 'Is het dan niet zoals iedereen denkt? Dat Johan Esther per ongeluk vermoord heeft? Heb jij er dan tóch iets mee te maken?'

'Nee, natuurlijk niet,' valt Luuk haar in de rede. 'Maar toch vertrouw ik jou niet. Jij houdt iets achter. Je wacht je kans af om toe te slaan.'

'En jij haalt dingen in je hoofd die nergens op slaan,' antwoordt Thea rustig. 'Ik denk dat wij elkaar beter niet meer lastig kunnen vallen. Ik ben in ieder geval niet van plan om jou nog lastig te vallen.'

'Op voorwaarde dat...' oppert Luuk.

'Geen voorwaarde, Luuk. Hoogstens een dringend verzoek. Ik wil je vragen om Linda de Waard eerlijk antwoord te geven op de vragen die ze je zal stellen. Eerlijk antwoord. Niet meer en niet minder. Als je het niet voor míj wilt doen, doe het dan voor Anna. Die heeft toch niets misdaan?'

'Je spreekt voor mij in raadselen,' mokt Luuk.

'Ik ga weer in de rij staan voor decemberzegels,' besluit Thea. Maar als ze in het postkantoor ontdekt dat de rij wachtenden twee keer zo lang is geworden, draait ze zich acuut weer om. De pot op met die kerstkaarten, denkt ze. Ik stop er gewoon een jaartje eerder mee. Ze loopt in de richting van haar auto. Ik sla minstens vier flessen champagne in, neemt ze zich voor. Bij de beste slijter die ik kan vinden.

Tiende brief aan mijn vader

Iedere morgen verwacht ik u in uw stoel voor het raam te zien zitten. U bent nu vier weken weg en ik kan nog steeds niet geloven dat ik voorgoed van uw aanwezigheid ben verlost. U mag blij zijn dat u de zaak hebt overleefd. Dat is vooral te danken aan de aanwezigheid van onze nieuwe huisarts en van Geoffrey, toen Linda de Waard ons kwam vertellen wat we wilden weten, terwijl we het ook níét wilden weten. Dubbel, dat was het. Een dubbel gevoel. Nog steeds. We weten eindelijk wat er gebeurd is, maar de rust die erbij hoort moet nog komen. Die houdt zich ergens om ons heen verborgen. Eerst zullen onze woede en ons verdriet een plaats moeten krijgen. Daar staat u buiten, heel letterlijk. U zit voor de rest van uw leven in een verpleeghuis. Er was alleen een noodplaats beschikbaar in Alkmaar. Het maakte ons niet uit, als u maar weg was. De huisarts is me verleden week komen vertellen dat u daar erg opstandig bent. U probeert steeds uit te breken en schopt de verzorgsters. Ze geven u nu rustgevende medicijnen en u zit vastgebonden in een stoel.

Bij het eerste gesprek dat Linda de Waard voerde was het al raak. Luuk Mantje bleek de waarheid te kennen over de verdwijning van moeder. Zijn vader heeft hem op zijn sterfbed alles verteld, hij wilde het *kwijt. Het schijnt dat die vader er zijn hele leven last van heeft gehad. Er was voortdurend ruzie tussen u en moeder over wat er met mij en mijn baby moest gebeuren. Moeder eiste dat ik thuis bleef en het kind gewoon kreeg. Ze wilde het zelf opvoeden. Maar u weigerde. U vond de schande te groot, het hele gezin zou erdoor besmet zijn geraakt. U regelde in het diepste geheim een adres voor me en u schakelde ouderling Mantje in om me weg te brengen op een avond dat moeder naar de repetitie van het zangkoor was. Ze schijnt in alle staten van woede te zijn geraakt toen ze ontdekte wat u had gedaan. Ze maakte er in het openbaar ruzie over, het hele dorp gonsde ervan. Iedereen had er wel iets over te melden. Het liep behoorlijk uit de hand. Op een avond heeft u in uw woede naar haar uitgehaald en u raakte moeder aan de rechterkant van haar hoofd, tegen haar slaap. Ze was op slag dood. Ze is dezelfde dood gestorven als Esther. Het is te bizar voor woorden.*

U hebt in grote paniek ouderling Mantje gebeld en jullie hebben samen besloten om moeder in de tuin te begraven. In de achtertuin, op de plek waar ze een moestuin wilde aanleggen, omdat daar zoveel zon kwam. In plaats van een moestuin plaatste u er uw kas op. Het is ook logisch dat je een kas op een zonnige plaats neerzet. Dit wekte geen argwaan, dacht u. U hebt snel moeten handelen. In die periode woonden alleen Esther en Anna thuis en Esther was die avond bij een vriendin. Anna sliep. Het was winter, vroeg donker en koud. Niemand op straat, geen mens te bekennen in de wijde omgeving. Wat een mazzel dat we in het laatste huis van het dorp woonden en onze achtertuin werd begrensd door enorme weilanden. Meneer Mantje heeft moeder zogenaamd naar familie gebracht, omdat ze een tijdje tot rust moest komen. Dat was een aannemelijk verhaal. Tenslotte vlogen de potten en pannen door het huis en iedereen wist ervan. En u had al eerder een familielid in het donker afgevoerd. Daarna volgde de leugen dat u een verzoening had proberen te regelen door met moeder op vakantie te gaan en dat ze toch niet terug wilde komen. Die leugen leverde u veel begrip uit de gemeente op. Iedereen vond het een schande. Zoiets doet een moeder niet. Ze was het aanzien niet waard. Over zo'n moeder gaan de lippen stijf op elkaar. Daar verspillen wij geen woord meer aan.

Toen Linda het ons kwam vertellen, regelde ze dat ook onze nieuwe huisarts aanwezig zou zijn. Hij zit nog niet zo lang in het dorp, het is een aardige vent. Midden veertig en volslagen ongelovig. Toch valt hij hier goed. Simon en ik hebben elkaar vastgehouden toen Linda het verhaal deed. U lag op bed. U had weer eens een slaapdag. Wist u dat u zich beter maar gedeisd kon houden? Geoffrey heeft Simon moeten tegenhouden, want hij wilde u eruit sleuren. Als hij de kans had gekregen had hij u vermoord. Ik brak bijna doormidden toen ik hoorde dat moeder al jaren in onze eigen tuin begraven lag. Ik herinnerde me de klappen en de karwats als ik te dicht in de buurt van de kas kwam. Was u bang dat ik iets zou opmerken? Had u het gevoel dat moeders geest in de buurt was? U moest altijd veel moeite doen om de planten in de kas in bloei te krijgen. Ik herinner me de verbeten uitdrukking op uw gezicht als u er bezig was. Het móést lukken. Niets en niemand zou u tegenhouden. Het is nooit in me opgekomen dat de fixatie op die plantenkas iets te maken kon hebben met de verdwijning van moeder.

U hebt al die jaren de leugen overeind gehouden en ouderling Mantje was uw maat. Luuk Mantje heeft tegen Linda verteld dat zijn vader jarenlang nachtmerries heeft gehad over het begraven van onze moeder. Hij vreesde de dood, omdat hij verwachtte dat de straf die hem daarna te wachten stond zwaar zou zijn en hij heeft het verhaal vlak voordat hij stierf aan Luuk prijsgegeven. Luuk was opgelucht toen Linda vragen kwam stellen. Het geheim lag hem zwaar op de maag, hij had het liever niet willen horen. En het werd helemaal een regelrechte bezoeking voor hem toen de geschiedenis zich voor zijn ogen herhaalde. Hij hoefde nauwelijks aangespoord te worden om iets te vertellen, hij was niet te stuiten.

De huisarts heeft binnen twee uur de opname voor u in het verpleeghuis geregeld. U moest zo snel mogelijk weg, dat was duidelijk. Het is allemaal langs me heen gegaan. Simon en ik zijn in de woonkamer gebleven, toen de ambulancebroeders u uit bed haalden en meenamen. Geoffrey heeft een koffer voor u ingepakt en de verzekeringspapieren opgezocht. De huisarts heeft Simon een kalmerend tabletje gegeven en Pieter gebeld.

Het voelde als pure horror. Ik zat bijna versteend op mijn stoel. Mijn maag schoof steeds in de richting van mijn keel, ik kon met grote moeite voorkomen dat ik moest overgeven.

Wat daarna volgde is het meest indrukwekkende deel van het verhaal. Er kwamen mannen in politieoveralls het erf op en ze zetten oranje schermen om de kas heen. Ze braken eerst de kas af en begonnen te graven. Wij zaten in de kamer en wachtten zwijgend af. Het leek allemaal uren te duren. Ten slotte ging de telefoon van Linda over. Ze luisterde en knikte. Toen zei ze dat ze haar gevonden hadden.

Simon en ik hebben samen geschreeuwd. We klampten ons aan elkaar vast en konden niet ophouden met huilen. Iedereen was aangedaan. Zelfs de huisarts zat zijn tranen weg te vegen.

Iemand heeft geregeld dat er een kist werd gebracht, waar de botten in werden gelegd. Er moest eerst sectie verricht worden en er moest officieel worden vastgesteld dat het moeder was die ze opgroeven. Linda ging naar buiten en kwam terug met een papieren zakdoekje waar iets in zat. Het bleek moeders trouwring te zijn.

Als ik er nu dieper over nadenk kan ik me nauwelijks voorstellen dat onze twijfel over wat we precies met de as van Esther moesten doen op toeval berustte. Het moest zo gaan, volgens mij. De as van Esther moest wachten op moeder. We hebben de urn in haar kist laten zetten en ze samen begraven.

We hebben niemand op de hoogte gebracht van deze begrafenis en we hebben moeder ook niet in het familiegraf gelegd. Simon en ik zijn ervan overtuigd dat ze dit niet gewild zou hebben. In eerste instantie leek het ons het beste om moeder in stilte te begraven. Maar toen we samen herinneringen aan haar ophaalden, begonnen we vrijwel tegelijk te praten over haar voorkeur voor smartlappen. Haar geheime voorkeur. We vertelden aan Pieter en Geoffrey hoe moeder vroeger stiekem luisterde naar liedjes van de Zangeres zonder Naam. We hebben met ons vieren die liedjes gezongen. O vaderlief, toe drink niet meer. Rij voorzichtig, denk aan mij. Haar naam was Keetje Tippel. *We lachten en huilden tegelijk. Pieter heeft een vriendin die op een smartlappenkoor zit. Daar staat de Zangeres zonder Naam al jaren op het repertoire. We hebben haar uitgenodigd op moeders begrafenis en daar heeft ze toen de kist nog niet was gezakt twee liedjes voor moeder gezongen.* Ach vaderlief en Rij voorzichtig. *Het was een tamelijk ongewoon tafereel op dat kerkhof. Die eindeloze rij graven, de doodse stilte die er heerste, niets anders dan het geluid van onze voetstappen toen we de kist droegen. En daarna de ietwat rauwe stem van die vriendin maar ook de intense klank van die stem.*

Dat was goed. Het klopte.

Simon is nog steeds de kluts kwijt. Hij treedt al een tijd niet meer op. Hij kan nog geen muziek maken en evenmin zingen. Zijn hele lijf is stil. Pieter wil dat hij hulp zoekt. Maar Simon weert alles af. Hij heeft wél beloofd dat hij niet in uw buurt zal komen. Ik heb dat aan niemand beloofd maar dat hoeft ook niet. U zit goed waar u zit, ik laat het hierbij. Ik beheer uw geld en als u iets nodig hebt kan het gekocht worden. Ik maak het bedrag wel over.

De officiële versie van moeders dood is dat u haar per ongeluk hebt omgebracht. Deze versie is niet meer te verifiëren maar ik denk dat het klopt. Ik geloof niet dat u een moord hebt willen plegen. Dit ongeluk is ook u overkomen. Maar u hebt er weinig van geleerd.

De officiële versie van Esthers dood is dat Johan haar per ongeluk een fatale klap gaf. Hoe is het mogelijk, vraagt iedereen zich af, dat twee leden van hetzelfde gezin op exact dezelfde manier aan hun einde komen? Linda de Waard heeft ons verteld dat ze zoiets nog nooit heeft meegemaakt.

Ik vind het niet vreemd, als ik eerlijk ben.

Er zat een ongelooflijk grote woede in u en in Johan. Een grimmige frustratie, een explosieve dadendrang. We hebben er allemaal verbijsterd ons hoofd om geschud. Ik ook. Maar ik heb het als geen ander begrepen en herkend.

40

Ze probeert er niet meer aan te denken.

Thea's hart stond bijna stil van schrik toen ze met de jas van Sara in haar hand op het punt stond om de deur uit te gaan en de voetstappen hoorde, die de voordeur naderden. Ze wist meteen dat Johan thuiskwam en dat ze zich moest verbergen. Het enige wat ze kon bedenken was de trap op vliegen en zich in de badkamer verschuilen achter het muurtje van de douche. Haar mobiele telefoon viel uit haar zak en ze schakelde het ding direct uit. Beneden werd de sleutel in het slot gestoken. De deur zit niet meer op het nachtslot, schoot het door haar heen. Hij zal in de gaten hebben dat er iemand binnen is geweest. Ze hoorde dat hij binnenkwam en de voordeur sloot. Ze was bang dat hij beneden haar bonkende hartslag zou kunnen horen. Haar benen dreigden in elkaar te zakken toen ze hem de trap op hoorde komen. Maar hij liep de badkamer voorbij en ging zijn kantoor in. Op dat moment hoorde ze zijn mobieltje afgaan. Johan noemde zijn naam. Hij klonk kortaf.

'O, hallo Luuk,' zei hij, wat vriendelijker. 'Ben jij het. Ik dacht dat het Sara weer was.'

Ze probeerde zich te herinneren of ze zijn bureaustoel weer op precies dezelfde plaats had teruggezet.

'Nee, ik ben thuis. Ik heb geen zin in dat voortdurende geklaag en die vragen. Ik erger me een ongeluk aan haar. En ik denk dat ik haar een beetje in de gaten moet houden.' Hij leek de luxaflex open te doen.

'Wát? Wat zég je? Was je híér? Wááááat? Hier in huis? Hoe kan dat nou? Dan hebben we elkaar op een haar na gemist.'

Ze hoorde aan zijn stem dat hij woedend werd.

'Ik begrijp er niets van. Hoe komt ze aan een sleutel? Wat had ze hier te zoeken?' Hij ademde zwaar. 'Ze heeft je zitten uithoren. Sara heeft gekletst, ik wist dat er rottigheid van zou komen. Mijn zus heeft haar conclusies getrokken. Die denkt dat ze de wijsheid in pacht heeft. Daar ben je toch niet ingetrapt? Wat heb je precies gezegd?'

Hij luisterde naar het antwoord. Ze kon zijn opwinding bijna horen.

'Niemand leest dat. Het is voor mij gewoon een manier om een beetje rust in mijn hoofd te krijgen. Ik ga natuurlijk niets opschrijven waardoor jij in de problemen zou kunnen komen. Maak je niet druk. Ze kan niets bewijzen. Ze probeert mij gewoon voor het blok te zetten. Ze denkt slim te zijn, het gaat er haar alleen maar om dat ze te weten komt waar dat kind van haar is gebleven.'

Johan klonk heel overtuigd van zichzelf.

'Ja, mijn vader heeft me dat verteld. En ik heb haar beloofd dat ik het haar vertel als mijn vader is overleden. Dat is de enige manier om haar ertoe te bewegen om voor hem te blijven zorgen. Daar is ze tot nu toe altijd ingetrapt.' Door de manier waarop hij dit zei begonnen Thea's tanden te klapperen. 'Ik ga helemaal niets zeggen. Nooit. Als mijn vader dood is, verbreek ik het contact met haar en ook met mijn broer. Ik heb niets te zoeken bij hen. Mijn vader heeft het aan mij overgelaten om te beslissen of ik het ooit aan haar wilde vertellen. Esther wist het ook. Die had moeite met zwijgen. Ze vond het zielig. Esther vond altijd alles zielig. Die had geen ruggengraat. Als het aan Esther had gelegen had ze het allang geweten.'

Hij had zijn stem weer in bedwang.

'Zo is het. Het was niet je bedoeling, ik weet het. Ik ben achteraf kwaad op mezelf dat ik jou naar boven liet gaan. Dat had ik zelf moeten doen en misschien was het zelfs het beste geweest om samen te gaan. Maar zo is het nu eenmaal niet verlopen. Je moet erover ophouden. Het was een ongeluk. Ik zou ook uitgehaald hebben. Ze gedroeg zich als een sloerie. Het is een geheim waar niemand iets mee te maken heeft. We houden het onder ons.'

Ze hield haar adem in.

'Daar ga ik een stevig gesprek mee voeren. Ik zal haar de duimschroeven aandraaien en haar vertellen dat ze nooit te weten komt waar haar kind gebleven is als ze doorgaat met haar acties. Laat dat maar aan mij over. Ik zorg ervoor dat ze zich koest houdt.'

Ze begon te beven, haar benen waren slap. Ze leunde tegen de muur en klemde haar handen om de kraan van de douche.

'Man, mijn vader gaat nog lang niet dood. Die is alleen maar dement. Tegen de tijd dat hij sterft is iedereen dit al vergeten. Ik pak Sara ook nog eens goed aan, die moet ophouden met haar getreiter. En mijn zuster is morgenavond direct aan de beurt. Ik bel je zodra ik met haar gesproken heb. Je moet weten wat ik heb gezegd. We laten ons niet tegen elkaar uitspelen. Ik hang op, ik ga wat eten en een beetje rustig worden. Ik vergeet tegenwoordig alles, mijn hoofd lijkt wel een vergiet. Ik kwam er een uurtje geleden achter dat ik mijn insuline thuis had laten liggen. Als ik dáár niet eens meer aan denk, moet ik gaan oppassen. Maak je niet druk, vergeet het. We moeten ons hoofd koel houden. Ik wil weer rust in mijn leven. Deze spanning houdt geen mens vol.'

Ze stond stijf tegen de muur geklemd en hoorde hem de badkamer in komen. Hij opende een deurtje, het piepte. Ze hoorde hem ademen. Ze hield haar eigen adem in. Er ritselde iets, hij pakte waarschijnlijk een insulinepen uit de doos. Zou hij merken dat de sleutel van de kast uit de doos was geweest? Het piepende deurtje werd weer dichtgedaan. Hij liep de badkamer uit. Ze haalde voorzichtig adem. En daarna gebeurde er iets met haar waar ze niet op was bedacht.

Ze voelde een explosieve woede in zich opkomen. 'Ik ga helemaal niets vertellen,' galmde het in haar hoofd. 'Nooit.' Ze staarde naar de tegelwand. Nooit, echode het in haar gedachten. Hij vertelt het me nooit.

Het werd zwart voor haar ogen. Ze moest haar lippen op elkaar persen om te voorkomen dat ze begon te schreeuwen. Het lukte haar amper om haar ademhaling in bedwang te houden.

Haar hele lichaam gilde om vergelding.

Laatste brief aan mijn vader

Ik probeer te wennen aan het idee dat het nooit zal gebeuren. Ik zal nooit met u afrekenen op de manier die ik heb overwogen.

Ik zal u nooit zó in het nauw drijven dat u naar lucht moet happen.

Ik zal u nooit zoveel pijn doen dat u het uitgilt.

Ik zal u geen dodelijke klap toedienen.

Maar ik wist ook wel dat ik het niet zou kunnen. En dat erover fantaseren voldoende was. Wát u ook van mij hebt kunnen maken, geen moordenaar.

Dat klopt toch? Er is toch alleen sprake van moord als je van plan was om iemand te doden?

Ik heb een tijd geleden een heel oude videofilm gezien die ik nog ergens in de kast had liggen. Keine Zeit für Tränen, was de titel. Het verhaal van een Duitse vrouw, Marianne Bachmeier. Haar dochter werd verkracht en vermoord en de dader werd gevonden. Tijdens de rechtszitting schoot Marianne de man dood. Dat deed ze toen hij haar een kort moment recht in de ogen keek en lachte.

Hij lachte.

Dat was precies één stap te ver.

Soms is iets zomaar één stap te ver. En dan gebeuren er ongelukken.

Ik was helemaal ondersteboven van die film. De machteloze woede van die moeder trilde van het scherm af. En dezelfde machteloze woede kroop in mij omhoog toen ik daar achter dat muurtje in de badkamer stond. Alle machteloosheid van al die jaren raasde door mijn hoofd en baande zich een weg door mijn hele lijf heen.

Ik stapte achter het muurtje vandaan en volgde Johan naar de overloop. Hij stond op het punt om de trap af te lopen maar hij hoorde blijkbaar iets achter zich. Hij draaide zich om en ik zag dat hij schrok. Hevig schrok. Hij moest zich vasthouden aan de trapleuning.

Hij staarde me aan. Hij was nauwelijks te verstaan toen hij haperend vroeg wat ik kwam doen, hoe ik binnen was gekomen en wat ik had gehoord.

Ik liep langzaam naar hem toe en ik voelde me een tijger die op het punt staat om zijn prooi te bespringen. Zijn angst was bijna te ruiken. Ik hoorde de minachting in mijn stem toen ik zei dat ik genoeg had gehoord om hem te kunnen ophangen aan de hoogste boom. Dat dit voor mij een groot genoegen zou zijn. Dat het spel uit was, de rollen waren omgedraaid en hij de verliezer bleek. Ik hoorde dat ik de woorden uitstootte.

Maar hij herstelde zich en vertrok zijn mond in een venijnige streep. Zijn ogen spogen vuur en zijn stem klonk als een loodzware zwarte nacht toen hij snauwde dat ik me nog nooit in mijn leven erger had vergist dan nu.

Het gebeurde onverwacht.

Ik zag de klap niet aankomen. Zijn vlakke hand kwam met een dreun op mijn wang terecht. Ik dacht dat hij me tegen de grond sloeg maar ik bleek overeind te blijven.

Zijn gezicht was helemaal vertrokken van een woedende haat toen hij tegen me schreeuwde dat dóódslaan het enige was wat hij kon doen met mijn soort.

Weet u, vader, het was gewoon één klap te veel. Het machtsvertoon was net één stap te ver. Ik dacht niet na. Het gebeurde, omdat het niet anders kon.

Ik heb nog nooit teruggeslagen. Ik heb allerlei houdingen aangenomen om de klappen te ontwijken, ik duik nog altijd snel in elkaar als iemand mij onverhoeds benadert.

Ik wilde me één keer laten gelden. Ik wilde één keer in mijn leven duidelijk maken dat er grenzen zijn. In die paar seconden na de klap die Johan mij gaf, herinnerde ik mij alle klappen die ik als kind heb gehad. Ik hoorde alle verwensingen die u over mij uitstortte, ik zag alle blikken vol afgrijzen en vol minachting die u mij toewierp.

Ik wilde dat het iemand één keer duidelijk werd wat mij is aangedaan.

Het gebeurde in een flits, voor mijn gevoel. Ik werd een paar seconden een Marianne Bachmeier.

Ik haalde uit en ik stond zelf versteld van de kracht waarover ik bleek te beschikken. De schreeuw die ik erbij produceerde kwam recht uit mijn hart.

Uit al mijn organen.

Uit mijn ziel.

Ik wilde alleen die ene klap uitdelen. Ik móést die ene klap uitdelen, de klap die eigenlijk voor u was bestemd. Ik moest iemand pijn doen. Iemand in plaats van u. Eén keer.

Hij verloor zijn evenwicht. Hij sloeg met zijn armen om zich heen, in een poging om ergens houvast te krijgen maar hij miste de trapleuning. Zijn gezicht was vertrokken, zijn ogen spuwden angst. Hij stuiterde naar beneden en kwam met een oorverdovende klap op de grond terecht.

Er volgde een gruwelijke stilte. Ik keek naar beneden. Ik stond totaal verstijfd boven aan de trap. Zijn voeten hingen tegen de onderste tree aan en zijn hoofd lag stil opzij.

Doodstil.

Er ontsnapte nog een geluid aan zijn keel. Daarna werd de stilte definitief.

Johan is dood onder aan de trap aangetroffen. Ik weet dat hij daar lag en dat ik over hem heen stapte. Ergens vaag in mijn achterhoofd zitten wel beelden die dat bevestigen maar ik kan er niet bij. Ik ben ook mijn vertrek uit het huis kwijt en mijn gang naar de auto. Ik stond opeens in de supermarkt, met het boodschappenbriefje in mijn hand. En later maakte ik chocolademousse in de keuken bij Simon. Nog later ontdekte ik dat er een leuke man naast me zat en pas vanaf dat moment weet ik weer wat er gebeurde en waar ik was.

Als ik terugdenk aan die middag, aan wat ik dacht en wat ik deed, voel ik niets. Ik weet wat er door mij heen raasde maar ik herinner me het gevoel niet dat erbij hoorde. Waarschijnlijk sluit ik me ervoor af. Dat zal wel moeten, denk ik, omdat ik anders niet weet hoe ik moet omgaan met wat ik later ontdekte. Want het antwoord op de meest prangende vraag van mijn leven, het antwoord dat me voorgoed onthouden leek te worden, het antwoord dat de oorzaak van alle ellende is, bleek gewoon in het dagboek van Esther te staan.

41

De psychologe woont in Schagen. Ze is een oude vriendin van Thea's huisarts en eigenlijk neemt ze geen nieuwe cliënten meer aan, omdat ze aan het afbouwen is. Maar de huisarts heeft haar zover gekregen dat ze voor Thea nog een uitzondering maakt.

Het is een tengere vrouw met kort grijs krullend haar. Ze heeft prachtige ogen, ziet Thea direct. Ze lachen. 'U hebt mooie ogen,' zegt ze.

De vrouw glimlacht. 'Ja, daar krijg ik al mijn hele leven opmerkingen over. Dank je. Het is altijd fijn om te horen. Zeg maar gewoon Agnes.'

Niemand weet dat Thea hier is. Ze heeft zelfs Geoffrey niets verteld. Dat kan later wel, vindt ze. Als ze zelf gewend is aan het idee dat ze hulp heeft gezocht. Als ze ermee doorgaat.

Daar is ze op dit moment nog niet zeker van. Dit intakegesprek heeft de huisarts er doorgedrukt. Hij weigerde Thea nieuwe slaaptabletten voor te schrijven als ze geen professionele hulp ging zoeken. 'Het staat je vrij om dit te weigeren en een andere huisarts te nemen,' zei hij. 'Ik voel er niets voor om alleen aan symptoombestrijding te doen. Ga eens aan het werk met jezelf.'

Het klonk tamelijk bot, vond Thea. Maar toch klonk het ook goed. De slaaptabletten helpen alleen om in slaap te komen. Ze voorkomen niet dat ze iedere nacht minstens drie keer badend in haar eigen zweet wakker wordt. Ze voorkomen evenmin dat ze zich nergens op haar gemak voelt.

Ze kijkt op straat steeds achterom.

Ze struikelt overal over.

Ze vergeet van alles.

Ze kan soms nauwelijks uit haar woorden komen.

Haar benen weigeren op de meest onverwachte momenten dienst en ze heeft het voortdurend koud. Als Geoffrey bij haar is, wil ze niets anders dan tegen zijn warme lijf aan liggen. Hij laat haar begaan. Hij denkt dat het allemaal een beetje te veel geworden is.

Dat is het ook. Maar haar onrust zit dieper dan ze kan uitleggen.

Ze droomt nooit van Johan. Iedere keer als ze wakker schiet uit een verstikkende nachtmerrie, denkt ze het: ik droomde niet over Johan.

Hij bestaat niet meer. Hij komt niet meer. Hij heeft geen enkel spoor achtergelaten.

Thea denkt wél aan hem. En al haar gedachten hebben betrekking op hun jeugd. Soms zit ze peinzend voor zich uit te kijken en ziet ze hem als jongen van een jaar of twaalf voorbijlopen. Hij heeft altijd haast. Hij is altijd gespannen. Hij loopt altijd iets te zoeken, na te kijken, op te ruimen of te vernietigen.

Hij is altijd boos.

Hij was altijd boos, herinnert ze zich. Ze probeert een beeld te krijgen van een lachende Johan. Er zijn toch ook wel eens hilarische dingen gebeurd bij hen thuis? Thea weet nog goed dat moeder Anna met eindeloos geduld afleerde om zomaar in het wilde weg winden te laten. Je zat rustig thee te drinken en opeens knetterde het onder Anna's rok vandaan. Thea lag op zulke momenten in een stuip, samen met Simon en Esther. Ze ziet vooral Esther hikken van het lachen als ze aan die taferelen denkt.

Maar Johan lachte nooit.

Hij was een kopie van zijn vader. Hij liep op dezelfde manier, zat op dezelfde manier, bewoog zijn armen op dezelfde manier en hij keek op dezelfde manier naar haar.

Misprijzend.

Achterdochtig.

Minachtend.

En altijd kwaad.

De eerste weken na Johans dood dacht ze dat het zijn geest was die haar achtervolgde. Ook al verscheen hij niet daadwerkelijk in haar dromen, hij leek in haar buurt te zijn. Het was die gedachte, die haar steeds achterom deed kijken. Ze werd moe door het slaaptekort en ging naar de huisarts voor slaaptabletten.

Maar die pillen helpen niet. Het achtervolgde gevoel blijft aanwezig. De onrust neemt eerder toe dan af. De nachtmerries worden heviger. En de meest recente nachtmerrie heeft de doorslag gegeven. De droom over haar moeder.

42

Ze kwam natuurlijk weer tevoorschijn in haar prachtige klap-rozenjurk. Ze zag er geweldig uit.

'U hebt uw haar afgeknipt,' constateerde Thea verrast. 'Net als ik.'

Haar moeder schudde het korte haar door elkaar. 'Wat is dat een heerlijk vrij gevoel, hè? Dat hadden we al veel eerder moeten doen.'

Ze was jonger dan Thea haar zich herinnerde. Eigenlijk leek ze te jong om haar moeder te kunnen zijn. 'Wat heb je daar een mooie broche op,' zei moeder.

Thea draaide de revers van haar jasje nog eens extra in haar richting. 'Een olifant.'

'Dat zie ik,' glimlachte moeder. 'Echt goud?'

'Ja. Van Geoffrey gekregen. Hij koopt steeds cadeautjes voor me. Dit was een grote verrassing. Hij had aan Simon gevraagd wat voor mij heel belangrijk is.'

'Nog altijd die olifanten?'

'Ja, nog altijd. Vreemd, hè?'

'Helemaal niet.'

Thea friemelde aan haar broche. Ze kon haar ogen niet van haar moeder afhouden.

'Wat sta je me aan te staren?' Moeder stelde de vraag met een brede glimlach. 'Je kijkt al het moois er nog af. En je weet toch wel dat je mensen niet mag aanstaren van je vader?'

'Vader woont hier niet meer. We hebben hem in een verpleeghuis laten opnemen. Daar zit hij nu de hele dag vastgebonden. En hij wordt volgestopt met rustgevende medicijnen. Daar ga je van kwijlen.'

'Kwijlen. Dat past helemaal niet bij hem. Hij was juist altijd heel erg gesteld op orde en netheid. Kwijlen. Hoe diep kun je zinken? Misschien is het een straf van God?' Moeder keek spottend. Ze was een kort ogenblik weer de ongehoorzame moeder, de vrouw die in verzet kwam.

De ondeugende moeder.

Maar dat hield ze nooit lang vol. Er was maar weinig voor nodig om haar weer de in elkaar gedoken houding te laten aannemen, die iedereen van haar kende. Opgetrokken schouders. Wegkijken als vader zijn stem verhief. Wegduiken als hij plotseling overeind kwam.

Thea zag dat in haar droom opnieuw voor zich. En ze zag ook heel helder haar eigen neiging om nog altijd weg te duiken als iemand zich onverwacht tot haar richt. Ze voelde dat ze geëmotioneerd werd maar slikte haar tranen weg. We hadden het over mijn kwijlende vader, dacht ze. 'Ik ga niet bij hem op bezoek. Nooit meer. Ik kan de aanblik van die oude demente man niet meer verdragen nu ik weet wat hij met u gedaan heeft.' Wat is dit voor een gesprek, vroeg ze zich af.

'Ik bezoek hem nog steeds,' zei haar moeder. 'Ik heb hem vanaf het begin bezocht en ik zal dat blijven doen tot hij ook hier is. Dan vertrek ik.' Haar gezicht stond strak.

Thea dacht aan de keren dat ze haar vader ineengedoken in zijn stoel zag zitten, met zijn hoofd verborgen in zijn armen alsof hij iemand afweerde. Ze heeft altijd gedacht dat hij hallucineerde. Zou hij op die momenten zijn bezocht door zijn vrouw en joeg ze hem de stuipen op het lijf? 'Wilde u hem bang maken?' vroeg ze.

'Báng?' herhaalde haar moeder. 'Alleen maar báng? Vergeet het maar rustig. Ik wilde dat hij het in zijn broek deed van schrik, dat hij wegdook, dat hij probeerde te vluchten, dat de paniek door zijn lijf raasde. Ik wilde afrekenen.'

Op het moment dat haar moeder deze woorden uitsprak, veranderde haar gezicht en werd ze de moeder die ze was toen Thea haar baby verwachtte. Er zaten opeens diepe lijnen in haar gezicht. Wallen onder haar ogen. Ze had ingevallen wangen. Haar ogen stonden dof.

'U bent zomaar oud geworden,' constateerde Thea.

'Ik kan niet ophouden met kwaad zijn,' antwoordde haar moeder.

'Deed het pijn, toen u stierf?' De vraag kwam opeens in Thea op.

'Nee,' was het vlakke antwoord. 'Ik weet het niet. Ik had hem de kans niet moeten geven.'

Er kwam een beeld voor Thea's ogen dat ze direct probeerde te verdringen. Het lukte niet. Ze zag een diepe kuil in de achtertuin. Er lagen allemaal stukken glas omheen. De kuil was gevuld met beenderen en ergens in de hoek lag een schedel. Op die schedel glinsterde iets.

Een trouwring.

Ze begon te gillen. En ze werd wakker.

43

Agnes vraagt Thea iets te vertellen over zichzelf. Algemene dingen, zoals leeftijd, opleiding, hobby's, dagelijkse bezigheden.

Ze geeft gehoorzaam antwoord. Het gesprek wordt opgenomen, zodat Agnes bij het volgende gesprek zaken aan de orde kan stellen die haar zijn opgevallen bij het terugluisteren.

Als er een volgende keer komt, zou Thea willen zeggen.

Terwijl ze vertelt, ontdekt ze dat ze momenteel eigenlijk weinig uitvoert. Nu de zorg voor vader is weggevallen, kan ze haar dagen invullen zoals ze zelf wil. Met het gevolg dat ze nauwelijks verder komt dan schoonmaken, boodschappen doen, eten koken, met Anna bezig zijn, met Simon bellen en met Geoffrey vrijen. En met warm worden.

Ze vertelt dat ze het momenteel altijd koud heeft.

'Ik kan me voorstellen dat het ook even genoeg is,' merkt Agnes op. Ze heeft van de huisarts gehoord wat er de laatste tijd in het leven van Thea gebeurd is. 'Ik denk dat je tijd nodig hebt om het verlies van je zus en je broer te verwerken.'

'Ja,' zegt Thea.

'Dat klinkt niet erg overtuigd.' Agnes kijkt haar op een uitnodigende manier aan. 'Waarom ben je hier, Thea?'

Thea haalt diep adem. 'Het is de woede in mij,' stoot ze uit. 'De woede in mijn familie. Die zit helemaal in mij verankerd. Die is me met de paplepel ingegoten. Het is niet goed.'

De droom over haar moeder in de klaprozenjurk begint door haar hoofd te dwalen. Ze hoort haar moeder opnieuw zeggen dat ze vader nog steeds bezoekt, dat ze hem de stuipen op het lijf wil jagen en dat ze wil afrekenen.

Zou het mogelijk zijn dat je je woede meeneemt als je doodgaat? Blijft dat gevoel om je heen sidderen, blijf je zoeken naar wraak? Naar vergelding?

Thea vindt dat een onaangename gedachte. Dood is rust, heeft ze altijd gedacht. Dood is vrede. Misschien is dood een tussenfase die voorafgaat aan een nieuw leven. Zou die tussenfase bestuurd worden door een hogere macht?

Bestaat er wel een hogere macht? Is dat wat zij zo vaak voelt, als ze twijfelt aan alles? Iets wat haar stuurt? Is dat God? Of is het al die jaren de geest van haar moeder geweest?

'Waar denk je aan?' vraagt Agnes.

'Ik droomde over mijn moeder. We zijn er kortgeleden achter gekomen dat mijn moeder is vermoord door mijn vader.' Ze zwijgt even. 'Hoewel... vermoord... gedood door mijn vader. Het schijnt een ongeluk te zijn geweest. Maar wél een ongeluk dat nooit had hoeven gebeuren als mijn vader meer zelfbeheersing had gehad.' Ze stopt abrupt met haar verhaal.

Er valt een stilte. Een uitnodigende stilte.

'Ik werd zwanger toen ik zestien was. Mijn vader wilde dat ik het kind afstond maar mijn moeder verzette zich daartegen. Ze verzette zich wel vaker tegen hem maar dat hield ze nooit lang vol. Totdat het om míj ging. Ze heeft voor me gevochten en die strijd heeft ze met de dood moeten bekopen. Als ik daaraan denk, stik ik bijna van woede.'

'Woede kan een functie hebben,' meent Agnes. 'Woede kan

zelfs noodzaak zijn om het verwerkingsproces te starten. Er hoeft niets mis te zijn met woede.'

'In mijn geval is het mis. Goed mis, zelfs.' Thea denkt een ogenblik diep na. 'Ik heb het gevoel dat ik al jaren samenval met mijn woede. Dat ik daardoor belemmerd word. Dat alles wat ik denk en doe gekleurd is door die woede.'

'En dat voelt niet goed?'

'Ik heb een man ontmoet. Geoffrey. Ik wil verder met hem. Kinderen met hem krijgen. Drie kinderen, minstens drie kinderen. Ik wil ze in liefde opvoeden. Maar ik ben bang dat ik die woede doorgeef aan mijn kinderen. En dat werkt niet.'

'Je wilt van je woede af.'

'Ik wil ermee leren omgaan. Ik vind dat ik er recht op heb om kwaad te zijn. Mijn moeder is maar een deel van het verhaal.'

Agnes glimlacht. 'Dat is duidelijk. En sterk. Ik vind het sterk. Je slaat niet op de vlucht, je zakt er niet in weg, je gaat het aanpakken. Laten we maar starten.'

44

Ze hebben afgesproken dat ze zich niet gaan haasten, maar ze zijn wél op tijd vertrokken. Toen Geoffrey voorstelde om er het hele weekend tussenuit te gaan, heeft Thea enthousiast gereageerd. Ze hoeven pas maandagavond terug te zijn, Geoffrey heeft een dagje overuren opgenomen. Er is prachtig weer voorspeld. De lente heeft er zin in. Alles loopt dit voorjaar al vroeg uit. Een beetje te snel, vreest Thea. Je weet maar nooit wat de natuur van plan is. Als het nog een paar nachten gaat vriezen, krijgt de bloesem in de perenboom die zich duidelijk in de datum vergist, een oplawaai en kunnen we dag met het handje zeggen tegen de perenoogst, meent ze. Geoffrey vindt dat ze niet te veel moet tobben. Tobben is niet goed voor de mens, verklaarde hij een paar dagen geleden nog plechtig. Van tobben krijg je rimpels in je voorhoofd. Geen gezicht.

'Helemaal niet als je zo'n lekker koppie hebt als mijn Theetje,' roept hij op zulke momenten om zich heen.

Hij noemt haar Theetje en iedere keer als Thea hem dat hoort zeggen, wordt ze warm vanbinnen. Het voelt beschermd. Veilig. Ze kan zich bijna niet voorstellen dat ze Geoffrey nog geen drie maanden kent. Het lijkt of hij al jaren bij haar is.

Soms is er opeens een warme hand op haar lijf als ze langs hem loopt.

'Even aanraken,' fluistert hij dan. 'Je voelt zo fijn.'

Hij wil haar ook steeds aankijken. 'Die ogen,' zegt hij vaak. 'Die ogen, ze zeggen zoveel. Laat me eens zien hoe ze kijken, vandaag. Vrolijker dan gisteren, gelukkig.' Of: 'Een beetje somber. Te oud voor je leeftijd. Ik ga ze weer jonger maken.' Als hij zoiets zegt, kan Thea erop rekenen dat ze wordt plat geknuffeld.

Ze zijn van plan om naar Antwerpen te gaan, maar eerst rijden ze door Zoetermeer langs slagerij Van Groeningen in de Dorpsstraat.

'Waar denk je aan?' informeert Geoffrey. Hij raakt even Thea's hand aan. 'Laat maar, ik denk dat ik het wel weet. De Dorpsstraat, of niet soms?'

Thea knikt. 'Misschien bestaat die zaak helemaal niet meer,' peinst ze hardop.

'Dat zou natuurlijk kunnen. Maar dan heb je in ieder geval een naam en een vroeger adres. Aanwijzingen genoeg om haar te vinden.'

Thea zwijgt. Ze is er diep in haar hart van overtuigd dat de slagerij gewoon in de Dorpsstraat zit en er verder niets te zoeken valt.

'Ik vind het nog steeds een wonder dat je erachter bent gekomen,' zegt Geoffrey hoofdschuddend. 'Voor hetzelfde geld had je het dagboek vernietigd zonder erin te lezen.'

'Dat was ik ook van plan. Ik vond het moeilijk om het te openen. Het was zo privé. Ik had geen vertrouwelijke band met Esther. Zeker de laatste jaren niet. Ik bleef maar aarzelen en eromheen draaien. Ik begreep niets van mezelf.'

'En toen las je het in één keer uit?' oppert Geoffrey.

'Nee, niet in één keer. Ik las het eerste deel. Het bleef dubbel om het te doen. Ik was het op de een of andere manier niet helemaal met mezelf eens dat ik het las.'

'En toen vond je opeens de passage die alles veranderde.'

'Ja. Drie weken geleden,' bevestigt Thea.

Na de nacht van Johans dood kwam Thea er niet aan toe om het dagboek helemaal uit te lezen. Ze merkte na de eerste tien bladzijden dat ze slaap kreeg en kroop weer bij Geoffrey in bed. Daarna gebeurde er veel te veel om nog aan het dagboek te denken. Ze ontdekten waar moeder was en nadat haar resten waren vrijgegeven moest de begrafenis geregeld worden. Geoffrey en Pieter hielpen haar, want Simon was totaal van de wereld. Hij kon alleen maar huilen. Urenlang, dagen achter elkaar. Hij probeerde zich te beheersen maar het lukte niet.

Sara hielp ook. Thea kan nog steeds geen hoogte krijgen van wat zich in het hoofd van haar schoonzus afspeelt. Ze lijkt beheerst en verstandig. Maar als je goed op haar let, zie je een boze blik in haar ogen. Ze is vlak nadat Johan was overleden al begonnen met het opruimen van zijn kleren. 'Ik word helemaal beroerd als ik zijn kast openmaak,' legde ze uit. 'Ik kan ze beter naar een goed doel sturen, denk ik.' Ze leverde ook al snel de hele administratie van vader in een grote vuilniszak bij Thea af en toen vertelde ze dat ze de envelop met de brieven had vernietigd.

'Heb je ze nog gelezen?' probeerde Thea zo achteloos mogelijk te vragen.

'O nee,' was het resolute antwoord. 'Ik wil niet weten wat hij schreef. Daar ga ik het misschien nog benauwder van krijgen. Wat niet weet, wat niet deert.'

Thea probeerde haar opluchting niet te laten blijken.

De begeleidster van Anna drong erop aan om Anna op proef in het gezinsvervangend tehuis te plaatsen dat ze op het oog had. Het staat goed bekend, heeft Thea ontdekt. Er woont iemand die Anna al kent, een vrouw die in de schoonmaakdienst van het verzorgingshuis werkt waar Anna al jaren in de keuken helpt.

Anna is nu anderhalve maand weg. Ze komt eens in de twee weken een weekend naar huis en kwebbelt dan aan één stuk door.
Thea hoort haar zelfs doorpraten als ze op het toilet zit. Nadat
Anna was vertrokken, is Thea het hele huis gaan opruimen. Ze
heeft alle persoonlijke bezittingen van vader in kartonnen dozen
gestopt en het grof vuil gebeld. Sara hoefde er niets van te hebben en aan Simon heeft Thea helemaal niets gevraagd. Ze heeft
voor het raam staan kijken hoe de dozen in de laadbak werden
gegooid. Ze voelde er niets bij.

Geoffrey heeft het idee geopperd om samen een ander huis te
zoeken in de buurt van Amsterdam. Hij zou graag in Amster-
dam-Noord een vrijstaand pand willen kopen.

'Dan verkopen jullie de ouderlijke woning, er wil toch niemand langer in wonen?' was zijn idee. Thea zou het huis liever
vandaag dan morgen te koop aanbieden. Maar het huis is eigen-
dom van haar vader, ze zal moeten wachten tot hij dood is. Ze
is van plan om het te verhuren en daar gaat ze het binnenkort
met Simon over hebben. Maar die moet eerst weer een beetje
beter in zijn vel zitten. Ze heeft er al wél met Sara over gepraat.

'En wat ga jij dan doen?' wilde die weten. 'Ik denk dat ik het
wel kan raden. Trouwen, kinderen krijgen. Of niet soms?'

'Misschien wel,' heeft Thea toegegeven. 'Maar ik denk ook
aan de pabo. Ik las een tijdje geleden in de krant dat er allerlei
mogelijkheden zijn om in het onderwijs terecht te komen als je
al wat ouder bent. Eerst kun je een baan zoeken als onderwijsassistent en daarnaast doe je dan de pabo.'

Daarna heb ik nog tijd genoeg om een baby te krijgen, voegde ze er in gedachten aan toe. Maar dat zei ze niet hardop. Ze
heeft al een paar keer met Geoffrey over kinderen krijgen gepraat. Hij wil ze graag. Zij ook. Dat gaat vanzelf gebeuren. Niet
gepland, liever niet. Thea wil gewoon een kind kríjgen, in
plaats van het te plannen. Net als destijds, toen ze zestien was.
Maar deze keer wil ze het houden.

Tot nu toe heeft ze nog aan niemand verteld dat ze iedere

week bij Agnes komt. Het is te privé. En nog te ongemakkelijk. Maar ze is van plan om er voorlopig mee door te gaan.

'Wil je contact gaan zoeken met je dochter?' heeft Geoffrey gevraagd.

'Nee,' was Thea's antwoord. 'Ik wil weten waar ze is, in welke omgeving ze woont. Ik zou haar graag een keer willen zien maar ik denk dat ik moet wachten tot zij eventueel contact zoekt. Misschien weet ze niet eens dat ze is geadopteerd. Misschien vertellen haar ouders het pas als ze achttien is. Ik kan niet zomaar komen binnenvallen en de boel op stang jagen. Stel je voor: "Hallo, hier ben ik. Je kent me niet maar ik ben je moeder." Dat zou te grof voor woorden zijn.'

Thea voelt dat Geoffrey over haar hand streelt. 'Waar zit je met je gedachten?' wil hij weten. 'Weet je zeker dat je langs het huis wilt rijden?'

'Ja. Ik wil weten waar ze woont. Ze wordt vandaag vijftien.'

Geoffrey trekt haar even tegen zich aan. 'Ik weet het. Die dag staat in je geheugen gegrift, denk ik.'

Er valt een stilte tussen hen. Thea denkt na over de laatste woorden van Geoffrey. Het klopt. De zeventiende maart is een aparte dag in het jaar. De zeventiende maart is al vijftien jaar de dag waarop ze de baby los moest laten. Ze zeggen wel eens dat je de pijn van een bevalling vergeet. Maar dan moet je wel als troost een kind in je armen hebben, denkt Thea. Anders herinner je je elke minuut, elke seconde. De krimpende, gillende pijn. De wanhoop en het gevoel dat de hele wereld vergaat. Het schreeuwen om je moeder. Van alle dagen in het jaar is de zeventiende maart de dag dat ze niet kan ophouden met aan het kind te denken. Ze is ieder jaar blij als het weer achttien maart is geworden.

'Afslag Zoetermeer,' leest Geoffrey op het verkeersbord dat in de verte opdoemt. 'We zitten goed.'

Het stond in het laatste deel van het dagboek en het leek een bekentenis.

'Ik wil het ergens kwijt, het moet ergens beschreven staan. De baby van Thea was een meisje. Ze is geadopteerd door een nicht van de familie waar Thea in huis was. Ze had samen met haar man een slagerij in Zoetermeer. Slagerij Van Groeningen, in de Dorpsstraat.'

Thea heeft het gelezen, herlezen en herlezen. Ze kon haar eigen ogen niet geloven. Maar het stond er werkelijk, zwart op wit. 'Zoetermeer. Slagerij Van Groeningen in de Dorpsstraat.'

Geoffrey vroeg of ze dacht dat ze ook in Zoetermeer bij mensen in huis was geweest en dat vond Thea typisch een vraag voor een man. Wat doet het ertoe? Het interesseert haar geen jota waar ze was, al zou ze op de maan zijn geweest. Het enige wat ze weten wil, is waar het meisje woont.

Geoffrey zoekt bij een informatiebord de Dorpsstraat op. Ze waren de afslag Purmerend al gepasseerd toen hij erachter kwam dat hij zijn tomtom vergeten was. Hij voelt zich vandaag ook een beetje beverig, net als Thea, heeft hij zijn vergeetachtigheid verklaard. Hij schuift met zijn vingers over de plaat waarop een wirwar van lijnen is te zien. Thea volgt het tafereel vanuit de auto. Haar benen voelen slap. Haar hart trilt.

'Deze straat uitrijden, bij de T-splitsing rechts, derde rechts, tweede links. Het is niet ver. Heb je het onthouden?'

Terwijl hij de motor weer start herhaalt hij de route hardop. Thea hoort wat hij zegt maar ze zou het niet kunnen navertellen. Er is geen ruimte in haar hoofd om op dit moment iets in te prenten.

Ze staart naar buiten.

Ze rijden de straat uit en slaan rechts af. Geoffrey telt de straten. Hij gaat weer naar rechts bij de derde. Ze bevinden zich in een buitenwijk. In de verte wordt gebouwd, ziet Thea.

Haar hart bonkt.

'Dit is de Dorpsstraat,' hoort ze Geoffrey zeggen. 'Het is een winkelstraat, geloof ik.'

Op hetzelfde moment ontdekt Thea het uithangbord. Met sierlijke groene letters staat erop geschreven dat dit slagerij Van Groeningen is.

Ze had samen met haar man een slagerij in Zoetermeer. Slagerij Van Groeningen in de Dorpsstraat.

Er ligt een grote parkeerplaats tegenover de winkels. Geoffrey rijdt erop en zet de auto recht tegenover de slagerij stil. 'Wat doen we?' vraagt hij.

'Alleen even kijken,' zegt Thea.

Naast de deur van de slagerij zit een andere deur, waarschijnlijk de toegang tot de woning boven de zaak. Thea ziet over de hele breedte twee grote ramen met bloeiende planten in de vensterbank. Dat is duidelijk de woonkamer. Op de tweede etage zijn drie ramen te zien. De gordijnen zijn open.

In de vensterbank van de linkerkamer staat een beeld van een olifant.

Thea telt in totaal zeven winkels in de rij. Direct naast de slager zit een banketbakker. Het is druk in de winkels. Bij Van Groeningen wacht een aantal mensen op hun beurt. Er gaan steeds nieuwe klanten naar binnen. Thea kan niet goed zien wie er achter de toonbank staan.

Opeens wordt haar blik naar de banketbakker getrokken. Er komt een vrouw naar buiten die een grote gebaksdoos draagt. Ze belt aan bij de deur naast de slagerij. De deur gaat open.

Er verschijnt een meisje van een jaar of vijftien.

Naschrift

Broeinest is fictie. De personen die erin voorkomen bestaan niet of hebben nooit bestaan. Iedere mogelijke gelijkenis met bestaande personen berust dus op louter toeval.

Den Oever is alleen gebruikt als locatie voor het verhaal. Er bestaat in Den Oever geen geloofsgemeenschap zoals die is beschreven in *Broeinest*. Juist daarom heb ik deze plaats gekozen.

Loes den Hollander